KB053289

나를 길흉吉凶으로 이끄는
숫자의 놀라운 힘!

운명의 숫자

운명의
숫자

지 은 이 | 정재원
펴 낸 이 | 김원중

편집주간 | 김무정
기   획 | 허석기
편   집 | 김주화
디 자 인 | 이은지
표지디자인 | 이은지
제   작 | 박준열
관   리 | 이은, 정혜진
마 케 팅 | 박혜경

초판인쇄 | 2024년 05월 23일
초판발행 | 2024년 05월 30일

출판등록 | 제313-2007-000172(2007.08.29)

펴 낸 곳 | 도서출판 상상나무
           상상바이오(주)
주   소 | 경기도 고양시 덕양구 고양대로 1393 상상빌딩 7층
전   화 | (031) 973-5191
팩   스 | (031) 973-5020
홈페이지 | http://smbooks.com
E - m a i l | ssyc973@hanmail.net

ISBN 979-11-86172-83-4(03180)
값 15,500원

나를 길흉吉凶으로 이끄는
숫자의 놀라운 힘!

운명의 숫자

(사)산청함양사건희생자 유족회 회장(역임)

정 재 원 지음

산청·함양사건 추모공원
홈페이지 : http://shchumo.sancheong.go.kr
주소 : 경남 산청군 금서면 화계오봉로 530(방곡리 722)
전화 : 055-970-6183 / 055-973-4551

헌시 獻詩

강 희 근

양민을 적이라 하고
작전을 수행했던 이상한 부대
하늘 아래 있었습니다.
가현, 방곡, 점촌 사람 몰살하고
그 아래 야지 마을 사람 반으로 나눠
무차별 사살했던 이상한 부대
이 나라 땅 위에 있었습니다.
대대로 살아온 것 죄가 되는가
제 나라 군대의 총알에 맞아 죽은 백성들
산발한 채 원혼으로 반세기
하늘을 떠돌아 다니는 나라
이 나라 말고 어디 있겠습니까
그 부대 대장들이 붙들려
눈 가리기로
재판 받고 감옥 갔다 풀려나
승진해 가는 동안
나라의 권력은 善으로부터 고개를 돌렸으니
하늘 아래 권력이 이처럼 오래 죄인의 손
들어주고 다닌 나라
이 나라 말고 어디 있겠습니까

그러나 역사는 義人들을 내고
진실 화안히 드러내니
이제는 냇물이 제 소리 내며 흐르고
노을과 이승 저희 허리 펴고 다니기
시작했습니다.
오! 반세기
자리에 한 번 앉아 보지 못한 7백 여 원혼들이여
이제는 나라가 법으로 그대들 양민이라 하고
겨레가 입으로 그대들 님이라 부릅니다.
자리에 앉아 편히 쉬세요.
진달래 피고 보리가 익는데
님들이 그리워 새들이 재잘거립니다.
님들이시여 힘 들어도 오히려 불쌍한 죄인
죄인들
새들의 노래 안에 불러 들이세요.
중매재 고개마루
깨꿈이 달리고 산머루 탐스레 익으면
거기 그 빛깔로 도란도란 오세요.
오세요 저희 살아남은 자 곁으로
나라 잘못된 나라되지 않게
염원 알알이 목에 걸고 어서 오세요.

위패봉안각位牌奉安閣 (위패를 모시는 크고 웅장하며 화려한 집)
산청·함양사건의 승화 공간으로 억울하게 희생된 분들의 추모제를 해마다 모시는 곳이다.

위패봉안각 내부 모습으로 386분의 위패가 모셔져 있다.

서주 희생장소 보존지역
300여 명을 구덩이를 파고 들어가게 한 후 수류탄을
던져 학살한 장소로 313명이 학살되었다.

가현 희생장소 보존지역
123명이 학살된 장소이다.

문바위 사진
이 곳은 문바위로 처음 학살이 자행되어 희생
된 386명과 동심계 회원들의 명단이 기록되어
있다. 방곡 지역에서 유일하게 살아남은 필자
와 사촌누이 정정자 씨.
사촌 누이도 총 3발을 맞고 구사일생으로 살
아남아 현재 방곡에서 살고 있으며, 매일 방곡
에 위치한 추모공원을 다니며 영령들을 위해
추모하고 있다.

점촌 희생장소 보존지역
60명이 학살된 장소이다.

방곡 희생장소 보존지역
필자가 직접 목격한 212명이 학살된 장소이다.

7

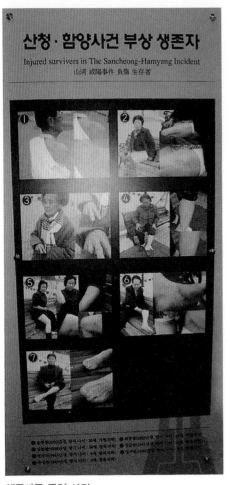

생존자들 증언 사진

❶ 윤한영(1932년생, 당시 나이 20세, 가현지역)
❷ 최금점(1939년생, 당시 나이 13세, 가현지역)
❸ 김분달(1928년생, 당시 나이 24세, 방곡지역)
❹ 김갑순(1941년생, 당시 나이 11세, 방곡지역)
❺ 정정재(1943년생, 당시 나이 9세, 방곡지역)
❻ 정재원(1944년생, 당시 나이 8세, 방곡지역)
❼ 주상복(1943년생, 당시 나이 9세, 점촌지역)

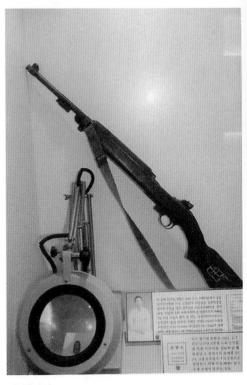

제1전시실
산청·함양사건 학살 시 사용되었던 총으로 필자도 이 총에
맞았다. 국방부에서 임대하여 전시한 것이다.

필자가 세 발 맞은 탄알

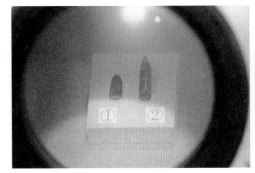

산청·함양사건 위령제 모습으로 필자가 유족회 회장으로서 행사를 주관하고 있다.

석가탄신일을 맞아 양산 통도사를 찾은 필자 내외. 월하 큰스님으로부터 법문을 들었다.

1998년 4월 롯데호텔에서 서울시 여의사 회 회원 400여 명을 대상으로 기에 대한 세미나를 열었을 때 특별초청강연을 마치 고 고 서정범 교수와 함께 기념촬영을 한 필자

박근혜 대통령의 동생 박근영 씨와 신동욱 박사 부부, 민관식, 강정희 전 의장들이 필자 내외와 추모공원을 방문하였다.

당시 김태호 경남지사와 이강두 산청·함양 거창지역구 의원. 산청·함양 각 군의회 의장, 권철현 산청군수가 참석한 허준 한방 개원식

한나라당 김소남 의원이 앞장서 40여 명의 국회의원들의 사인과 인감도장이 날인된 산청·함양사건 수정 동의안을 제출하게 되었다.

조갑제닷컴 대표와 산청·함양사건을 논하였다.

윤종현 전 장관이 고대아카데미에 초청되어 강연한 후 필자와 산청·함양사건에 대해 논의하였다.

사단법인 한국수난안전협회 부회장인 필자가 협회를 내방한 국제평화 재단 총재 및
세계일보 발행인 박보희 회장을 배웅하고 있다.

동원그룹회장이며 한국무역협회 회장을 역임
한 김재철 회장과 함께 선 필자

이한동 전 국무총리의 사저에서 이 총리와 조찬 면담을 하고 사저 앞뜰에서 방문 기념촬영을 했다. 오른쪽은 박찬정 교수

코리아나호텔에서 이재오 국회의원이 강연 중 산청·함양 학살사건에
대한 논의 후 인사를 나누는 장면

고려대학교 교우회에서 정운찬 전 국무총리와 산청·함양 학살사건에
대한 논의 후 인사를 나누는 장면

박찬종 전 대통령 후보와 산청·함양사건 배상, 보상에 관한 의논을 하였다.

2001년 9월, 산청·함양사건의 배상, 보상 문제에 관해 논의한 민주노동당 대표 권영길 의원과 함께

평화민주당 총재 시절에 김대중 전 대통령과 인사를 나누는 필자

2001년 5월, 산청·함양사건의 명예회복에 힘써준 한화갑 민주당 대표와 함께

중앙경제신문 회장 취임식에 참석하여 축하해주신 민주당 정세균 의원

유인촌 전 문화체육관광부장관과 고려대학교 아카데미 강연 후 기념 촬영을 하였다.

동작동 국립묘지 10열 311번에 안장되어 있는 아버지의 묘 앞에 앉아서 묵념하고 있는 필자.
반세기 가까이 지난 지금도 그의 가슴에는 그날의 통한이 응어리로 남아있다.

충남 공주군. 필자가 목을 맸던 큰 참나무가 이듬해 태풍에 넘어진 상태.
목을 매었을 때 부러진 가지 옆에 선 필자

육군소위 정찬조의 묘. 이 묘가 필자가 수십 년 동안 찾아
헤맸던 부친의 묘다. 묘비 뒷면에는 '1953년 3월 3일 양주
지구에서 사망' 이라고 새겨져 있다.

중앙경제신문사 제6대 회장 취임 인사말 중인 필자

중앙경제신문사 회장 취임식에 참석한 3,000여 명의 하객들

지리산 평화대상

2012년 제39회 지리산 평화대상을 수상한 필자

(사)산청·함양사건 양민희생자 유족회 회장으로 희생자의 명예회복과 합동묘역성역화 사업에 기울인 정성, 장학금을 기탁해 후진양성에 도움을 주고, 각종 사회단체에 운영비 지원, '산청·함양 인권문학상' 제정 등 이웃과 더불어 살아가는 복지사회 구현에 앞장서 왔다.

제 43845 호

표 창 장

신 정 인 당
대 표 정 재 원

귀하는 납세의무를 성실히 이행하여
국가재정에 이바지하였을 뿐 아니라
건전한 납세풍토를 조성하는데 기여한
공이 크므로 이에 표창합니다

2007년 3월 3일

국세청장 전 군

2007년 3월 8일, 모범납세자로 선정되어 국세청장의 표창장을
받았다.

2007년 3월 8일. 모범 납세자로 선정되어 표창장을 받고 기념촬영을 했다. 사진 앞줄 왼쪽 두 번째부터 정재원 회장, 일일세무서장으로 위촉된
박경실 다이렉트코리아 대표, 송찬수 종로세무서장, 그리고 그 다음이 일일 민원봉사실장으로 위촉된 배우 김갑수 씨이다.

잊지 않겠습니다. 고맙습니다.

조길수 씨, 6·25 참전으로 국가와 국민 위해 희생
정재원 씨, (사)산청·함양사건 양민 희생자 유족회 이사장
주영대 씨, 2020 도쿄 패럴림픽 탁구 금메달리스트

경 // 2021학년도 경상국립대학교 명예졸업증서 수여식 // 축
2021. 10. 14.(목) 14:00

권순기 경상국립대학교 총장
"세 분께 경상국립대학교의 명예졸업증서를 수여하는 것은, 우리 또한 비슷한 상황에
놓이게 되면 그 길을 가겠다는 약속입니다. 또한 여러분의 개척자적인 삶이 있었기에
오늘날의 우리 대학교가 존재한다는 것을 증명하는 것이기도 합니다."

대한민국을 대표하는 경남의 국가거점국립대   GNUCN 2021-146
2021. 10. 14.

2021학년도 경상국립대학교 명예졸업 증서 수여식 ❶

2021학년도 경상국립대학교 명예졸업 증서 수여식 ❷

경상국립대학교(GNU/총장 권순기)는 10월 14일 오후 2시 가좌캠퍼스 GNU컨벤션센터 2층 대강당에서
'2021학년도 경상국립대학교 명예졸업 증서 수여식'을 개최.

천제존성千齊尊星

사람들은 살아가면서 갖가지 재앙과 불행이 닥칠 때마다 최첨단 과학의 힘으로도 해결 할 수 없는 일들이 너무나 많음을 새삼 느끼곤 한다. 그럴 때마다 무엇인가에 의지하고 호소하고 싶은 생각이 들게 된다. 그래서 때로는 신앙을 갖기도 하고 때로는 선인들이 태고적부터 사용하며 전해 내려오는 부적의 도움을 받기도 한다. 이 천제존성 82령 부적은 부적 중 가장 신비로운 신神

너는 네가 할 일이 따로 있느니라. 나는 보다 더 큰일을 해야 하느니라.

운명은 거스를 수 없는 것이다. 운명이 강요하는 것이라면 인간은 이것을 감수해야만 할 것이다. 지리산 자락 평온한 마을에서 흙파고 농사만 짓고 살던 순진무구한 양민을 무참히 학살한 이 영원히 지울 수 없는 슬픈 역사도 운명으로 받아들여야 하는 일인가?

세계 모든 나라를 통틀어 이런 잔혹한 일이 있었다는 말을 들어보았는가? 이 슬픈 역사의 기막힌 사건은 6.25 전쟁 중이던 1951년 2월 7일 10시경, 음력 정월 초이튿날 국군 11사단장 최덕신을 비롯한 9연대장 오익경, 3대대장 한동석, 민사부장 김종원 등의 장병들은 마을 곳곳을 샅샅이 뒤지고 다니면서 좋은 소식을 전해주겠다며 주민들을 마을 앞 논으로 모이게 하였다.그런 다음 원인도 모른 채 무조건 뒤돌아 앉아 눈을 모두 감게 한 다음 총기를 무차별 난사하여 함양 포함 705명을 총살하였다. 마을 전체가 전소되었고, 많은 가축과 곡식 등을 탈취해 갔다. 그리고 난 후 2월 9일 거창으로 가서도 똑같은 방법으로 719명을 무차별 총살하고 재산을 탈취해갔다. 순진무구한 수많은 양민들이 억울하게 희생된 천인공노할 만행이자 대학살이 자행된 것이다.

사상이 뭔지도 모르는 순박한 양민들은 공비토벌작전이란 이름 하에 천개된 작전에서 갑자기 공비로 둔갑되어 영문도 모른 채 죽임을 당해야 했다. 이런 비참한 사실을 나는 생생하게 보고 직접 겪었었다. 나는 사건이 발생한 바로 그곳에 가족들과 함께 있다가 참변을 당한 것이다. 그 비운의 현장에서 그들이 쏜 총알이 배를, 허벅지를, 발바닥을 파고들어 죽음 직전까지 갔다가 구사일생으로 살아나 아직까지도 한으로 점철된 삶을 살아가고 있다.

당시 마을주민은 아무런 반항도 하지 못한 채 무차별 총격을 당했고, 그날 그곳에서 나의 할아버지와 할머니, 어머니와 형제 등 가족 11명 중 8명이 총살당했으나 필자는 일곱 살의 어린 나이에 총탄 세 발의 관통상을 입고도 천지신명이 도와 천신만고로 살아남았다.

이 처참한 오욕의 사건은 반세기가 넘도록 묻힐 뻔하다가 필자와 유족회의 힘겹고도 피눈물 나는 끈질긴 노력으로 그 실상들이 낱낱이 드러나게 되었고, 유족회 회장으로서 나의 혼과 생명을 다 바쳐 영령의 억울함을 이 책을 통해 만천하에 알리고자 한다.

살아남은 자들도 천추의 한을 안고 모진 고통과 핍박을 감내하면서도 겨우겨우 살아남아 이제야 혼백이나마 위로하고자 영령들을 모시는 합동묘역성역화사업을 완공하고 경남 산청군 금서면에 '산청·함양사건 추모공원'을 조성하게 된 것이다. 아울러 이들의 치욕적인 죽음을 밝혀 혼백이나마 명예회복을 해주고자 여러 방면에서 노력하고 있다.

필자는 자신이 감내할 수 없는 엄청난 고통이 극에 달할 때마다 누군가로부터 계시를 듣는다.

나는 비로소 이 계시가 내가 반드시 해야 할 역사적 사명임을 알았고, 당시 살아남은 자로서의 마땅한 책무임을 오랜 세월 강하게 느끼게 되었다. 이제 슬픔과 고통의 음지인 과거를 극복하고 화합의 차원에서 음양의 조화를 표출시켜 상생하는 삶으로 창출해나가야 하겠다.

차
례

헌시　5

산청 · 함양사건 희생자 보존지역　7

산청 · 함양사건 교육관　8

산청 · 함양사건 유족회장으로서 걸어온 길　9

지은이의 글　24

제 1 장 운명

제 1 부 산천 · 함양 사건

정재원의 운명　30

죽음보다 더한 고통　42

아버지, 그리고 살기 위한 몸부림　51

방황의 기나긴 여정　61

인내의 쓰라림, 열매의 달콤함　79

광명같은 새로운 삶의 시작　97

운명 같은 시련의 연속　112

애증의 첫사랑, 그리고 운명 같은 인연　149

성공과 좌절의 파노라마　169

새로운 도약　189

대통령에게 바란다　215

개명으로 운이 열린 사례　217

이름에 쓰지 않는 한자 136가지　221

불용문자표　222

기증폭대회 및 사례　227

기가 증폭되는 자리에 세운 위령탑   232

명상을 통해 미래를 엿보다   234

제 2 장 운명을 개척한 사람들

나는 운명을 바꿨다   244

사채시장의 큰손 김천식 회장님   245

노점 상인이 부자가 된 사연   247

강남의 큰 부자 80세 노인   249

1,000억 원 기증하겠다는 자산가   252

숫자를 진작 보았으면 흉악한 일은 당하지 않았을 어느 자산가   255

용팔이 전과 7범 쌍칼 김만식   257

외환위기 때 은행원으로 거부가 된 임만춘 씨   260

국경을 초월한 운명 – 재일교포 사업가 박일환 씨   264

불운한 과정을 딛고 크게 성공하여 재벌이 된 장혜진 씨   266

수년치의 광고비용을 부담해주시는 회장 사모님   269

실타래처럼 얽힌 운명이 해결된 김지후 씨   271

한국에서 고관대작을 지낸 아흔을 넘긴 초로의 큰손   275

삼합인장으로 목숨을 건진 K씨   277

큰 기업가로 변신한 런던의 정지원 씨   279

호주에서 사업에 성공한 김동길 씨   282

필자에게 운명을 맡기고 떠난 여성 CEO   285

싱가포르에서 대기업을 일으킨 고아 출신 사업가 여경봉 씨   287

행운의 번호 만드는 법   292

수리오행의 분류   293

숫자를 보는 법   296

81획으로 보는 운수법   299

제 1 장
운명

제 1 부
산청 함양 사건

정재원의 운명

　마을 뒷산에 앉아 내려다 본 방실마을은 예나 지금이나 평화롭고 고요하기 그지없다.

　주마등처럼 스쳐가는 옛 기억들이 한 편의 영화처럼 가슴 저리게 후벼댔다.

　역사도 기억하고 싶지 않은 한 맺힌 통한의 메아리가 들리는 듯 지금도 생생하게 나를 휘감아왔다.

　사람이 나고 죽는 것은 하늘의 뜻이고, 생과 사도 일생을 값지게 일궈나가며 이루어야 할 뜻을 주신 것도 하늘이라 했다.

　우주만물이 그렇듯이 한 알의 밀알이 썩어 수많은 새싹을 틔우듯 자연과 더불어 생의 섭리였을 것이다.

　기어가는 것이 내 운명이라면 기꺼이 기어갈 것이고, 날아가는 것이 내운명이라면 재빠르게 날아갈 것이다. 그러나 그것을 피할 수 있는 한,

나는 결코 불행하지 않을 것이다.

　한 톨의 작은 싹이 되기 위해 늠름하고 씩씩하게 자라고 있는 일곱 살 어린아이가 있었다.

　운명은 어린아이의 인생을 처절하게 찢어 놓아 회한으로 얼룩진 인생 행로를 걷게 만들었으니 어쩌면 어린아이의 운명도 하늘의 뜻이었는지도 모른다.

　기억 저편이고 싶지만 너무나 또렷한 1951년 정월 초이튿날이었다.

　한국전쟁이 발발한 지 7개월쯤이던 그날은 예나 지금이나 큰 명절인 설날의 다음날이었다. 양력으로 그 해 2월 7일이었다.

　명절을 맞은 방실마을은 이 고샅 저 고샅에서 아이들의 웃고 떠드는 소리가 봄날을 재촉하고 있었다.

　초이튿날 아침식사를 마친 후 동생 인식이와 젖먹이를 안은 어머니는 이웃집 전용희(작고)씨 댁 아주머니와 마루 끝에 걸터앉아 따스한 햇살을 받으며 얘기꽃을 피우고 계셨다.

　뭔지 모를 불안감이 밀려와서인지 걱정 반…… 억지웃음으로 대화를 나누던 모습이 청계천의 빨래터 그림만큼 가슴이 뭉클했다. 힘겨운 상황 속에서도 강인한 삶의 의지가 곳곳에 널려 있었기 때문이었다.

　전쟁 통에 군인으로 끌려가신 아버지 염려에 매일 밤 흐느끼시는 어머니의 모습을 종종 훔쳐본 터에 어머니의 웃음은 곧 눈물임을 어렴풋이 느끼고 있었다.

　처마 끝 그림자로 시간을 유추하던 시절이라 아마도 오전 아홉시나 열시十矢쯤 되었을 시각이었다.

　행여 그리운 아버지에 대한 얘기가 흘러 나올까 싶어 어른들 주변에서

맴돌며 귀 기울이고 있을 때였다…… 그때 무언가 심상치 않은 것이 눈에 확 들어왔다.

앞산 중매재 쪽에서 한무더기 군인들이 음산하게 검은 그림자를 드리우고 마을로 내려오고 있는 것이었다.

어렸지만 전쟁 중이라는 것은 알고 있었기 때문에 왠지 모르게 섬뜩했다.

빨갱이들이 아침나절에 저렇게 개미떼처럼 몰려올 리 없다는 생각이 미치자 다소 안심이 되면서 우리 국군임을 직감적으로 알 수 있었다. 그것은 우리 아버지도 군인이었기에 막연한 믿음과 친밀감도 함께였다.

"엄마! 엄마! 저기 저 중매재 아래로 군인들이 떼거지로 내려오고 있는데예!"

나의 느닷없는 비명소리에 중매재를 한참 바라보시던 어머니는 아무 말도 없이 벌떡 일어나 마을 골목길을 잰걸음으로 뛰쳐나가셨다.

심상치 않음을 감지한 어머니의 민첩한 행동은 침착하고 재빨르셨다.

그때 어머니의 차분하고 단아했던 기억들은 항상 뇌리에 생생하여 지금도 내가 가고 있는 길을 어머니가 신중하게 인도하고 있다고 믿으며 살아가고 있다.

어머니는 마을 사람들에게 중매재를 넘어오고 있는 불안한 그림자를 급히 알리고, 뭔지 모를 심각한 사태가 곧 일어날 것 같은 직감을 느꼈던지 그나마 남아 있는 남정네들에게 뒷산으로, 혹은 계곡으로 서둘러 피하기를 재촉했다.

남자라면 열 두세 살만 되어도 부역을 시키거나 잡다한 노무를 위해 징집 당했기 때문에 마을에 젊은이라곤 거의 없었다.

젊은 처녀나 새댁들은 세상이 흉흉해서 은밀히 숨거나 바깥출입은 거의 할 수가 없었다.

중매재 고갯마루에서 마을까지는 불과 20~30분 남짓 걸리는 거리였다.

아저씨들과 젊은이들은 모두 뒷산이나 계곡으로 스멀스멀 티 나지 않게 숨어버렸고, 대부분의 힘없는 노인들과 어린이, 부녀자들만 집을 지키고 있었다.

어머니는 나와 어린 동생들을 감싸 안고 방으로 들어가 방문을 꼭꼭 걸어 잠그고 몸을 숨길 곳이라곤 이불속밖에 없었으니 이불을 푹 뒤집어썼다. 숨소리를 죽이며 앞으로 닥칠 불안감에 오돌오돌 떨고 있었다.

완전 맨붕 상태였다.

다가오는 검은 그림자가 마을을 무사히 스쳐 지나가기만을 기다렸다.

그러면서도 엄습해 오는 두려움은 떨쳐낼 수 없는 긴박한 순간들이었다.

무사하기만을 바랬던 바람은 어린아이의 기우에 불과할 뿐이었다.

우리를 지켜준다고 믿었던 국군이 평화롭고 고요한 방실마을을 생지옥으로 만들어버릴 줄은 꿈에도 생각하지 못했었다.

"주민 여러분! 우리는 육군11사단 9연대 3대대 소속 군인들입니다. 저희가 기쁜 소식을 가지고 왔으니 마을 앞으로 한 분도 빠짐없이 모여주시기 바랍니다."

그들은 온 고샅을 에워싸며, 우왕좌왕하는 사람들을 불러 모았다. 군인들은 동네 사람들을 어르고 달래며 꼬드겼다. 겁에 질려 오돌오돌 떨고 있던 순박한 사람들은 기쁜 소식이라는 말에 방문 사이로 고개를 빠끔히 내밀기 시작했다.

순진무구한 그들은 영문도 모른 채 시키는 대로 꾸역꾸역 논가운데로 모여들었다.

그들에게 보이지 않는 살의를 느끼면서도 은근한 으름장을 견딜 재간도 없었거니와 이미 서슬이 시퍼런 그들의 총구가 곧 불을 뿜을 것 같은 기세에 압도당하고 있었다.

어머니는 젖먹이 동생을 업고 인식이와 나는 손을 잡고 두리번거리면서 어머니의 치마 끝을 잡고 논으로 향했다.

한 병사가 겁을 먹지 않도록 달래듯 낮은 소리로 말을 걸어왔다.

"꼬마야, 느그 아버지와 형들은 어디 갔냐?"

"우리 아부지는 군대 갔는데예."

"그래? 그럼 형들은?"

"형? 형은 없는데예……."

"그럼, 누나는?"

"누나도 없어예. 지는 동생들과 엄니밖에 없는데예."

스스럼없는 대답이 거짓이 아님을 느꼈는지 꿀밤을 한 대 먹이며,

"짜아식, 참 똘똘하구나! 느그 아버지는 어느 군대에 갔냐?"

"군대가 군대지, 무신 군대가 또 있어예? 우리 아부지도 국군인데 별이 엄청 많다던데예."

"그래, 알았다. 얼른 저쪽에 모여 있거라"

머리를 한 번 더 매만지던 군인은 곧장 다른 집을 향해 뚜벅뚜벅 걸어갔다.

어머니와 아장아장 걷는 동생의 손을 잡고 논에 다다르니 그곳에는 어제 설을 같이 지냈던 할아버지와 할머니, 큰어머니, 사촌누나 등 10명이 넘는 가족들이 옹기종기 모여 계셨다. 할머니께서는 나와 동생을 보자 '어이구 내 새끼들'하며 볼을 어루만져 주셨다. 어느 새 꾸역꾸역 모여든

마을 어른들이 논을 가득 메우고 있었다.

웅성웅성거리며 모여 있는 논에는 차디찬 정월 바람이 쌩쌩 칼날처럼 불어대고 있었다. 손발이 시려 오그라들 것 같고 귀가 떨어져 나갈 것만 같았다.

마을을 쥐 잡듯이 뒤져 사람들을 끌어낸 군인들은 마을사람들을 에워싸고 큰소리로 연설을 시작했다.

"여기 모인 여러분들께서는 지금부터 우리의 지시를 잘 따라야 한다. 말을 듣지 않거나 무슨 엉뚱한 짓을 하면 이 자리에서 바로 험한 꼴을 볼 것이다. 너희 식구 중 남자들은 다 숨어 버렸다. 남자들은 어디에 숨었나? 바른 대로 말하지 않으면 여기 모인 모두가 책임져야 할 것이다! 바른대로 말하시오!"

공비토벌 작전에 막대한 지장을 주고 밤에는 빨갱이들한테 밥을 해주며 빨갱이와 합당하고 있다는 등 큰소리로 위협해 왔다.

그들의 행동이 심상치 않음을 느낀 사람들이 수군거리며 공포에 휩싸여 하얗게 질려가고 있었다.

몇 번이고 강조하며 윽박질렀으나 서로 눈치만 보며 한숨과 침묵만이 흐를 뿐이었다.

화가 치밀었는지 그들은 난폭하게 소리를 꽥 질렀다.

"좋게 말해도 듣지 않으니 모두 뒤로 돌아 앉아!"

"모두 눈을 감아!"

영문도 모르면서 착하디 착한사람들은 시키는 대로 뒤로 돌아앉아 눈을 꼭 감았다.

찰칵! 찰칵! 찰칵!

찰칵거리는 날카로운 쇳소리와 함께 총성이 지축을 흔들었다. 고요했던 산간벽지의 평화로움은 한순간에 깨져 버렸다.

"탕!탕! 타당 탕!탕! 타당탕!"

귀청이 찢어질 듯한 총소리와 함께 아비규환으로 온천지가 뒤흔들렸다. 돌아 앉아 있던 사람들이 외마디소리와 함께 꼬꾸라지기 시작했다. 순식간에 논바닥은 아수라장으로 변하고, 화약 냄새와 피비린내가 하늘을 뒤덮어 버렸다.

미처 총에 맞지 않은 사람들은 놀라서 내달렸지만 도망갈 곳은 어디에도 없었다. 불과 몇 걸음 도망을 치다가 총탄에 맞은 사람들은 시체 위에 겹겹이 쓰러졌다.

그것도 빨갱이가 아닌 국군의 총탄에 죽어야 하는 선량한 대한민국의 국민들이었다.

긴긴 세월을 두고두고 한으로 남겨질 외마디소리가 메아리되어 지리산 긴 자락으로 슬프디 슬프게 울려 퍼졌다.

얼마나 시간이 흘렀는지 모른다. 기절한 채 엎드려 있던 나는 정신을 가다듬었다. 논바닥에는 동네 사람들이 피를 흘리며 쓰러져 있었고, 피로 붉게 물들어가고 있었다.

두리번거리며 식구들을 찾았다. 어머니는 젖먹이 동생을 치마폭으로 감싸안은 채 엎드려 계셨고, 인식이가, 그리고 할아버지와 할머니, 누나 등은 논다랑이에 쓰러져 계셨다.

어처구니없는 찰라 앞에서 아연실색할 수밖에 없었다. 머릿속이 하얘지는 순간이었다. 혹시 총에 맞지 않고 살아 있다 하더라도 그 순간에는 모두 죽은 척 숨마저도 제대로 쉴 수 없었다.

총을 한참 쏘아대던 군인들은 모두가 죽었음을 확인했는지 뒤를 힐끔힐끔 돌아보면서 마을 쪽을 향해 저벅저벅 걸어갔다.

군인들이 시쳇더미가 쌓여 있는 논바닥에서 벗어나고 있을 때 숨어 있던 한 아주머니가 대성통곡을 하며 미친 듯이 뛰쳐나왔다.

"아이구 내 새끼들 다 죽었구나! 우야꼬, 우짜모 좋노! 우리가 무신 죄가 있다고 이카노! 이 천하에 나쁜 놈들아! 우리가 무신 죄가 있다고 생사람을 이렇게 죽인단 말이고! 내 새끼들, 내 새끼 어데갔노?"

찢어지는 울부짖음은 지리산 골짜기를 뒤흔들었다. 그것이 미처 생각 못한 더 큰 불행의 메아리를 몰고 왔다. 그 소리에 군인들이 부랴부랴 되돌아온 것이다. 그들은 그 아주머니의 가슴을 향해 주저없이 방아쇠를 당겼다. 분노로 절규하던 아주머니는 외마디소리도 없이 그 자리에서 풀썩 꼬꾸라져 버렸다.

그들은 험상궂은 얼굴을 더욱 찡그리면서,

"미친년아! 네 죄를 네가 모른단 말이냐!

괘씸한년 같으니라구!"

죽어가는 그 아주머니를 향해 다시 몇 발의 총알이 튀어나갔다.

어린 나는 두 눈으로 그 아주머니에게 총을 쏘아대는 것을 보고 정신을 잃고 말았다.

그들은 엎드려 죽어 있는 그 아주머니를 반듯하게 누이고는 대검으로 젖가슴을 찔러대더니 구둣발로 다시 얼굴을 짓뭉갰다. 잔인했다.

순식간에 벌어진 어처구니없는 광경이었다. 하늘이 노랗게 변해 갔다. 탄약 냄새와 피비린내가 코를 찔러도 그 냄새조차 느낄 수가 없었다. 사람이 사람을, 그것도 국군이 착하디 착한 양민을 이토록 잔인하고 무자비하게 죽였다는 것을 도저히 믿을 수가 없었다. 눈앞에서 확인한 현실인데도 도무지 믿어지지가 않았다.

처음 총을 쏘아댈 때는 반은 죽지 않았다. 몇 발의 총알을 맞았더라도 목숨은 건질 수 있는 사람이 많았다.

그때까지 나도 총을 맞지 않았었다.

어른들 틈에 끼여 있었기 때문이기도 했지만 어린 꼬마였기에 제대로 확인하지 않았던 것이다.

그때까지는 동생들을 병아리 품듯 감싸 안은 어머니도 총을 맞지 않았었다. 그 아주머니가 울고불고 야단법석을 떠는 바람에, 다시 총으로 난사질해 대는 바람에 운명을 달리하시고 말았다.

자식들을 감싸 안은 어머니는 총알받이가 되어 젖먹이 동생을 안은 채 가슴에 정통으로 총을 맞았고, 동생 인식이도 항문에 정통으로 총을 맞아 그 자리에서 처참하게 즉사하고 말았다. 젖먹이 동생은 어머니 품에 안겨 총은 맞지 않았으나 어린 것이 놀래서 기절했다 심장마비로 그대로 죽은 것 같았다.

그 아주머니의 외침에 살아 있던 사람들이 고개를 들었고, 그것은 그들에게 확인사살의 빌미가 되었던 것이다.

그들은 그렇게 한없이 총구에 불을 뿜어대더니 안심이 안 되었던지 석유인지 신나를 시체 위에 흩뿌리고는 불까지 질렀다. 불길은 삽시간에 시쳇더미로 옮겨 붙었다. 뜨거운 불길을 견디지 못해 꿈틀거리는 사람들에게 또다시 확인, 잔인하게 총질을 해대는 것이었다. 대검으로 쿡쿡 얼굴을 찔러보기도 하고, 어린아이들을 구둣발로 목과 얼굴을 밟아 짓뭉갰다.

그러나 저러나 나는 천운으로 살아 남았다.

어머니가 우리 자식들을 살리기 위해 품안에 꼭꼭 안은 채 총알받이가 되어 처참하게 가신 덕분에 살아남았다.

그때까지 어머니와 동생들의 시체가 내 위에 덮여 있어서 살아난 것이다.

나는 실눈을 뜨고는 군인들이 오는 것을 보았기 때문에 숨을 죽이고 죽은 척했다.

그 순간은 국군의 탈을 쓴 빨갱이들보다 더 흉측하고 잔인한 놈들이었다.

그 처참한 상황을 당한 사람들이 현재 정정자 사촌누나와 또 한 분, 그리고 필자 이렇게 세 명만 살아 있다.

삽시간에 퍼진 불길은 시쳇더미를 태웠고, 나에게도 불길이 옮아왔다. 뜨거워 견딜 수가 없었다. 그대로 있다가는 결국 불에 타 죽을 것만 같았다. 견딜 재간이 없었다.

나는 본능적으로 벌떡 일어나 군인들이 지켜보고 있는 반대방향으로 냅다 내달렸다.

도망치는 모습을 본 그들의 총구가 가만히 있을 리 만무했다. 그때 귀청을 뜯는 총소리와 함께 나는 퍽 쓰러지고 말았다. 쓰러진 나에게로 몇 발의 총알이 더 날아왔다.

아무런 생각도, 느낌도 있을 수 없었다.

얼마의 시간이 흘렀는지도 모른다. 한참 후에야 나는 고통스러움을 느꼈다.

분명 살아 있었다.

고통을 느낀다는 것은 분명 살아 있음이었다.

아직도 시쳇더미는 불에 타고 있었으며, 누구 하나 꿈틀거리지도 않았다.

무자비한 군인들도 이젠 보이지 않았다. 다른 마을로 가버린 모양이었다. 그때서야 온몸이 떨려오고 아파서 견딜 수가 없었다.

한 발은 허벅지를 관통했고, 또 한 발은 배를 스치고 지나갔다. 세 번째 총알은 발바닥을 뚫었는데 총알이 발바닥에 박혀 있었다.

일곱 살짜리가 총알을 세 발이나 맞고도 죽지 않았다.

겨우겨우 일어나 앉았으나 더는 움직여지지가 않았다. 몸은 피투성이 였고, 고통스런 통증이 온 전신을 휘감아도 정신은 말똥말똥했다.

피범벅이 된 시체들 사이에서 물을 달리는 신음소리가 간간히 들려왔다. 그런 와중에서도 목숨이 붙어 있는 사람들이 더러 있었던 것이다. 기적이었지만 모질고 질긴 목숨들이었다.

여기저기서 물을 달리는 아우성이 아련히 들렸지만 나도 목이 타서 견딜 수가 없었다. 그러나 어디에도 물은 없었다. 물을 떠다 줄 사람도 없었다. 모두가 죽어 있었고, 그나마 살아 있는 몇몇도 총상으로 움직일 수가 없었기 때문이었다. 그저 바닥만이 피로 홍수를 이루고 있을 뿐이었다.

머리는 머리대로 나뒹굴기도 하고, 팔과 다리가 떨어져 나간 채 몸통만 피투성이가 된 시체, 창자가 튀어나온 채 죽어 있는 사람들로 차마 눈 뜨고는 볼 수가 없을 정도로 처참하고 참혹했다.

"물, 물, 물을……."

신음하다가 그냥 픽 쓰러져 버렸다.

우리 가족 열 명 중 일곱 명이 군인들의 총탄을 맞고 운명을 달리했다. 나와 함께 기적처럼 살아남았던 사촌누나 정정자는 악몽 같은 반세기를 애환과 한숨으로 보내며 현재 방실마을에 살아 계신다.

정자누나는 손목과 팔꿈치, 그리고 다리를 맞았기 때문에 치명상이 되지는 않았다.

할아버지는 어깨와 팔에 총상을 입었으나 그날의 후유증으로 고생하시다가 운명을 달리하셨다.

산청 · 함양 양민학살 사건이다.

11사단 연대의 만행으로 목숨을 잃은 양민은 705명에 달했고 공식 확인된 분들도 386명이다.

미복구 지대, 적 수중에 있는 주민들을 전원 총살하라는 작전 명령 제5호에 의한 것이었다. 공비토벌이라는 작전에 희생된 산청과 함양 촌민들이었다.

양민을 대량으로 학살했던 그 당시의 지휘관은 한동석이었다.

대대를 이끌던 지휘관은 군법회의에 회부되어 사형선고를 받았으나 정권에 의해 감형 석방되었고 양민을 학살하고 공비를 토벌했다고 허위 보고한 그는 춘천과 속초에서 시장까지 지냈다. 그리고 마지막으로 서울 국립의료원 국장으로 정년퇴직했다는 이야기를 임성섭 노조위원장에게 전해 들었다.

하늘은 스스로 돕는 자를 돕는다고 했는데 천벌을 받아 마땅한 자는 무공훈장을 받고 기관장까지 지낸 것이다.

겨우겨우 목숨을 건진 양민들과 유가족들은 반세기 동안 한을 되씹으며 뼈와 살이 찢어지는 통증을 안고 힘들게 힘들게 긴 세월을 살아내야 했다.

법 앞에는 만인이 평등하다는데…….

인간의 존엄성이 보장되기 위해서는 자유와 평등이 보장되어야 하고 그 권리가 부당하게 침해 받아서는 안 되고 인격적으로 동등하고 존엄하게 대우받아야 한다고 했는데…….

그것은 인간 삶의 근본이며 진리라고 했는데…….

죽음보다 더한 고통

얼마나 시간이 흘렀는지 모른다. 뉘엿뉘엿 날이 저물어갈 즈음에 피신해 있던 마을 청년들이 내려왔을 때에 참혹한 광경이 펼쳐져 있는 것을 보고는 아연실색을 하고 말았다. 그러나 지켜보며 통곡만 하고 있을 수도 없는 일이었다.

청년들은 울며불며 시체들을 하나하나 분류하여 그 논에다 임시 가매장을 했다.

내 어머니와 동생들, 그리고 할머니, 큰어머니 등의 시체를 큰아버지와 사촌 형님 정장식(고인) 씨가 가매장을 했다. 그리고 나와 누나는 임시로 만든 동네 움막으로 옮겨졌다.

"형! 목이 타서 죽겠심더. 물을 좀 주이소! 큰아버지예, 물!"

누나와 나는 참을 수 없는 갈증에 물을 달라고 소리소리 질렀다. 그러나 물을 주지 않고 어쩔 수 없다 싶으면 겨우 숟가락으로 한 번 찍어 먹이는 게 고작이었다. 피를 많이 흘렸기 때문에 한꺼번에 물을 마시면 안 된다는 것이다.

"죽어도 좋은끼내 물 좀 주이소! 큰아버지예, 물을 주이소! 헉헉헉!"

고통스러워 정신을 잃으면 한 숟갈 떠먹여 주는 물, 그것은 생지옥 같은 고통이었다.

그날 방실마을은 한 집도 남김없이 불타 버렸다. 그나마 불을 지필 수 있는 볏짚마저도 태워 버렸으니 참담하기 그지없었다.

총알이 뚫고 지나간 배는 고무풍선처럼 곧 터질 것 같은 꼴이었다. 창자가 튀어나올 것같이 비지직거렸고, 창자가 스멀스멀 나올라 치면 숟갈로 호박을 긁어서 붙여주시곤 했다. 왼쪽 발꿈치는 탄알이 박혀서 움쩍달싹도 할 수 없었으며, 허벅지는 칼로 도려내는 듯한 통증으로 견딜 수가 없었다.

울부짖으며 엄마, 동생들을 찾아도 누구하나 말해 주질 않았고 겨우 일곱 살인 어린 생명에게 고통은 견디기가 너무 힘들었다.

"수동에서 작은아버지가 곧 오실 끼다. 작은아버지가 오모 수동에 가서 치료한다 안카나. 수동에 의사가 있다카이. 거기 가서 치료하모 곰방 나을끼다. 쬐금만 참아라! 우리 춘식이 참 착하데이, 쯧쯧쯧!"

큰아버지가 안쓰러워 눈시울을 적시던 모습을 내 어찌 잊을 수가 있으랴!

"물 좀 주이소. 물이나 좀 주이소, 와 그렇게 물을 좀 달라는데도 안 주십니꺼."

정자 누나와 나는 물을 주지 않는 사촌 형님과 큰아버지가 원망스러웠다. 가족들을 잃어 슬퍼할 겨를도 없이 찢어지는 가슴을 안고 어린 생명들을 살리는데 최선을 다하셨다. 정자누나와 나는 고통스러워 마주보고 엉엉 울어댔다.

어린 것들의 애처로운 모습을 지켜보고 있던 장식 형님도 큰아버지와 마찬가지로 멍하게 중매재를 바라보며 굵은 눈물을 종종 훔치셨다. 사촌 형님께서 베개를 등 뒤에다 받쳐주며 잠시도 옆을 떠나지 않고 수발을 들어주시던 모습이 지금도 생생하다.

하루아침에 고아가 됐는데도 어머니가 돌아가셨다는 사실을 느낄 수가 없었다. 오직 갈증과 통증을 참아내는 게 더 큰 고통이었다.

어떻게 시간이 흘러갔는지 모른다. 아마도 총상을 입은 후 약 2주일쯤 되었을 때 작은아버지께서 오셨다. 늦게 도착한 것은 병원과의 협의가 잘 이뤄지지 않았기 때문이라는 것이다.

작은아버지는 우리 남매를 싸리 바지게에 얹어 짊어지고 30리나 되는 수동의 병원으로 향했다.

지게의 중심을 바로 잡기 위해 머리를 바지게 양쪽으로 두게 하고 시신이나 다름없는 어린 몸뚱아리를 포개서 지게에 뉘였다. 혹시나 무게중심이 잘못 잡혀 흔들리지 않도록 발걸음이 조심스러웠다.

어떤 몹쓸 병을 앓다가 죽은 시신을 매장하러 가는 꼴이었다. 아니면 돼지새끼를 짊어지고 시골 장으로 팔러 가는 모양, 그런 꼴과 흡사했다. 피는 물보다 진했다. 어린 조카 둘을 짊어지고 땀을 뻘뻘 흘리면서도 평정을 잃지 않으시던 작은아버지.

지금은 하늘나라에 가시고 안 계시지만 그날, 그 사건으로 말미암아 작은아버지께서 우리 둘에게 베푸신 은덕은 후일 자라서 바른 사회생활을 하는 데 많은 인내와 강인한 정신력을 일깨워준 최고의 교훈이 아니었나 싶다.

"너그들 조금만 참으래이. 불쌍한 것들…… 아픔이야 오죽할끼가. 그라고 얼른 커서 꼭 원수를 갚아야제!"

분노를 참느라 피눈물을 가슴으로 쏟아냈을 것이다.

아무리 어린아이라고 하더라도 둘을 짊어지고 30리 길을 간다는 것은 멀고 힘든 거리였다.

힘들게 걷다가 조그마한 소리로 말씀하시곤 했다.

"불쌍한 것들아 조금만 쉬어 가제이. 너그들도 힘들게 조금만 참자. 인자 얼마 안남았데이."

자혜리 동구 밖의 수백 년 묵은 느티나무는 긴 세월 동안 오고가는 사람들의 애환과 숱한 고통을 지켜봤을 것이다.

그 느티나무 아래서 잠시 쉬는 동안에 소문은 순식간에 퍼져 나갔고, 우리를 짊어지고 가는 작은아버지의 모습을 마을 사람들은 안타깝게 지켜보며 혀를 내둘렀다.

"천하에 나쁜 놈들, 천벌을 받을 끼다. 어린 것들이 무신 죄가 있다고 이렇게 총을 쐈노 말이다!"

"하모하모, 문디 같은 놈들에게 천벌을 안 주고 누굴 주겠노. 흉측한 놈들!"

동네 사람들은 웅성웅성 우리를 쳐다보며 안쓰럽게 한마디씩을 내뱉었다.

수동 병원의 의사선생님과 작은아버지는 좀 아는 사이였던 것 같다. 작은아버지의 처가妻家쪽으로 가까운 친척이라는 것을 후에 알았다.

우리 남매를 내려놓고, 한겨울인데도 비지땀을 흘리시며 의사선생님과 심각하게 얘기를 주고받았다. 아마도 그간의 경위에 대한 설명이었을 것이다.

애처로운 눈길로 우리 둘을 내려다보시던 의사선생님은 혀를 내두르면서 입을 다물지 못하셨다. "세상에 이런 죽일 놈들이 다 있나. 국군이란 것들이 어린아이들에게까지 이런 못된 짓을 하다니, 천벌을 받을 놈들!"

어떤 이유로도 용서할 수 없는 행위라고 의사선생님도 분개하며 몸서리를 치셨다.

"그래, 그런 만행을 저지른 놈이 도대체 누구요? 11사단 9연대 3대대 지휘관 놈의 단독 소행이랍니까? 아니면 그 백두산 호랑이라고 소문난 김종운이란 놈이 시킨 것이라고 합디까?"

이어 우리 남매는 의사선생님의 보살핌과 치료를 받기 시작했다. 조금만 늦었더라면 이 아이들은 소생이 불가능했을 것이라고 했다. 불행 중 다행이어서 치료만 잘 하면 생명에는 별로 지장이 없을 것이라 했다. 천명을 타고난 아이들이라 여러 군데 총알을 맞고도 살아났으니 하늘이 돌본 것이라 했다.

작은아버지는 의사선생님의 설명을 듣고 난 후에 비로소 긴 한숨을 크게 내쉬며 풀썩 주저 앉으셨다. 다소나마 안도의 한숨과 커다랗게 충혈된 두 눈에서 굵은 눈물이 주르르 흘러내리는 것을 나는 보았다.

"선생님, 부탁합니다. 이 어린 것들을 병신이 되지 않도록 해주이소. 인자고아나 다름없는 녀석들입니다. 목숨을 구해 주시는 것도 대단히 고맙습니더만, 꼭 병신이 되지 않도록 해주이소. 지는 선생님만 믿겠습니더 험난한 시상을 살아가야 하는데 병신이 되면 우예 살아가겠습니까. 잘 좀 도와주이소!"

그 절실한 심정을 의사선생님도 알고 계신 것 같았다. 애처롭게 꺼져가는 어린 생명에 대한 연민도 크게 느끼셨을 것이다.

나는 고통으로 비몽사몽 헤매면서도 의사선생님과 작은아버지의 대화를 하나도 빠짐없이 듣고 있었다.

"왼쪽 발꿈치에 탄알이 박혀 있군요. 발꿈치가 썩어가기 시작합니다. 왼쪽 발목을 잘라야 합니다. 탄알이 뼛속에 박혀 있어 뼈를 쪼개야만 탄알을 빼낼 수 있는데 그것은 대단히 위험합니다. 그리고 뼈를 쪼갠다는 것은 어린아이로서는 참기 힘든 고통일 뿐만 아니라 정상적인 치료가 될 보장도 없습니다."

"안 됩니다! 에미 애비도 없는 아이인데 한 쪽 다리를 자르면 어떻게 되겠습니까? 차라리 죽이는 것이 낫습니다. 정상적인 치료가 안 되고 고통이 따르더라도 다리를 자르면 안 됩니다. 수술을 하다가 죽는 한이 있더라도 다리를 자르지 마이소."

작은아버지는 참을 수 없어 꺼억꺼억 통곡을 하기 시작했다. 그것은 울음이 아니라 절규였다. "아이고 에미 애비도 없는 놈을, 다리를 자르면 어찌 되겠노. 차라리 죽든지 할 것이지 한쪽 다리를 자르면 죽은거나 뭐가 다르겠노. 이 불쌍한 것아!"

의사선생님은 한동안 아무 말씀도 없으셨다. 무언가를 결심하지 않으면 안 된다는 침통한 표정이셨다.

이튿날 의사선생님은 일단은 그냥 치료를 해보다가 정녕 안 되면 자르자는 의견을 내 놓았다.

"일단은 발꿈치 속에 들어 있는 탄알을 꺼내야 합니다. 그걸 꺼내려면 어차피 발꿈치를 도려내야 하는데 그 고통은 상상을 초월하는 것입니다. 이 어린 것이 과연 참을 수 있을는지 모르겠군요. 아무튼 팔다리를 꽁꽁 묶어서 꼼짝 못하게 해 놓은 다음 발꿈치 뼈 속을 후벼내야 합니다. 숙부께서 이 아이 옆에 꼭 붙잡고 계셔야 합니다."

살을 찢고 뼈를 후벼 파서 탄알을 뽑아내는 수술이었다. 흔히 뼈를 깎는 아픔을 얘기하지만 뼈를 깎는 아픔을 일곱 살에 체험했다.

당시 수동 병원은 시설이 미약한 병원이었다.

의사선생님은 작은아버지께 치료 방법과 순서까지를 설명해 가면서 안심을 시키려고 노력했다.

뼈가 앙상하고 배가 느슨한 것이 천만다행이라고 했다.

우여곡절 끝에 내 발꿈치 수술이 시작되었다. 통증에 괴로워하면서도 초롱초롱한 내 눈을 들여다보며 의사선생님은 애처로운 표정으로 달래 듯 말했다.

"남자는 강인해야 하는 거야. 참을 줄도 알고, 아프더라도 참아야 하는 거야. 그래야 상처가 빨리 낫는 거다, 빨리 나아 공부해서 나쁜 놈들의 원수를 갚아야 하는 거다, 참 총명하게 생겼구면. 일곱 살이랬지? 이놈 참 어른스럽네. 크면 장차 큰 인물이 되겠구나. 아파도 참아야 하는 거다? 사나이 대장부가 그것도 못 참으면 장차 아무것도 할 수 없는 것이야. 꾹 참으래이."

어른들 몇 명이 꽁꽁 묶인 나의 팔과 다리를 붙들고 있었고, 가슴과 하복부에도 압박대가 동여져 있었다.

발꿈치를 후벼 파는 아픔, 살을 베어내는 아픔 따위는 느낄 수도 없었다. 뼛속을 후비는 통증은 병실 천장을 온통 노랗게 만들었다. 병실뿐만이 아니라 온 천지가 샛노랗게 변했다.

얼마의 시간이 흘렀을까? 참아야 한다고 다짐했지만 잠시뿐, 도저히 참을 수 없었다.

나는 발버둥을 쳤다. 누굴 빗대어 퍼부은 욕설이 아니라 그저 통증을 참을 수 없어서 욕설을 퍼부어댔다. 그때의 욕설은 지금도 기억하고 있다.

"죽여라 이 개새끼들아! 내는 죽는 게 낫다. 나쁜 새끼들아! 아악!"

실신하고 말았다.

내가 깨어났을 때는 이미 발꿈치의 치료가 끝나고 붕대가 동여매진 후였다.

생살을 찢고 뼈를 깎는 고통에 정신을 잃었을 때 의사선생님과 작은아버지, 그리고 병실에 함께 있던 모든 사람들은 내가 죽은 것으로 알고, 혼비백산하여 발꿈치 수술과 더불어 소생제를 주입시키며 한바탕 소동이 났다고 했다. 다행히 마취된 듯이 실신했기에 안도의 숨을 내쉬며 발꿈치수술을 순조롭게 할 수 있었다는 것이다. 이것을 두고도 '범상한놈', '천운을 타고난 놈'이라 했다.

그때의 아픔은 60여 년이 지난 오늘날까지도 소름 끼치는 전율로 다가오곤 한다. 요즘도 날씨가 흐리거나 조금 심한 운동을 하면 통증이 되살아났다. 조금만 많이 걸어도 통증이 느껴졌다. 발꿈치 속을 후비며 가위로 자르는 사각사각 소리가 귓가에 들리는 것이다.

그 사각사각 소리를 느끼면 창자가 꼬이고 그때의 아픔이 되살아나 2, 3일간은 그 고통에서 벗어나지 못했다. 아마도 이것은 내 생애가 끝날 때까지 잊혀지지 않고 되살아날 통증일 것이다.

수술이 완전히 끝날 때쯤 깨어났다. 꿈결처럼 두런두런 귓가에 맴도는 소리에 정신이 든 것이다.

"수술은 성공적입니다. 하늘이 도운 것 같습니다. 이 아이가 수술하는 동안 잠시 쉬어준 것이 천만다행입니다. 잠시 기절하여 놀랐지만 성공적인 수술이 되도록 하늘이 도운 건가 봅니다. 이제는 안심하셔도 됩니다. 참으로 숙부께서 고생이 많으셨습니다."

"아닙니다. 선생님께서 훌륭히 잘 치료해 주셨기 때문에 이눔이 살아났습니다. 이 은혜는 꼭 갚겠심더. 저눔들에게도 선생님의 감사함을 꼭 말할껍니더."

　잘라야 될 발목을 자르지 않고 성공적으로 수술을 했다고 기뻐하시던 의사선생님과 작은아버지의 모습이 눈앞에 어른거릴 때면 열심히 살아야겠다고 다짐하곤 했다.

　회오리 치던 정월이 가고 이월이 시작되었다. 그동안 우리 남매는 작은아버지의 극진한 보살핌을 받으며 수동에서 지냈다.

　매일매일 벌어지는 일도 예측할 수도 없었으며, 내일이 불안정했다. 종잡을 수도 없는 하루하루는 새로이 시작되고, 또 그렇게 기울어가고 있었다.

아버지, 그리고 살기 위한 몸부림

　방곡리 마을 앞으로 평화롭게 흐르는 청정수淸淨水만큼이나 맑고 총총한 소년의 눈망울이 초점 잃은 듯 산 위의 고갯마루를 응시하고 있었다. 수줍은 듯 다가오는 봄기운이 풋풋하게 밀려오고 있어도 소년은 웃음을 잃은 지 오래였다.

　진저리 쳐지는 상념들로 가득한 그 병실은 아직도 그날의 통증과 고통이 벽마다 가득가득 배어 있었다.

　운명運命이 정해져 있다면, 이는 피한다고 피해질 수도 없을 것이며 미래가 불확실하다면 두려워할 필요도 없을 것이다.

　의지가 투철한 사람은 어떤 불행이 닥쳐도 헤쳐나갈 것이다.

　그것은 지혜가 아니라 운명이 사람의 인생을 지배하기 때문인 것이다.

　잠시 어제와 오늘, 내일들이 일곱 살 소년의 가슴팍을 짝짝 할퀴고 있었다.

　소년은 지그시 눈을 감으며 조막손으로 주먹을 힘껏 쥐어 보았다.

세상에서 훌륭한 기술, 즉 배우기 어려운 기술이 바로 살아가는 기술이라고 했다.

사람이 태어난다는 것은 행복이고, 살아간다는 것은 고통이며, 죽는다는 것은 비통한 일이라고 했다.

미친 사람이 동쪽으로 뛰어가면 그를 쫓는 사람도 동쪽으로 뛴다. 그러나 동쪽으로 뛰는 것은 같지만 뛰는 목적이 서로 다른 것이다.

성인聖人도 마찬가지이다.

성인의 생과 사가 도리道理로 통하지만, 어리석은 자들은 삶과 죽음의 가치를 몰라서 혼동한다고 했다.

어느 날 방실마을의 큰아버지와 사촌 형님은 소식이 끊어졌다. 혼란스러운 틈에 군인들에게 끌려갔다는 것이다.

그때가 2월 중순이었다.

다행스럽게도 큰아버지와 장식 형님은 처형 직전에 구사일생으로 살아 남았다.

"이 분은 나의 매제이고 젊은이는 생질입니더."

함양의 건바실이라는 동네의 구장(이장:里長)이던 사람이 큰아버지의 처남이었다. 당시에는 전시戰時기 때문에 조금만 거동이 수상하다고 여기면 처형당했다. 큰아버지와 장식 형님도 붙잡혀 갔으나 큰아버지 처남 덕에 살아남을 수 있었던 것이다.

어린 나이에 상처투성이가 된 나는 천덕꾸러기가 되어 친척집을 전전할 수밖에 없는 신세가 되었다.

40대 초반이었던 큰아버지는 가족들을 모두 잃고 장식 형님과 나, 정자누나를 돌봐야 했다.

가족들이 눈앞을 아른거렸고 가슴에 한이 되어 일이 손에 잡힐 리 없었다. 살아남은 사람은 어떻게든 살아야 했다. 이것이 운명이라고 여기며 새로운 삶을 위해 마음을 가다듬지 않으면 안 되었다.

부모님과 아내를 잃은 슬픔과 분노, 외로움이 한꺼번에 엄습해 올 때면 견디기 힘들어하셨다.

이런 모습을 보다 못한 아는 분이 중매를 해서 새 부인을 맞이하게 되었다.

우여곡절 끝에 새 큰어머니가 들어오신 것이다.

이것은 큰아버지의 편안함을 위해서도 아니었고 안락한 가정을 얻기 위한 것만도 아니었다. 어린 것들을 키워야 했고, 갑자기 고아가 된 나까지 돌봐야 했기 때문이다.

돌이켜 보면 큰아버지와 낯선 큰어머니께서 나 때문에 많은 고생을 하셨다. 의붓 아들딸에 조카까지 보살펴야 했기에 마음고생도 크게 뒤따랐을 것이다.

그럭저럭 한 해가 저물고 새해를 맞으면서 나는 여덟 살이 되었다.

또래의 아이들이 엄마에게 재롱을 부리는 것을 볼 때마다 부럽기도 했고 엄마와 동생들이 그리워 견딜 수 없었다. 그럴 때면 미친 듯이 뒷산을 헤매면서 엄마를 부르며 울부짖었다.

울부짖다 넘어지면 오뚝이처럼 일어나 걷다가는 또 넘어지길 반복하던 어느날 큰어머니가 사주신 새옷의 무릎 부분이 모두 다 찢어져 버렸다. 큰어머니가 손수 마련하여 입혀주신 핫바지였다. 야단맞을 생각을 하니 겁이 더럭 났다.

그날 집에 들어가질 못했다. 어둠이 깔리는 틈을 타서 동네의 종필이라는 아이와 함께 별명이 붕알쟁이라는 사람의 집에서 하룻밤을 지냈다. 그리고는 안절부절 못하고 있는데 큰어머니가 찾으러 오셨다.

겁에 질려 있는 나를 큰어머니는 회초리로 마구 때렸다. 여덟 살짜리가 억센 어른의 손아귀에 붙들려 꼼짝할 수도 없었다.

아픔이 병원의 쓰라린 수술만큼이나 고통스러웠다. 이렇게 죽을 수도 있겠다는 생각이 들었다.

큰어머니의 회초리가 얼마나 아팠던지 참지 못하고 도망을 쳤다. 도망가다가 돌부리에 걸려 넘어지고, 바위 너머로 굴러 떨어져도 회초리보다는 아프지 않았다.

한참 후 큰아버지께서 나타나셔서 조용하게 나를 달래셨다.

"너가 도망가면 우짜노 괜찮으니께 집에 가야제. 큰 어매도 용서할 끼다. 가서 '큰엄마 지가 잘못했심더' 하몬 될 거 아이가 가자꾸나."

나는 큰아버지께 허리를 굽혀 절을 했다.

"지가 잘못했심더. 다시는 안 그랄께예. 큰아부지."

"그래 이제 됐다. 우리 춘식이 착하제 큰아부지하고 같이 가자."

큰아버지의 다정한 말씀에 엉엉 울음이 터져 나올 것 같아 이빨을 꽉 깨물면서 참았다. 흘러내리는 눈시울을 연신 손등으로 닦으면서 큰아버지를 따라 내려갔다.

도망쳐 본들 어디를 갈 것인가. 갈 곳은 아무 데도 없었다.

큰아버지 계실 때와 안 계실 때의 행동이 무척 다른 큰어머니였다. 눈엣가시였던 나는 어느날 쫓겨나다시피 집을 나왔다.

나는 배가 고파 거리로 나서서 동냥을 하지 않을 수 없었다.

그러다가 어느 동네에선가 진외갓집 아저씨에게 들켜서 야단만 맞고 다시 집으로 붙잡혀 왔지만 여전히 큰어머니의 눈총은 이만저만이 아니었다. 눈만 마주치면 흘겼고, 피하려고 하면 더 자주 부딪쳐서 곤혹스럽기 그지없는 나날이었다.

사람에게 아픔은 상처로 인한 통증만이 아니다. 그리움과 외로움으로 인한 가슴의 아픔은 더 큰 고통을 동반하게 된다.

이 세상 사람이 아닌 어머니를 향한 그리움은 어린 가슴을 갈갈이 찢어내는 아픔이었다.

나는 아버지의 얼굴을 기억하지 못했다. 누구도 아버지에 대해서는 한마디도 꺼내지 않았다. 그래서인지 아버지에 대해서 어떤 향수나 부정을 느껴본 기억이 없었다.

그 무렵 나는 아버지를 처음으로 뵙게 되었다. 처음 뵌 아버지는 여전히 국군이었다.

아버지는 우리 가족들이 몰살당한 것을 전혀 모르고 계셨다.

양민학살 사건이 신문에 보도되지 않았기 때문에 전혀 알지 못했다고 했다.

나를 바라보시는 아버지의 눈시울이 붉게 물들어 있음을 보았다. 아버지는 한참 동안 나를 지켜보시다가 물으셨다.

"큰어머니가 잘 해주더나?"

그저 고개만 끄덕였다.

"다행이구나. 네 이놈들, 11사단 9연대 3대대 놈들을 죽여 버릴 끼다. 가만 안 둔다카이."

아버지는 그 한마디를 남기고는 재입대한 후 영영 소식이 끊어지고 말았다.

낯설기만 했던 아버지였다.

그날 나는 '아버지'하고 어색하게 딱 한 번 부르며 나랑 같이 살자고 했다. 그러나 아버지는 냉담하게 '성공하여 돌아올낀데 그때 같이 살자'는 말만 남기고 떠나 버리셨다.

내게는 군인이었던 아버지가 있었다는 사실 외에 처음 뵈었을 때는 별다른 느낌이 없었다.

그런데 혈육이란 묘한 것이었다. 아버지가 떠나신 후 차츰 혈육에 대한 그리움이 솟아올랐다.

내게도 아버지가 계시다는 사실이 새로운 삶의 의욕을 북돋아주는 것이었다.

가끔 외가外家에 들를 때면 나를 붙들고 우시던 외할머니는 아버지에 대한 넋두리를 많이 하셨다.

"우리 춘식이는 커서 니 애비처럼 똑똑한 놈이 될 끼다. 니 애비는 가는 곳마다 많은 사람들로부터 큰 환영을 받은 기라. 부산이고 대구고 간에 많은 사람들이 모이는 곳이라면 반드시 정찬조가 있었다 안카나 니애비는 반드시 크게 성공하여 올끼다. 아무 걱정 말고 조금만 기다려 보른 기쁜 소식이 올 끼다."

나는 외할머니의 말씀대로 은근히 아버지를 기다렸다. 그러나 한 해 두해 기다려도 편지 한장 없었다. 당시 어린 나로서는 아버지를 찾는 방법을 도무지 알 수 없었다.

후일 산전수전을 다 겪으며 내가 20대에 접어들어 사업을 하게 되었고, 다소 경제적인 여유가 생기자 아버지를 찾아야겠다는 생각은 더욱 굳어갔다. 일간지에도 광고를 해봤으나 아무 효과도 없었다.

1979년 8월 24일쯤으로 기억되는 그날, 나는 사업차 제주도에 갔다가 서울행 비행기 안에서 잠깐 잠이 들었을 때 어떤 주체 못할 환상이 온몸을 휘감아 왔다. 분명히 아버지는 이 세상사람이 아니라는 느낌이 들었다.

그 당시 전사戰死를 했다면 분명 본적지로 통보가 왔을 터인데 통보가 없었다. 자꾸만 이상한 예감이 뇌리를 스쳤다. 전장戰場에서 실종도 될 수 있고, 포로가 될 수도 있을 것이다. 그럴 땐 미처 본적지 확인이 안 되는 경우도 생긴다고 들었다. 또한 본적지에 통보가 되지 않고도 국군묘지에 안장은 될 수 있다는 말을 들은 적이 있었다. 그래서 나는 고려대 경영대학원 동기이면서 육군 중령으로 예편한 윤정로 씨에게 문의하며 찾을 수 있는 방법을 상담했다. 윤정로 씨도 다방면으로 찾아보았으나 찾을 길이 없다면서 나에게 직접 국립묘지에 가서 한 번 찾아보라고 권했다.

일주일을 찾아 헤맨 끝에 국군묘지 10열 311번, 1954년 3월 3일 육군 소위 정찬조 양주에서 사망'으로 국립묘지에 안장되어 있는 것을 발견했다.

아버지의 묘를 찾았으나 주소불명으로 처리되어 나는 유가족으로 인정을 받을 수가 없었다. 국방부장관에게 수없이 탄원서를 올렸으나 증거불충분으로 매번 기각되었다. 그러나 물러설 수는 없었다. 내가 할 수 있는 모든 자료와 증거를 확보하여 소송을 제기, 결국 나의 아버지 정찬조임을 판결받았다.

유족으로 인정은 받았으나 원호대상은 되지 않았다. 왜냐하면 아버지의 죽음에 대한 기록에는 전사戰死가 아니라 자살이라고 되어 있었기 때문이다.

지금의 나로서는 명예회복과 원호 혜택보다는 아버지가 국립묘지에 안장되어 있다는 것만으로도 충분히 만족하고 있다. 그러나 기회가 주어지면 자살이라는 불명예를 반드시 회복시켜 드릴 것을 계획하고 있다.

희뿌연 안개가 걷히면 태양의 따사로움이 온누리를 환하게 만든다. 인간사야 어찌됐든 자연은 지구의 자전과 공전에 따라 한 치의 오차도 없이 순환되고 있는 것이다.

방실마을에도 철따라 꽃이 피고, 온갖 산새들이 날아들어 쉴 새 없이 재잘거렸다. 짙은 녹음이 싱그러움을 더해 주었고, 곧이어 울긋불긋 새빨간 단풍으로 온세상이 물들면서 예나 지금이나 눈부시게 아름다운 모습은 변함이 없었다.

아름다운 곳, 금서면에서 가장 살기 좋은 곳이었던 방실마을은 3년 전 피비린내를 진동시킨 양민학살의 현장이라고는 믿기지 않을 정도로 평화로움이 자리 잡아가고 있었다.

죽은 사람은 차츰 잊혀지게 마련이고 살아남은 사람은 살아야 하는 생존의 본능 때문인지 이곳 사람들은 모두 열심히들 살아가고 있었다.

악몽같았던 세월들은 나를 차츰 성장하고 성숙하게 만들었다. 3년이란 세월은 힘들게 힘들게 흘러갔다.

나는 열 살이 되어서야 금서초등학교에 입학을 하게 되었다. 정자 누나는 입학을 하지 못하고 나만 입학했다.

빠듯한 시골 살림에 두 아이를 학교에 보낼 능력이 안 되었기 때문에 친딸보다 조카인 나를 입학시킨 것이다. 큰아버지의 큰 뜻을 내가 모를 리가 없었다.

나는 열심히 공부했다. 한참 뛰어놀 나이였지만 틈만나면 책을 들여다보고 글을 썼다. 흰 종이만 보면 글씨를 썼다.

모실이라는 곳 바로 아래 갱분마을에서 4학년까지 다니다가 논들이 있는 방실마을로 올라가야만 했다.

꿈에도 나타나지 않으면 좋겠다고 생각했던 방실마을, 기억하고 싶지 않은 곳으로 다시 가게 된다는 것은 몸서리쳐지는 일이었다.

방실에서 내가 다니는 학교는 무척 멀었다. 큰어머니는 내색은 하지 않으셨으나 친자식도 아닌 조카를 위해서 새벽부터 움직여야 하시는 부분이 내심 죄송스러웠다.

열심히 공부하여 이 세상을 바로 세워 보겠다는 뜻은 조금도 변함이 없었다. 옛 생각이 떠오를 때면 더욱 굳은 다짐을 하고 스스로에게 맹세하곤 했다.

열 살이던 그 해 옥내 장터 이모님 댁에 설 세배를 갔을 때의 일이다. 이모님 댁 옆에서 이웃집 할아버지가 토정비결을 봐주고 있었다. 동네 사람들이 많이 몰려와서 너도나도 한해 운수를 궁금해 했다. 용케도 잘 맞춘다고 모두들 수군거렸다.

이모님은 그 할아버지에게 '우리 춘식이도 좀 봐 주이소'하며 운수를 부탁했다.

'저 아이는 사주팔자에 부모 형제가 없는 사주다', '그러나 천운을 타고 이 세상에 태어났다'고 하셨다. 아주 총명하고 활동적이며 큰일을 할 아이라고 했다.

산골에 묵혀두면 큰 일을 할 수 없으나 객지로 보내라는 것이었다. 특히 서울 쪽으로 연고지를 만들어 보고 시골에서 썩어서는 안 되니까 하루라도 빨리 객지로 보내는 것이 저 아이의 장래를 위해서도 좋다는 것이었다.

그 할아버지의 말씀을 곧이곧대로 믿는 이모님은 갑자기 큰 걱정이 생겼다. 나의 장래를 위해서 서울로 보내야겠다는 고민이었다. 어떻게 하면 춘식이를 서울로 보내 훌륭한 사람이 될 수 있도록 할 것인가가 새로운 걱정이었다.

그날 이후 자주 그 할아버지를 찾아가서 토정비결 보는 법을 익혔다. 그렇게 토정비결 보는 법을 터득한 것이다.

나이는 열 살이었지만 겨우 초등학교 1학년이었다. 말하자면 한글도 제대로 다 익히지 못한 상태에서 그동안 익혀둔 아라비아 숫자, 그리고 학교에 가지 않았으면서도 동네 아이들의 책을 틈만 나면 펼쳐보며 독습을 해 한글을 쉽게 익혔던 것이다.

겨우 한글을 익힌 아이가 토정비결을 터득했다는 것에 이웃 사람들은 크게 놀랐다. 그것도 그 할아버지의 설명을 한 번 듣고 깨달았다는 것에 대단히 놀란 것이다.

그 소문은 옥내 장터에 퍼졌다. 영리한 아이라느니, 천재가 났다느니, 심지어는 방실마을에 신동神童이 나타났다고 야단법석이었다.

그러나 나는 분명 보통 아이일 뿐이었다. 방곡리에서 태어나 총을 맞고도 살아남은 시골 아이일 뿐이었다. 다른 아이들보다 똘똘했는지 몰라도 부모 형제를 잃고 혈혈단신으로 살아가야 한다는 것이 다르다면 달랐을 것이다.

나는 결국 금서초등학교 4학년을 끝으로 학교 공부를 계속할 수가 없었다.

장식 형님이 군에 입대를 하였기 때문에 큰아버지를 도와 많은 농사일을 하지 않으면 안 되었다.

방황의 기나긴 여정

　고통은 어떤 생각보다 더 깊고, 웃음은 어떤 고통보다 더 크게 느낀다고 했다. 눈물은 말 없는 슬픔의 언어言語이다. 그래서 우리는 슬픔과 고통의 표현으로 눈물을 글썽이기도 하고, 울음을 터뜨리기도 한다.

　바쁜 일상은 지난 일들을 곧잘 잊게 만들었다. 그러나 아물지 않은 상처들은 가슴 깊이 새겨져 쉽게 지워지지 않았다. 더구나 고달픔이 작은 몸뚱이를 흠씬 적셔올 때면 점점 희미해져가는 어머니의 모습이 가슴을 할퀴는 그리움으로 눈앞을 가렸다.

　꿈에도 생각하지 말자고 다짐했지만 그날의 원한들은 밤마다 악몽으로 되살아나곤 했다.

　피로 물들었던 전답은 수년을 지나는 동안 그날의 악몽들을 다 잊은 듯 다시 문전옥답으로 변해 있었다.

　공비들이 활개치던 지리산 골짜기에는 예나 다름없이 맑디맑은 물이 쉬임없이 흘렀고, 속절없는 세월의 뒤안길에서 소년의 길고 긴 한숨은 가슴 한켠에 응어리져 있었다.

예리한 송곳으로 쿡쿡 찔러도 통증마저도 느낄 수 없는 그 덩어리, 어떤 이유는 삶이 고통스럽더라도 살지 않으면 안되는게 현실이었다.

나는 방실마을에서 열다섯 살까지 큰아버지의 농사일을 거들었다. 큰아버지와 함께 열심히 밤낮으로 일했다.

공부를 해야 할 나이에 농사 일만하고 있다는 것이 미래에 대한 불안감으로 가슴이 답답해졌다. 그러나 공부는커녕 날이 밝으면 논으로, 밭으로 밤늦게까지 일을 해야만 했다.

몸이 으스러지도록 일에 파묻혀 지내야 했고, 밤이 되면 지친 몸으로 책을 뒤적이면서 어떻게 하면 공부를 계속할 수 있을까하는 향학에 대한 집념의 끈을 놓질 못했다.

인생의 가치는 세월의 길고 짧음에 있는 것이 아니라, 어떻게 이뤄나 가느냐는 척도에 따라 달라지게 마련이다. 얼마만큼 노력을 할 것인가가 중요한 것이다. 따라서 몇 살에 의해서가 아니라 그 사람의 의지가 어떤가에 의해 좌우되는 것이다.

그 무렵, 나는 이재理財에도 관심을 가졌다. 말하자면 또래의 친구들보다 이재에 대해 일찍 눈을 뜬 셈이다.

전쟁으로 인해 폐허가 된 국토, 더구나 도시의 파괴는 수많은 사람들에게 기거할 공간을 앗아가 버린 것이다. 북에서 남으로 내려온 수많은 피난민들이 모여든 곳이 부산釜山일대였다. 휴전으로 인해 고향으로 돌아가지 못하고 주저앉은 피난민들은 살 집이 있을 리 없었다.

그 때 서울이나 부산 등에는 수많은 판잣집이 지어졌다. 그 판잣집을 지은 나무들은 지리산 일대의 소나무들이 대부분이었다. 그 당시 방실마을 뒷산의 아름드리 나무들도 판잣집을 짓기 위해 베어져 나가기 시작했다. 판자로 만한 나무들은 비단 소나무가 아니더라도 모조리 베어졌다. 도회지의 땔감으로도 작은 나무들이 마구 잘려나갔다. 그때 그 일을 '산판'이라고 했다.

모조리 베어진 나무들은 트럭^{GMC}으로 실려 나갔다. 도로 모양이 갖춰져 있지 않은 험한 산길이라 트럭이 올라올 수 없었다. 트럭은 큰 길까지와서 대기했고, 그곳까지는 사람들이 일일이 지어다 날랐다.

어린 나이임에도 불구하고 열심히 지어다 날랐다. 그리고 틈틈이 나무 장사를 열심히 하기 시작했다. 나는 무슨 일이든 시작하면 한눈 팔지 않고 열심히 노력하는 성미여서 다른 사람들보다 악착같다는 소리를 수없이 들었다.

다른 사람들이 네댓 짐 정도로 하루를 보낼 때 나는 하루 스무 짐을 해 본 적도 있었다.

그때 그 나무 일로 해서 돈을 제법 모았다. 때로는 큰어머니에게 드리기도 하고, 내 스스로 모으기도 했다. 그러나 그렇게 모은 돈을 보관하기가 쉽지 않았다.

나는 궁리한 끝에 그 돈을 큰아버지께 맡겼다. 말하자면 보관시켜 놓은 것이다.

산판 일도, 농사 일도 게을리하지 않았다. 상당히 많은 농사 일을 거의 혼자서 하다시피 해냈다. 몸은 힘들어도 공부에 대한 집념을 포기할 수가 없었다. 자나 깨나 공부를 해야 할 시기를 놓치면 안 되겠다는 생각이 머리를 꽉 누르고 있었다. 어느 날 옥내 장터의 이모님을 찾아가 의논을 했다.

"이모, 내 이렇게 살다가 그냥 콱 죽을거 같애. 공부를 하고 싶은데 공부할 시간이 없어예. 우짜모 조케심꺼. 이모님이 방법을 가르쳐 주이소."

철이 들면서 일이 잘 풀리지 않거나 마음이 괴로울 때는 이모님을 찾아가 의논하곤 했었다.

"하모, 내가 우째 니 맴을 모를 끼고, 니는 그 똑똑한 머리를 촌에서 썩여서는 안 되는 기라. 나는 어데 가도 잘 살 수 있을 끼다. 그런 끼내 무조건 도회지로 나가거라. 아무 소리하지 말고 무조건 나가거라. 이모도 여러 모로 알아볼끼다. 도회지로 나가서 공부도 하고 니가하고 싶은 거 한번 해봐라. 그런 꺼내 이모한테는 자주 연락하고 니가 있는 곳을 이모는 알고 있어야 된대이!"

나는 동네의 상호라는 친구와 작당하여 방실마을을 떠나기로 했다. 죄지은 것도 아닌데 야반 도주하다시피 상호와 함께 난생 처음 버스를 타고 진주를 거쳐 마산으로 향했다. 마산에 작은아버지가 살고 계시다는 말을 들었다. 수동에서 나를 치료해 주셨던 그리운 작은아버지였다.

마산에 도착한 그 순간부터 난감했다. 주소도 모르고 무조건 찾아 나선 것은 그야말로 서울 가서 김서방 찾는 격이었으니…… 그때는 도회지가 그렇게 넓고 큰 곳인지 상상도 못했다. 그냥 옆 동네에 가서 두식이를 찾으면 바로 찾을 수 있듯이 그럴 거라고 생각했다.

두식이는 작은아버지 아들인 사촌 동생이다. 시골 동네에서 아무개를 찾으면 다 알듯이 그렇게 찾을 수 있으리라고 생각한 것이다. 그러나 마산이란 곳이 나를 절망으로 몰아넣었다.

"아저씨, 여기 마산에 살고 있는 두식이 집이 어데닙꺼?"

"이 넓은 데서 어떻게 두식이 집을 어찌 알 것노 주소도 없이 어데 가서 찾노, 너 보자헌께 집에서 도망쳤고나!"

"아니라예. 우리 작은아버지를 찾아 왔서예, 두식이 집을 좀 찾아주이소!"

"그래가지고는 못 찾는다. 그냥 집에 가거라 큰일 난데이. 여기는 깡패들도 많고 도둑놈들도 많은 기라!"

상호와 나는 포기하지 않고, 이 골목 저 골목을 누비며 두식이를 찾아 헤맸다. 모래사장에서 바늘 찾기보다 더 어려웠다.

그러다가 아저씨의 말씀대로 불량배를 만나고 말았다.

"촌놈들! 집에서 도망왔제? 가마이 본 끼내 저기 해명산천쯤에서 온 놈들 같은데……?"

그들은 험상궂은 표정으로 금방 우리를 낚아채 갈 독수리 모양 사납게 굴었다.

나는 땅달막했으나 상호는 눈도 부리부리하고 키도 나보다 훨씬 컸다.

"이 쪼깬 놈은 놔두고, 큰 놈을 조지야 되것네. 아랏차차!"

그와 동시에 그들의 주먹이 상호의 안면을 후려갈겼고, 비틀거리는 상호의 복부에 발길이 날아들었다. 한마디로 상호는 꼼짝도 못하고 두들겨 맞았다. 죽은 사람처럼 축 늘어져 있는 상호를 그들은 오뉴월 개 패듯이 두들겨 팼다.

상호는 온몸이 피투성이가 되어 반 죽어 있었다. 묵사발이 되도록 두들겨 맞은 것이다.

그 뿐 아니라 우리의 몸을 뒤져 여비까지 홀랑 빼앗아 가버렸다.

그날 이후 나는 상호와 헤어졌고 50여 년이 지난 지금까지도 소식을 알 길이 없다.

지금도 가끔 그때의 상호가 그리워진다. 마산으로 공부하러 가자고 상호를 꼬드긴 것이 나였기 때문이었다.

피투성이가 된 상호와 나는 하수구에서 흘러나오는 구정물로 대충 얼굴의 피를 씻어내고는 서로 헤어졌다. 상호는 집으로 돌아간다고 했다.

그러나 나는 큰아버지와 큰어머니가 떠올라 돌아갈 수도 없었고, 찾을 길도 없는 두식이를 찾아 마산 시내를 헤매고 다녔다.

그러다가 당도한 곳이 마산역이었다.

그곳에서 난생 처음으로 기차를 보게 되었다.

그것이 기차인 줄도 모르고 엄청나게 큰 쇠구루마로 본 것이다. 큰 구루마도 신기했지만 연기를 풍풍 뿜으며 굴러가는 것이 흡사 괴물같았다.

나는 배고픔도 잊은 채 느릿느릿 굴러가는 쇠구루마를 타기 위해 정신없이 뛰어가 매달리려 했으나 쇠구루마는 차츰 속력이 빨라지면서 굉음을 질러댔다.

"야! 거기는 위험하다! 빨랑 안 나올끼가!"

역무원 아저씨는 호통을 치며 나를 불러댔다.

"저 쇠구루마 탈라꼬요!"

"허허, 이놈아! 쇠구루마가 아이라 기차다. 저걸 우째 탈 끼고. 니 어데서 왔노?"

"내는 방실에서 왔어예. 우리 작은아버지 집에 왔는데 지금꺼정 찾지 몬하고 있어예. 3일이나 찾았는데 찾을 수가 없어예."

"주소는 가지고 있나?"

"아입니더."

역무원은 기가 차다는 듯 내 머리에 꿀밤을 한 방 놓았다.

"그래가지고 우예 찾는다 말이고, 못 찾는대이… 택도 없는 짓을 하고 있대이. 너 지금 잠잘 데도 없제? 그라지 말고 우리 집에 가서 살래?"

"아입니더. 내는 공부를 해야 합니다. 공부할라꼬 여기꺼정 안 왔습니꺼."

"우리 집에 가모 니한테 공부도 시키주고 먹이주고 입히주고 다할 끼다."

"정말이라예?"

"내가 와 니한테 거짓말할 끼고."

공부만 할 수 있다면 못할 것이 없을 것 같아 역무원 아저씨를 따라나섰다. 그 역무원의 집은 경남 진양군 이반성면 용암리였다. 진양군이면 산청군과 이웃이었다. 그때 나이가 열다섯이었고, 그 해 봄 3월 11일이었다.

역무원의 이름은 김대성 씨로 40대 초반쯤 되는 듬직한 사람이었다. 지금 생존해 계신지 알 수 없지만, 그때는 무조건 고마운 분으로 여겨 무작정 따라간 것이다.

그러나 세상은 녹록지 않았다. 반성에 도착해 보니 내가 상상하며 희망에 부풀었던 그런 곳이 아니었다. 심심산골이었다. 방실마을이나 별반 다르질 않았다. 더군다나 또래 아이들의 에미 애비도 없다는 놀림이 무척 곤혹스럽고 성가셨다. 마산역에서 주워온 고아놈이라고 놀려댔다.

에미 애비 없는 것도 마산역에서 주워온 자식이라는 말도 틀린 말은 아니었다.

또래의 놀림은 견딜 수 없는 수모여서 슬픔이 엄습해 왔다. 공부를 할 수 있게 해준다는 약속은 꾐이었다는 것을 차츰 느낄 수 있었다. 공부는 커녕 잠시 놀 수 있는 시간도 주지 않고 힘든 일을 새벽부터 밤늦도록 시켰다.

영봉산 능선에서 땔감나무를 매일 두 짐씩 해야 했다. 그 집 아주머니는 나에게 일만 열심히 하면 곧 학교에 보내준다고 꼬드겼다. 한 달이 지나고 두 달이 지나도 학교라는 단어는 사라지고 잔소리만 점점 늘어가기 시작했다.

꾐에 빠졌다는 생각이 들자 혼자라는 생각에 엄마가 너무나 보고 싶었다. 나는 영봉산골짜기가 쩡쩡 울릴 정도로 큰소리를 내며 엉엉 울었다. 그래도 속이 후련해지지가 않았다. 어둠이 내리면 밥 한술 뜨고, 쭈그려자고, 날이 밝으면 산으로 들로 일을 하러 나가야 하는 꼬마 머슴이었다. 모두들 그렇게 취급하며 일을 시켰다.

김대성 씨가 나쁜 사람이라는 것을 느끼면서 하루 빨리 이곳에서 벗어나야 한다고 생각했다. 차츰 동네 사람들과도 가까워졌고, 공부시켜 준다는 꾐에 빠져 여기까지 오게 된 동기를 이야기하다 보니 한학자 어르신이 계시다는 것을 알게 되었다.

그 상황에서도 어떤 고난이 닥치더라도 반드시 공부는 할 것이라고 다짐하며 밤늦은 시간에 동네 한학자 어르신을 찾아갔다. 그 어르신에게 그간의 정황을 설명하고 공부를 할 수 있는 방법을 여쭈었다.

"어르신, 제게 공부할 수 있는 방법을 좀 가르쳐 주이소. 지는 공부를 해야만 합니다. 공부가 하고파서 죽을 지경입니더⋯⋯."

애걸복걸하는 나를 한참 동안 바라보던 어르신은 입가에 미소를 머금으시고 나의 머리를 쓰다듬어주셨다.

"참말로 공부가 하고 싶나?"

"예! 정말입니다. 지는 공부하는 기 제일 좋심더!"

"그래? 이놈 참 총명하구나. 우째서 요기까지 오게 됐노."

그 어르신의 따뜻한 위로에 그동안의 경위를 소상히 털어놓았다.

"알았다. 공부도 가르쳐주고 한문도 가르쳐 주마. 열심히 해 보거라. 장차 훌륭한 사람이 될 것 같구나."

어르신은 뜻하지 않게 칭찬과 용기를 한꺼번에 주셨다.

낮에는 죽어라 일을 하고, 밤이 되면 어르신을 찾아가 밤새도록 공부했다. 나의 열성에 감동하셨는지 성의껏 이끌어 주셨다.

나는 1년 만에 4~6학년 과정을 완전 습득했다. 그런 나에 대한 어르신의 칭찬은 혀가 마를 정도였다.

"춘식이 이놈은 천재야. 천재가 따로 있는 기 아니고 너 같은 놈이 천재로다. 니는 반드시 큰 인물이 될 끼다."

칭찬은 온 동네에 퍼졌고, 그 어르신은 내가 살고 있는 주인집 아주머니를 찾아가 상의했다.

"아주머니, 야는 보통 놈이 아니오. 이렇게 여기서 썩어서는 안 되겠어요. 장차 큰 인물이 될 놈이니까 학교에 보내 공부를 더 하도록 하는 것이 좋겠소. 1년 만에 초등학교 전 과정을 모두 떼었어요. 요놈은 천재란 말이오. 중학교에 보냅시다. 그래야 훗날 아주머니도 복을 받게 될낍니더."

그러나 주인집 아주머니가 한학자 어르신의 말씀을 들어줄 리 만무했다. 우선 일을 시켜야 하기 때문에 낮에 학교에 보낸다는 것은 호박에 대침도 안 들어가는 꼴이다.

그날 이후 나는 더욱 호된 일을 하게 되었다. 심지어는 밤에 어르신께 가는 것조차도 못하게 되었다.

"공부는 무신 공부노. 이놈이 먹이주고 입히준끼내 인자 엉뚱한 짓을 하고 아인나. 니가 그 양반한테 그렇게 해달라고 말했나? 또 그런 말을 들으모 내 그냥 안둘끼다!"

주인아주머니의 꾸지람이나 호통 따위에 기가 죽을 내가 아니었다. 공부를 중단할 수는 없었다. 그래서 낮에는 주인아주머니의 마음에 들도록 더욱 열심히 일을 했고 밤에는 더욱 열심히 공부를 했다.

밤에 몰래 어르신한테로 가다가 들켜 붙들리면 집에서라도 열심히 책을 읽고 글을 썼다. 호롱불을 켜 놓고 공부를 하면 일찍 자지 않는다고 야단을 맞았다. 호롱불 기름도 쓰지 말라는 것이었다.

열다섯 살 나이에 어른들과 똑같은 일을 해냈다.

나의 그러한 모습은 동네 사람들의 입으로 회자되었고, 많은 사람들이 나를 탐냈다. 그러니 나를 그대로 둘 리가 없었다.

"에미 애비도 없는 놈이 우짜모 그렇게 예의도 바를까? 참말로 용하네. 정말 아깝다카이."

"인사성 밝고, 일 잘하고 뭐 하나 나무랄께 있어야제. 참말로 용타."

남녀를 막론하고 동네 어른들은 한결같이 나에 대한 칭찬이 자자했다. 심지어는 내가 일하는 모습을 한참이나 서서 쳐다보기도 하며 한마디씩 찬사를 아끼지 않았다.

그 해 12월경 나는 어르신을 찾아가 큰절을 올리고 의논을 하였다.

"어르신, 지는 우짜든지 공부를 계속 해야겠심더. 우짜모 좋겠심꺼? 여기 주인집에서는 자꾸만 공부를 하게 방해를 합니다. 이 집에 온지가 일 년이 지났는데도 처음 약속한 공부시켜 준다는 거는 말할 것도 없고 일한 대가도 안 준다 아입니꺼. 그러면서도 죽도록 일만 시키거든예. 주인아주머니는 나를 마산역에서 주워온 놈이고, 오갈 데 없는 놈을 먹이고 입힌 것만으로도 충분하다고 말합니다. 오갈 데 없는 놈을 키워논 끼내 인자 뱃대지가 부르냐고 야단합니다."

어르신께서는 한참 생각하다가 가만히 입을 열었다.

"춘식아, 조금만 참아보거라. 내 무신 방법을 한 번 찾아볼 긴거내 공부하겠다는 마음은 조금도 버리면 안 된다."

"고맙심더, 어르신, 지는 커서 은혜를 꼭 갚을낍니더. 감사합니더."

나를 지켜보던 동네 사람들은 하나같이 그 집에서 나오라고 하였다. 자기집에 오면 공부도 시켜주고 새경도 주겠다며 꾀는 사람도 있었다.

"아주머니, 저는 공부를 하기 위해 여기까지 왔심더. 아저씨하고 마산 역에서 약속을 했다 아입니꺼. 공부를 시켜준다고 해서 여기꺼정 온긴 데 일 년이 넘도록 공부는커녕 일한 대가도 안줍니꺼. 와, 약속을 안 지 킵니꺼. 일 년이 넘도록 죽어라 일만 안 했심니꺼. 이래가지고 되겠심 니꺼. 지가 우째 이 집에 있겠습니꺼. 올데갈데없이 길을 헤매다가 아저 씨와 만났더라도 약속은 약속 아입니꺼. 그동안 시키는 일 내가 안 한기 있습니꺼? 지가 남들보다 또 일을 적게 했심니꺼? 한 번 말해 보이소."

아주머니는 얼굴이 붉으락푸르락 하면서 화를 삭히지 못하고 지게 작 대기로 어깨며 머리며 사정없이 후려쳤다.

그 길로 그 집을 빠져 나와 동네 김영돌 씨와 정만덕 씨에게 여차저차 사 정을 하소연하였다. 그들은 하나같이 그 집에 들어갈 생각 말라고 했다.

한바탕 소동 후에 이반성면 면장 댁으로 가게 되었다. 당시 면장이었 던 안병두 씨의 부친은 이반성면뿐만 아니라 멀리 진주에서도 그의 인품 과 덕망을 칭송할 정도로 훌륭한 학자였다.

내 나이 열여섯 살 봄이었다.

그 집에는 큰 머슴이 있었고 나는 작은 머슴이었다.

그 집은 양돈 양계를 겸하고 있어 주로 가축을 기르며 돌보는 것이 주 임무였다. 일이 무척 고되기도 했으나 즐거운 마음으로 많은 일을 해내 면서 싫다는 생각을 하지 않았다. 일 복을 타고난 놈이라 가는 곳마다 일이 참 많다는 생각을 하기도 했다. 그것은 나에게 주어진 운명일 거라 는 생각이 들었다.

모양새는 작은 머슴이었지만 열여섯 나이에 어른들 못지 않게 일했다. 열심히 일하는 모습을 지켜보며 머슴이 아니라 한 식구처럼 따뜻하게 대 해 주셨다. 특히 어르신께서는 중학 과정의 공부도 시키면서 시간이 나면 손수 한문을 가르쳐 주셨다.

고등학교 1학년짜리와 중학교 1학년, 3학년짜리 손자가 있었다.

어르신께서는 손자들의 책으로 중학 과정을 가르쳐 주셨다.

나는 공부를 하면서 가끔 눈물을 글썽이곤 했다. 어르신의 가르침에 대한 감사와 감동의 눈물이었다.

당신 손자들은 학교에서 선생님께 정상적으로 배우고, 나는 어르신의 가르침과 내 스스로 독학에 가까운 공부를 하는데도, 친손자들보다 월등히 공부를 잘한다고 격려해 주셨다.

칭찬은 고래도 춤추게 한다고 했던가…….

젊을 때의 고생은 앞으로 살아가는 데 큰 도움이 된다고 말씀하셔서 피곤함도 잊은 채 감동을 받은 적이 한두번이 아니었다.

면장 어른이 중학교 교재 전부를 다 주셔서 중학교 3년 과정을 완전히 외우다시피 해버렸다. 일 년 만에 중학과정을 끝낸 나에게 큰 어르신은 한문을 본격적으로 지도해 주셨다.

천자문도 떼고, 명심보감을 익혔으며, 소학·대학·중용 등 한문의 기초부터 하나하나 공부해 나갔다.

"너무 아까운 놈이다. 우리 형편이 좀 나아지면 춘식이를 공부시키도록 하는 기 좋겠구나."

"네, 아버님. 그렇게 해보도록 하겠습니다."

나는 이반성중학교를 원반하여 졸업하고 진주고등학교에 입학하기로 결정되었다. 그토록 원했던 정상적인 학교 공부를 하게 된 것이다.

인간의 슬픔 중에서 가장 견디기 어려운 것은 혼자 겪는 슬픔이었다. 나만이 지니고 있는 슬픔의 심연이 물밀 듯이 밀려오면 더더욱 고향과 어머니에 대한 아픔, 그리고 친척들인 피붙이가 그리워졌다.

조금 마음에 여유가 생기자 고향에 가고 싶었다. 게다가 인정 많고 훌륭하신 큰 어르신과 면장댁 식구들의 표 나지 않는 마음 씀씀이가 더욱 향수에 젖게 만들었다.

따지고 보면 고향 방실마을이 이반성면 용암리에서 그리 먼 곳은 아니었다.

지척이었다.

그러나 그때 내게는 지척이 천리였다.

고향에서는 내가 집을 나간지 2년이 되도록 아무런 연락이 없었으니 차츰 잊혀져 가고 있을 때였다. 나는 그 2년 동안 전혀 연락을 하지 않았다.

면장님 댁에서 진주고등학교에 보내 주신다고 하셔서 나는 고향에 인사를 다녀오겠다고 말씀 드렸다.

큰아버지께 그동안의 사정을 말씀 드리고 죽지 않고 살아 있음을 알리려는 것이었다. 큰어머니께도 은근히 빼기고 싶은 심사가 내재되어 있었을 것이다. 그토록 냉대를 받았으나 이제는 떳떳하게 진주고등학교에 들어가게 되었다는 것도 자랑하고 싶었다.

그렇게 2년을 지내다가 그리움을 참지 못해 잠시 고향을 찾은 것이었다.

어디 가서 죽은 줄로만 알았던 내가 고향 큰집에 나타나자 모두들 깜짝 놀라 야단법석이었다.

나는 큰어머니가 우시는 것을 그때 처음 보았다.

다시는 고향에 가지 않겠다고 수없이 다짐했건만, 고향은 영원한 안식처라고 했듯 그렇게 잠시 다니러 온 것이다.

그런데 잘못된 생각이었다.

나는 진주고등학교에 들어가는 꿈도 포기해야만 했다. 그곳 큰댁에 붙들려 아무곳에도 갈수가 없었다. 큰어머니의 간교로 큰아버지의 엄명이 너무나 강했기 때문에 방실에서 꼼짝을 할 수가 없었다.

1년이란 세월을 또다시 허송했다. 죽어라고 일은 하면서도 허전하고 공허했다.

그렇게 지내던 어느 날, 이모님께서 또다시 나를 부추겼다.

"객지로 떠나거래이. 어디든 객지로 나가서 하고 싶은 공부도 하고, 성공하도록 해라. 너는 여기 묻혀서는 안 되느니라!"

이모님의 말씀은 나에게 용기를 북돋아 주면서 힘 있는 날개까지 달아 주었다. 객지에 나가는 방법도 일러준 것이다.

절대적인 사람은 자기가 좋아하는 일을 얼마든지 할 수 있다.

자기가 좋아하는 일을 할 수 있는 사람은 쾌락을 즐길 수 있다.

쾌락을 즐길 수 있는 사람은 만족할 수 있다. 만족할 수 있는 사람은 더이상 갈망하지 않는다. 그리고 갈망하도록 남겨진 것이 없을 때에 문제는 끝난다.

스페인의 소설가 세르반테스는 '절대적인 사고'와 '주저하지 않는 용기'를 북돋아 주는 명언들을 많이 남겼다.

이모님의 현명한 판단이 갈피를 못 잡는 나에게 한껏 용기를 일으켜 주었다.

비참하다고 생각하지 않는다면 아무것도 비참한 것이 없다. 그와 같이 어떠한 상태에서도 만족하다고 생각하면 그것으로도 충분히 행복할 수 있으리라.

그러나 고향에서 일 년이 지난 그 해 3월 초순 나는 큰어머니께 거짓말을 하고 집을 나섰다. 뒷산에 고사리를 따러 간다고 했다. 그리고는 동정

74

을 살피다가 큰어머니께서 집을 비운 사이 개 한마리를 끌고 나왔다.

나는 큰아버지 댁의 큰 개 한 마리를 끌고는 뛰다시피 내달렸다. 함양까지 잠시도 쉬지 않고 내달렸다. 그곳에서 함양까지의 거리는 뛰다시피 해도 몇 시간이 걸리는 곳이었다. 그날이 함양 5일장이 서는 장날이었기에 그곳 장마당으로 달려간 것이다.

야속했지만 함양 장마당에서 3천 원을 받고 정들었던 큰 개를 팔아 넘기면서 가슴에서 울컥 쏟아지는 눈물을 삼켰다. 그리고는 내친 김에 곧바로 부산으로 향했다.

이모(현재 108세로 생존해 계신다)님께서 용기를 주며 날개를 달아준 방법과 행로였다. 그곳을 찾아가기 위한 발걸음이었다.

강원도 화천군 상서면 봉우리.

당시 15사단 주둔지 근처였다. '군인주부'라고 하는 매점 뒤에서 장사를 하는 사람을 찾아가라는 것이었다. 우리 동네에서 자란 사람이 그곳으로 시집을 가서 잘 살고 있으며, 그 사람의 수양아들이 되라는 것이었다.

그 사람은 재산도 많이 물려주고, 공부를 원하면 공부도 시켜준다고 했다는 것이다.

네가 잘하고 못함에 따라 너의 운명이 달라지겠지만 잘하면 횡재를 한 거나 다름없다는 말로 타일렀다.

이모님으로부터 받은 쪽지 하나로 난생 처음 들어보는 강원도 화천을 향한 시동을 걸었다.

나는 지금도 빠듯한 시골살림에 어머니 역할까지 도맡아 해주신 이모님을 잊지 못한다.

그때 갈피를 잡지 못한 나에게 베푼 인정과 용기, 그리고 모성애를 잊을 수가 없다. 돌아가신 어머니가 그리울 때면 언제나 그 이모님을 떠올리곤 했다.

나는 그야말로 전쟁고아였다.

부산에서 서울까지, 그리고 강원도 화천까지 가야 하는데 수중에 돈이 달랑 5천 원뿐이었다. 무임승차를 생각할 만큼 철이 들었다.

서울까지 차비를 내고 나면 밥을 사먹을 돈마저 없어질 것이라는 계산도 들었다. 목적을 위해서 최선의 방법과 수단을 동원하지 않을 수 없었던 것이다. 그때로서는 무임승차밖에 다른 도리가 없었다.

한참을 달리던 열차 안에서 차표조사가 시작되었다. 나는 요리조리 역무원의 눈을 속여 위기를 면하기는 했으나 얼마 안 가서 또 차표조사를 하곤 했다. 완행열차라 느리기도 했거니와 중간중간에서 사람들이 많이 타고 또 내렸기 때문에 수시로 차표검사를 했었던 것이다. 몇 번의 위기를 넘기기는 했으나 꼬리가 길면 잡히듯 결국 대전쯤에서 차장에게 들키고 말았다.

무조건 끌려 내린 나는 역무원에게 인계되었고, 울며불며 사정을 털어놓으며 용서해 달라고 애원했다. 역무원이 묻지 않은 내용도 털어놓으며 잘못을 빌었다.

그 역무원은 애처롭게 나를 쳐다보다가는 간이매점에서 국수를 사주면서 얼른 먹으라고 했다. 배가 고파도 돈을 쓸 수 없었기에 참아 오던 나는 눈 깜짝할 사이에 국수 한 그릇을 먹어 치운 후에야 그 역무원에게 인사했다.

"고맙습니다. 아저씨! 정말로 배가 많이 고팠거든요. 배가 고파도 무엇 하나 사먹을 수가 없어서 굶고 왔거든에."

역무원은 인자했다. 나의 머리를 쓰다듬으며 나무라는 게 아니라 오히려 달래주는 것이었다.

"이것을 가지고 가거라. 혹시 다른 차장이나 역무원에게 들키면 이것을 보여 주거라. 그러면 너를 끌어내리거나 야단을 치지 않을 것이다. 네놈을 보아하니 솔직하고 똘똘하구나. 그러니 어디가서든 열심히 살아서 크게 성공해라."

그는 뭔가를 적어 주면서, 혹시 무슨 일이 생기면 연락하라고 하였다. 도와줄 수 있는 일이라면 도와주겠다는 것이었다.

그날 이후 나는 단 한번도 그 역무원에게 연락을 하지 못했다. 수십 년이 지난 오늘까지도 그분을 잊어본 적은 없다. 강원도로 가는 도중 그 쪽지를 잃어버려 마음속으로만 수없이 고마웠다는 인사를 했다.

그렇게 용산역에 도착한 것은 다음날이었다. 긴긴 시간을 완행열차에 시달린 나는 얼굴이 꾀죄죄했으나 기백만은 당당했다. 무임승차로 부산에서 열차에 오를 때나 차표검사를 할 때 의자 밑에 숨어들던 때와는 완연히 달랐다.

떳떳한 것이었다.

대전에서 역무원의 메모가 있다는 것이 너무나 떳떳했다.

당당하게 개찰구를 빠져 나오면서 검표원에게 그 쪽지를 내밀었다. 그랬더니 다른 사람에게 대하는 것과 달리 그 검표원은 나를 가만히 쳐다보더니 빙긋 웃으면서 잘 가라는 시늉을 하는 것이었다.

용산역 광장을 나오면서 나는 길고 긴 숨을 내뱉었다. 안도의 한숨이었을 것이다. 길고 긴 터널을 벗어나 찬연한 햇살을 받은 황홀한 한숨이었을 것이다.

다소의 난항들이 없진 않았으나 무사히 서울에 입성했다는 안도감이 밀려왔다.

또다시 강원도 화천으로 가야 한다는 것은 별문제가 아니라고 생각했다. 여기까지 왔는데 그까짓 앞으로의 길이야 별것 아닐 것이라는 자신감이 충만했다.

그만큼 곳곳에 정이 많던 시절이었기 때문이다.

인내의 쓰라림, 열매의 달콤함

인내^{忍耐}란 무거운 짐을 지고 빨리 걸으면서도 말이 없는 나귀의 미덕
^{美德}이라고 했다. 슬프면서 침묵하는 것은 강하고, 끈질기게 참는 것은 존
엄하다고까지 말한다.

한 송이의 포도나 한 개의 사과가 그러하듯이 위대한 것이 갑자기 만
들어진 적은 없다. 잘 익은 포도나 사과를 갖기 위해서는 상당한 시간이
필요한 것이다. 우선 꽃을 피워야 하고, 열매를 맺게 하며 온갖 풍상과
뜨거운 햇살을 받으며, 알차게 여물기를 기다려야만 훌륭한 결실이 이뤄
지는 것이다.

사람이 살아가는 노정^{路程}인들 어찌 평탄할 수만 있으랴. 거기에는 험
준한 산과 험난한 계곡도 있을 것이고, 또한 가파른 언덕길이 있는가 하
면, 건너기 어려운 강도 있을 것이다.

나에게 주어진 지금의 고통스러움이 진정 내 험난한 삶이라면 기필코
그런 난제들을 풀어나가며 목적을 향해 내달릴 수밖에 없는 것이다.

화천 땅에 당도한 것은 부산을 출발한 지 이틀 만이었다. 말하자면 하루 한나절이 걸린 셈이었다. 길고 먼 여정에 굶주리며 시달렸으나 피로를 잊은 채, 이모님께서 찾아가라고 했던 분을 만나게 되었다.

그분은 이미 연락을 받았던지 나를 반갑게 맞아 주었다.

"잘 왔구나. 네가 춘식이냐?"

"지가 춘식입니더."

"너그 이모한테 얘기 잘 들었다. 그렇게 영특하다면서? 참 생기기도 잘했네. 우리 집에 조금 있다가 내가 어디로 보내줄 테니께 며칠만 기다리거라. 남의 집이라 생각지 말고 푹 좀 쉬거라. 먼 길 오느라고 고생도 많이 했제?"

그날부터 매점에서 장사를 거들기도 하고 잔심부름도 마다하지 않았다. 그 놈의 일과 근면성은 타고 났는지 시키지 않는 일까지도 척척 알아서 해냈다. 그런 나의 행동은 그 집 식구들뿐만 아니라 주위 사람들에게까지 귀여움을 독차지했다.

장사도 하고, 허드렛일까지 해치웠다. 15사단 부대 안에도 들락거리면서 군인들과도 어울리고 많은 사람들과도 스스럼없이 지냈다.

그렇게 5개월이 훌쩍 지났다. 며칠만 기다리면 어디 다른 곳으로 보내준다더니 5개월이 지나도록 아무런 소식이 없었다.

"아주머니, 지는 수양아들로 보내 주신다는 말을 듣고 왔는데 거기는 언제쯤 보내 주실 겁니꺼? 벌써 다섯 달이나 지났는데도 궁금하네예."

그렇게 해서 다음 다음날 봉우리 삼거리에 있는 한일식당 집의 양자로 들어가게 되었다. 그 식당의 남자 주인은 황해도 사람으로 1·4 후퇴 때 부산까지 피난 나왔다가 고향 찾아서 올라가던 중 휴전 협정으로 38선을 넘지 못하고 강원도 화천에 눌러앉게 되었다고 했다. 양모라는 아주머니는 딸아이를 데리고 와서 같이 살고 있었다. 그 집에는 아들이 없고, 무남독녀만 있는 셈이었다.

그 집에 들어간 첫날부터 '아버지, 어머니, 누나'라고 부르며 아들 행세를 시작했다. 예의바르게 한 가족이 되어 새 삶의 보금자리에 안착한 셈이었다. 그런데 하루가 지나고 이틀이 지나면서 착각이었다는 생각이 들기 시작했다.

양아들이 아니라 일꾼으로 부려먹기 위한 것이었다.

그 집은 종합식당이었다. 요리사와 심부름하는 종업원이 한 명뿐이었다. 군사지역이라 군인들이 많이 들락거려 장사가 잘 되는 편이어서 두 사람의 종업원으로는 일손이 모자랐다. 그래서 나도 그 식당 일을 거들지 않을 수 없었다.

힘든 일은 대부분 내가 맡아서 했다. 기술을 요하지 않는 일들은 거의 내 차지였다. 어딜가나 일이 산더미처럼 쌓여 있었다.

이모님께서 하신 말씀과는 전혀 달랐다.

"그 집은 부자^{富者}인데 아들이 없단다. 양아들이 되면 팔자는 고칠 끼다."

이모님은 동네 사람에게 들은 말을 나에게 전해 주셨으나 시간이 흐를수록 모두가 허위였다.

내색할 수는 없지만 혼자서 여러 방향으로 생각하며 연구했다. 요리사로부터 요리도 배우고, 식당 일을 배워 나갔다. 작은 일도 허투로 보지 않고 열심히 익혔다. 기구한 삶이라 언젠가는 반드시 필요할 것이라는 생각이 들었다.

부지런하고 예의바른 나를 미워하는 사람은 아무도 없었다. 비호감이 아니어서 요리하는 것도 쉽고 빠르게 배울 수가 있었다.

가끔 주방에 들어가 요리사가 시키는 대로 요리를 하기도 했다. 어느덧 그 식당의 메뉴는 못하는 것이 없을 정도로 익숙해졌다.

혹독하게 종업원 취급하는 주인집 식구들의 속셈도 파악할 수 있었다.

현실을 파악한 나는 배울 수 있는 기술은 무조건 습득하는 걸로 생각을 바꿨다.

언젠가는 서울로 갈 뜻을 품으면서 열심히 일했다.

그럴 즈음 5·16 군사 쿠데타가 터졌다.

온 나라가 어수선해서 군인들은 대부분 부대를 이탈하지 못하게 되었다. 군사지역에서 군인들이 움직이지 않으니 장사가 타격을 받을 수밖에 없었다. 그러니 식당이 힘들어지고 양부모란자들의 태도도 점점 노골적으로 변해가기 시작했다.

나는 차츰 아버지, 어머니라는 말도 잘 나오지 않았다. 그렇게 부를 이유가 없었다. 양아들이라는 사탕발림으로 오갈 데 없는 청소년을 이용하려 한 의도가 엄연하다는 것을 눈치 챈 이상 굳이 그럴 필요가 없다는 생각이 미치자 불쑥불쑥 화가 치밀고 흐르는 시간이 아까웠다.

그야말로 요지경이었다.

간악하게 일을 시켜먹기 위해 양자라는 이름으로 나를 끌어들이고 먼 곳에서 온 놈이니까 얼른 도망을 가지 않을 것이라는 계산도 했을 것이다.

눈만 뜨면 물지게를 지고 물을 길어야 했다. 큰 드럼통이 서너 개 있었는데 거기에 언제나 물을 가득 채워놓고 식당 일이며 모든 것에 사용했다. 그러니 하루에도 수십 지게를 져 날라야 했다. 조금이라도 게을리했다가는 꾸지람 정도가 아니라 노골적인 욕설이 마구 쏟아졌다. 견딜 수 없는 모욕적인 말들도 마구 튀어나오기도 했다.

영하 25도를 오르내리는 혹한에서도 물을 길어야 했는데 물기가 약간만 묻어도 그대로 얼어버리는 강추위였다.

물을 수십 번씩 길어 나르다 보면 물을 흘리게 되고 무거운 물지게를 지고 가다가 넘어지면 온통 물을 뒤집어 써 옷이 꽁꽁 얼어 버렸다.

장갑도 끼지 않은 손은 얼어 동상에 걸렸고, 물에 젖은 신발로는 영하 25도의 강추위를 견딜 재간이 없었다.

이 가혹한 현실을 누구를 원망할 것이랴!

참아내지 않으면 안 되었다. 어떤 대안도 없었으며 특별한 방법도 없었다.

인내는 쓰다, 그러나 그 열매는 달다.

물지게를 지고 가다 넘어진 나에게 양모라는 주인아주머니는 입에 담을 수 없는 욕설을 퍼부었다.

"나는 눈깔도 없냐? 멀건 대낮에 왜 자빠지고 야단이냐, 밥 처먹이고 입혀 놓으니까 이게 무슨 꼴이고! 빌어먹을 놈의 자식"

"너무 심하지 않습니까? 난들 우째 넘어지고 싶어서 넘어졌습니까?"

한마디 대꾸를 할라치면 금방 장작개비를 집어 들고 어깻죽지며 다리며, 닥치는 대로 사정없이 휘둘렀다.

머리는 산발인 채 빼드렁니에다 금 이빨이 툭 튀어 나왔고 광대뼈가 불거진 악마 같은 몰골로 피가 흐를 때까지 두들겨 패댔다.

훌륭하고 덕망 높은 이반성 면장댁에서 일하며 공부도 못하게 훼방한 큰아버지나 큰어머니가 원망스럽고 미워서 눈물이 솟아오르곤 했다. 그럴 때면 기억조차 가물거리는 어머니의 품이 그립고 또 그리웠다.

나는 뒷산에 올라 가슴에 맺힌 괴로움과 불행하게 만든 그날이 원망스러워 몸부림을 쳤다.

"너 와 그리 슬피 우노. 무신 일이고? 말해 봐라. 내가 도와줄 수 있는 일이모 내가 도와주꺼마. 퍼뜩 얘기해 봐라카이."

경상도 출신의 친형 같은 군인 아저씨는 서럽게 울고 있는 내 모습이 못내 안쓰러워 안절부절 못했다.

임금님 귀는 당나귀라고 했던가, 누군가에게 털어 놓으면 답답한 가슴이 좀 뚫릴 것 같은 생각에 주저리주저리 그동안의 전말을 털어놓았다.

그 군인 형은 자기 상사에게 나의 사정을 얘기했는지 위엄이 철철 넘친 분에게 불리어 가서 "양아들 삼겠다고 해서 왔는데 밤낮 없어 죽어라 일만 시키고, 추위에도 산에 가서 땔나무를 해 와야 했으며, 물을 길어 나르는 것이 하루에도 수십 번이라는 얘기와 가끔 장작개비로 맞았다"고 말을 했다.

양모는 이미 그곳 군인들에게까지도 이미지가 나빠져 있었다.

그 군인은 15사단 포병사령관이었다. 계급은 대령이었다. 내 얘기를 한참 듣고 있던 대령은 내 머리를 한 번 쓰다듬으며 그 집을 나가라고 했다. 화천읍까지 데려다 줄 테니까 미련 갖지 말고 멀리 가버리라고 했다.

그리고는 추운 겨울에 양말도 제대로 신기지도 않고, 옷도 낡아서 헤어진걸 입혔으니 오죽이나 추울 것이며 저러다가 어린 것이 얼어 죽으면 어쩔 거냐고 다잡으며 양아버지를 야단쳤다. 그러면서 군용 양말과 내의를 한 벌 내게 주시는 것이었다.

그 후로는 조금 달라졌다. 웬만한 일에는 핀잔을 주거나 호된 꾸지람을 쳤지만 간섭도 줄고, 조금 양순해졌다.

그 무렵 주병규라는 친구와 친하게 지냈다. 지금은 경기도 가평군 하면하판리에서 유경냉면집을 운영하고 있는 절친한 친구이다.

병규는 친해지자 내가 안쓰러웠는지 얼마간의 용돈까지 쥐어 주면서 하루빨리 그 집을 벗어나도록 종용하였다.

"춘식아, 너 여기 있어봐야 꽝이다. 한일식당 주인은 소문난 거짓말쟁이고 신용도 없어서 많은 사람들에게 손가락질을 당하는 왕대포야. 너를 양아들로 삼은 것이 아니고 머슴으로 데려온 거래."

병규는 당장 갈 곳 없어 머뭇거리는 나를 재촉했다.

"거기서 일해 봐야 결국은 너만 바보가 되는 것이야. 양아들이라는 사탕발림으로 너를 묶어 놓고 월급도 주지 않잖아. 여기서 화천까지는 불과 30리 밖에 안 돼. 걸어서 간다고 해도 두세 시간이면 충분해. 마침 포사령관님이 너를 도와주려고 하니, 이 기회를 놓치지 마라."

나는 병규의 진심어린 충고를 받아들이고 병규가 준 돈과 그동안 군인들의 심부름을 해주고 조금씩 얻어 모아둔 돈 1천 원을 혁대 안주머니에 끼워 넣고는 삼거리를 나섰다.

소개해준 상점 아주머니에게는 얘기해야겠다는 생각이 들어 발길을 옮겼다. 내가 이곳 화천에 와서 처음 만난 사람이며, 그동안 나를 다소나마 보살펴 준 사람이기 때문에 최소한의 예의라는 생각에서였다.

"아주머니, 그동안 고마웠습니다. 저는 그만 가겠습니다. 도저히 더 살 수가 없어요. 죽어라고 일만 하고도 맨날 얻어맞아 죽을 것 같습니다."

상점 아주머니는 한일식당과는 제법 친하게 지내는 사이였다. 갑자기 그곳을 떠나겠다는 내 말에 아주머니는 놀라서 나를 쳐다봤다.

"그 집에서는 일 잘하고 착한 양아들이 들어왔다고 자랑하던데, 아무런 말도 없이 훌쩍 떠나 버리면 어떡하느냐. 서운한 일이 있으면 내가 얘기해 줄 테니 조금만 더 참고 견뎌 보거라. 곧 좋은 일이 있을 것인데."

"아주머니 말씀은 고맙습니다만 이제는 더 참기가 힘드네요. 말이 양

부모지 남들보다 더 독해요. 넘 힘들어서 이젠 진저리가 납니다."

"내가 듣기로는 무척 잘 해주고 있다던데…… 그럼 그게 모두 거짓이었나? 내게는 니 자랑을 하면서 양아들로 잘 키워 재산을 물려주겠다던데."

"모두 거짓이에요. 맨날 나무를 해 날라야 하고, 물지게를 하루 종일 져다 날라야 해요. 자기네들은 내가 해다준 장작으로 불을 때 따뜻한 방 안에서 히히덕거리면서 내가 조금만 쉬어도 야단을 칩니다. 물을 길어 나르다가 너무 추워서 잠깐 난롯불을 쬐기만해도 난리법석입니다. 문에 구멍을 뚫어놓고 나를 감시하고 잠시만 몸을 녹여도 그냥 두질 않아요. 그 사람들이 내가 이곳을 떠나는 줄 알면 나는 붙들려 죽을지도 모르니까 아주머니만 알고 계시고, 안녕히 계십시요, 서울가서 성공하여 찾아 뵐께요."

상점 아주머니에게 인사를 하고는 곧바로 삼거리를 벗어났다. 차비를 아끼려고 뒤도 돌아보지 않고 빠른 걸음으로 내달렸다.

그런데 10리 정도도 못 가서 왕대포가 눈앞에 나타난 것이다. 차를 타고 나를 잡으러 온 것이다.

주인집에 알리지 않고 떠난다니까 상점 아주머니는 무슨 나쁜 짓을 하고 도망가는 것으로 생각했는지 내가 떠난 후 한일식당으로 달려가서 고해 받쳤던 것이다.

참고 참다가 도저히 더는 견딜 수가 없어서 떠나려는 것 뿐이었는데……. 혹독한 냉대를 감내하기도 힘들었고, 인간 이하의 대우에 진저리가 났던 것인데…….

억센 그들에게 붙들려 죄 없는 잘못을 용서해 달라고 빌어야만 했다.

"용서해 주세요. 다시는 안그럴게요. 잘못했습니다. 아버지!"

아버지라는 말이 스스럼없이 튀어나왔다. 그 억센 손아귀에 허리춤을 붙잡힌 나는 꼼짝할 수도 없었다.

나의 애절함이 오히려 그들의 기세를 더욱 돋우는 꼴이었다. 기고만장해져서 억센 주먹이 얼굴을 쉴 새 없이 강타해 왔다.

"오갈 데 없는 놈을 먹이고 입히고 해놓았더니 나를 배신하고 도망을 쳐? 나는 황해도 사람이다. 이놈을 당장 죽여 버리고 말 테다! 네 깐 놈 하나 죽이는 것은 문제도 안 된다. 너 오늘 한 번 죽어 봐라!"

그의 얼굴은 소름끼칠 정도로 험상궂게 일그러져 있었다.

"네 깐 놈 하나 죽여 버리는 것은 식은 죽 먹기다! 죽여 묻어 버리면 쥐도 새도 모른다! 이 간나 새끼가 나를 배신하고 도망을 쳤단 말이지."

골방에 처넣어진 나는 그 큰 주먹으로 무수히 얻어맞았다. 얼굴이며 몸통이며 가릴 것이 없이 닥치는 대로 마구 얻어맞을 수밖에 없었다.

무서웠다. 정말 죽을 것만 같았다. 그의 말대로 내 작은 몸뚱아리 하나 죽여서 뒷산에 파묻어 버리면 정말 쥐도 새도 모를 것이라는 생각이 드니 오싹 소름이 끼쳤다.

수많은 고통의 세월을 보내면서 꿋꿋하게 살아온 내가 여기 화천 땅에서 쥐도 새도 모르게 죽어 없어질 수도 있다는 생각이 뇌리에서 떠나지 않았다. 나는 엉엉 울면서 뭘 잘못했는지도 모르면서 빌고 또 빌었다.

"앞으로는 다시 이런 일 벌이질 않겠습니다. 절대 도망가지 않고 열심히 일하겠습니다. 아버지, 어머니, 누나 말씀 잘 듣고 열심히 일하겠습니다. 한 번만 용서해 주십시오!"

그들의 위협과 매질이 겁도 나고 살기 위해서 무조건 용서해 달라고 빌었다.

"이 도둑놈의 새끼를 당장 경찰서로 끌고 가서 유치장에 처넣어 버려라. 이런 놈을 그냥 둘 수는 없어. 콩밥을 먹여도 단단히 먹여야 한다!"

경찰서로 보낸다는 것이었다.

도둑놈의 새끼란다.

내가 왜 경찰서에 끌려가야 한단 말인가?

나는 억울하고 분해서 견딜 수가 없었다. 어렸지만 그런 수모는 견딜 수 없는 크나큰 모욕이었고, 혹독한 인권 유린이었다. 어린 마음에 그 협박이 겁을 주기 위한 것만이 아니라 어쩜 그렇게 할지도 모른다는 생각에 미치자 겁이 더럭 났다.

그곳에 파견나온 순경이 식당을 자주 드나들었고, 왕대포와 가깝게 지내는 것을 여러 번 본 적이 있었기 때문에 충분히 그럴 수도 있으리라는 생각이 들었다. 순진하게만자라온 시골촌놈답게 그런 협박이 사실일지도 모른다는 생각이 들었다.

맞는 매가 아프다는 것보다는 유치장에 보내고, 쥐도새도 모르게 죽여 버린다는 협박이 더 무서웠다.

왕대포는 겁에 질려 부들부들 떨고 있는 나를 끌어내어 옷을 홀랑 벗겼다. 실오라기 하나 없는 알몸으로 만들어 가느다란 철사를 가져왔다. 그 철사로 나의 고추를 동여매어 기둥에 묶어 놓았다. 약간만 움직여도 아파서 견딜 수가 없었다.

그야말로 성고문으로 엄청나게 잔혹한 짓을 해도 나는 반항하질 못했다.

아주 어릴 때를 제외하곤 친척 집이나 남의 집에서 눈칫밥을 먹으며 기 한 번 펴지 못하고 살아온 데다 세상물정도 전혀 몰랐을 때라 그토록 모진 고문을 당하면서도 그저 잘못했으니 용서해 달라고만 빌었었다.

철사로 동여맨 곳이 아파서 견딜 수가 없었다. 장작개비로 맞는 것도, 가죽 혁띠로 휘갈겨 맞는 것도 그보다는 나았다. 철사에 묶인 곳이 팽창

되면 곧 끊어질 것 같은 고통이 느껴졌다.

오줌이 마렵다고 해도, 충혈되어 곧 터질 듯해도 풀어주지 않았다. 오줌이 마려워 곧 쌀 것 같다고 하면 요강을 갖다주었다. 그러나 묶인 상태에서 오줌이 나올 리 없었고 방광이 터질 것만 같았다.

잔혹한 고문이었다.

인내는 힘보다 더 많은 것을 성취한다고 했던가, 쓰러지면 일어나고, 좌절되면 더 잘 싸우고, 잠자고 깨는 것이 우리들 인간이라고 했던가. 고통은 참고 버티면 차츰차츰 좋은 것으로 변할 것이라고 했던가. 나는 인내의 힘이 얼마나 큰 것인가 깨닫게 되었다.

상상을 초월하는 두려움에 그때를 회상하지 않을 수 없다. 소름이 끼치고 온몸에 전율을 느끼는 그때의 일들이 문득문득 나의 가슴을 또 한 번 갈갈이 찢어놓곤 했다. 불현듯 그때 생각이 떠오르면 온몸이 비비 꼬이고 일주일이 넘도록 밥맛을 잃어버리는 것은 악몽이 아닌 현실이었던 것이다.

산청·함양 양민학살사건 때도 총을 세 발이나 맞고도 살아났었다.

11사단 9연대 3대대 악당들이나 조금도 다름없는 바 없는 그 왕대포를 미워하기도 했다. 부모 형제를 잃고도 꿋꿋하게 견디며 조금이나마 인간답게 살아보고자 이 먼 곳까지 왔는데 이런 꼴이 뭐란 말인가.

이것이 나에게 주어진 운명이라면 너무나도 가혹한 형벌이라는 생각이 들었다. 전생에 무슨 죄를 지었기에 이토록 가혹한 형벌을 어린 나이에 겪어야만 하는가. 무엇을 얼마나 잘못했기에 이토록 가혹한 벌을 감내해야만 하는 것인가.

서러움이 북받쳐 오르고 눈물이 마구 쏟아졌다. 돌아가신 할머니, 어머니, 동생들과 함께 차라리 그때 죽어버렸다면 이런 수모와 고통은 당하지 않았으리라는 생각으로 더욱 슬프기 짝이 없었다. 그럴 때면 나를 이렇게 만든 세상이 원망스러웠다.

그날 이후 나는 3일이 넘도록 잠도 못 자고, 대소변도 볼 수 없었다.

먹이지도 않았다. 하루에 찐빵 한 개와 물 한 컵 먹는 것이 전부였다. 배가 고파 견딜 수가 없어도 먹을 것을 달라고 할 수가 없었다.

"이놈아! 너의 잘못을 뉘우친단 말이지?"

"잘못했어요. 용서해 주세요. 다시는……."

무엇을 잘못했는지 알 수 없었다. 빌어야만 고통에서 벗어날 수 있을 것 같았다.

험상궂은 얼굴을 울그락불그락거리면서 왕대포와 악마 아주머니는 시퍼런 식칼을 들고 위협했다. 완전히 주눅이 든 나는 겁에 질려 아무런 말도 못하고 눈물만 주르르 흘리고 있었다.

악마는 칼로 위협하고 있는 왕대포 옆에다 가마니를 한 장갖다놓고 기고만장한 말로 나를 위협했다

"이것이 무슨 가마닌 줄 알기나 하냐? 이것은 바로 너 같은 놈 하나 죽여서 둘둘 말아 파묻기 위해 준비해 둔 것이다! 알것냐?"

나는 그들이 나를 죽여 파묻어 버릴지도 모른다는 생각이 미치자 그만 실신해 버렸다. 내가 진짜로 실신한 것을 확인한 그들은 바가지로 물을 떠다가 얼굴에 끼얹으며 법석을 떨었다.

왕대포와 악마는 당황하여 나를 화천병원에 입원시켰다. 응급조치를 한 후 주사를 맞고, 그로부터 10여 시간 만에 눈을 떴을 때는 병원이었다.

실신한 그 여남은 시간에 나는 천국을 오가는 꿈을 꾸었다. 꿈이었는지는 모르지만 너무나 생생하게 나타난 현몽이었다. 누군지 모습은 보이지 않았으나 그 말소리는 너무나 분명했다.

"너는 아직 죽을 때가 아니니라. 어서 깨어나거라. 너는 할 일이 너무 많으니라. 어서 깨어나 그 일을 찾아야 하느니라. 그러기 위해서는 빨리 그 집에서 벗어나야 하느니라!"

나는 실신에서 깨어난 후 그 음성이 무엇을 의미하는지 어렴풋이 짐작할 수 있었다. 나는 평소에도 내가 할 일이 많고 크다는 것을 항상 염두에 두고 있었기 때문에 어떤 고통이 따르더라도 기필코 살아남아야 했다.

그 일이 있은 후 여러 사람들로부터 왕대포와 악마 아주머니를 고발하라고 했다. 그간의 사정과 벌어진 일을 상세히 기술하여 경찰서에 보내라는 것이었다. 그들은 나에게 경찰서에 고발하는 방법까지 가르쳐 주었다.

그러나 그때의 어린 마음에 그들이 말하는 것처럼 고발을 해 봤자 소용이 없으리란 생각이 들었다. 경찰들과도 친밀하게 지내고 있는 왕대포이기 때문에 오히려 역효과가 나타날까봐 무서웠다. 현재와는 달리 그 당시에는 모든 일이 힘이 있고, 실력 행사하는 사람들과 밀착되어 있는 사람들이 모든 것을 좌지우지할 때였다. 그런 상황에서 아무리 고통을 받는다 할지라도 힘 있는 자가 우선일 수밖에 없었다.

병원에서 퇴원하여 지옥 같은 한일식당으로 되돌아 왔다.

"지금까지 있었던 것은 모두 잊어버려라. 그리고 전과 같이 일만 열심히 하면 공부도 시켜주고 또 유학까지 보내줄 테니까 그리 알아라. 지난 일들은 누구에게도 말하면 안 된다. 만일 그런 얘기를 아무에게나 말하면 너하고 나하고는 끝장이다! 알았제?"

식당에는 종업원들이 전부 그만둘 판이었다. 나를 붙들어 놓지 않으면 일할 사람이 없을 뿐만 아니라 식당도 점점 힘들어져 갔기 때문이었다.

요리사는 일 년이 가깝도록 월급을 주지 못했고, 종업원도 육개월씩이나 월급이 밀려 있는 상태였다. 그러한 상황에서 그들이 일을 할 리가 없는 것이다. 게다가 그 집에 대한 소문이 나쁘게 퍼져 있었기 때문에 누구하나 그곳에 종업원으로 들어올 사람이 없었던 것이다. 그러니 어떻게 하든 나를 꼬드겨 머물 수 있도록 해야 하는 것이었다.

그 집 일을 전적으로 내가 맡아 하다시피 했다. 땔감에서부터 물을 길어 나르는 일, 거기에다 장사까지 도왔기 때문이다. 심지어 요리사가 나간 뒤로는 직접 요리까지도 해야 했다. 그런 나를 내보낸다는 것은 언어도단이다. 내가 없으면 아무것도 할 수 없는 지경에 놓일 것이 뻔하기 때문에 어떤 수단과 방법을 가리지 않고 나를 붙들어야만 하는 것이다.

"너 정도면 갈 곳은 많다. 왜 그 집에서 인간적인 대우도 못 받고 맨날 얻어터지고 있냐. 내가 좋은 자리를 알아봐 줄 테니까 빨리 그 집을 나오거라!"

이구동성으로 그 집을 떠나라는 것이었다.

"나와서 한 달 정도만 다른 곳에 있다가 우리 큰형님 가게로 가거라. 그곳에는 자전거와 오토바이 수리를 전문으로 하는데 거기서 기술을 배워라. 거기서 일 년만 배우면 일류 기술자가 된다. 왜 그런 곳에서 썩고 있느냐. 요즘 세상에 그런 기술만 가지면 얼마든지 잘 살 수가 있다."

제법 성숙해진 나는 그의 말을 고맙게 받아들이기로 했다. 공부를 시켜주고 유학을 보내준다는 꾐에 빠져 있을 수 있는 상황은 아니었다. 그럭저럭 나이도 한 살 더 먹게 되었고, 세상 돌아가는 이치도 또래들보다는 일찍 눈뜨고 살아왔으니 더 이상 군더더기가 필요없었다.

유학이 아니라 천만금을 준다 해도 그 집에서는 살고 싶지 않았다. 모든 것이 꼴불견이었다. 그 집의 모든 것이 싫었다. 지난 번처럼 몰래 도망갈 것이 아니라 당당하게 정면승부를 해야겠다는 결심을 굳혔다.

내가 잘못한 일이 없는데 혀 짧은 소리로 애걸하고, 왜 걸핏하면 얻어

맞았는지 골똘히 생각을 다잡으면서 앞으로 절대 그럴 수 없다고 고개를 세차게 흔들었다.

이젠 그들에게 당할 수만은 없었다. 만일 내가 그만둔다고 말을 했을 때 전번처럼 그들이 나를 혹독하게 대한다면 오히려 가만있지 않겠다는 결심을 한 것이다. 자기들이 아무리 경찰과 내통하며 가깝게 지낸다 할 지라도 탄원서를 경찰서장 앞으로 보낼 각오를 하면서 며칠을 두고 준비를 했다.

이종사촌 형님, 시골의 큰집, 작은집, 고모님 댁, 외사촌, 이모님 등 여러 친척들에게 지금까지의 지내온 일들을 소상히 적어서 폭로할 요령이었다. 그래서 똑같은 내용의 편지 20통을 썼다. 그 편지를 쓰는 데 상당히 머리가 아팠다. 왕대포와 악마가 모르게 써서 보관해야 했기 때문이다. 그 당시 이종사촌 형은 서울의 고등학교 교사로 재직하고 계셨다. 후에 인하대학교 교수님이 되셨다.

20통의 편지를 써서 우표까지 붙여서 우체통에 집어넣을 준비까지 해 놓았다. 그러면서도 혹시 친척들이 알면 너무나 큰 충격을 받을 것 같아서 친척들에게 보내는 것은 후에 생각하기로 결정했다.

혼자만 고통을 참고 이겨나가면 될 일을 친척들에게 알려서는 안 되겠다는 생각으로 결국 친척들에게는 전혀 알리지 못했다. 친척들에게는 그저 잘 지내고 있다는 소식만 전했을 뿐이다. 이제야 이 책에 공개하는 것은 나의 진실을 조금도 꾸밈없이 그대로 밝히고자 하기 위함이다.

옆집에서 지켜보던 강씨 아저씨와 포사령관의 엄호가 용기를 북돋아 준 것이다. 당시 포사령관은 할 일도 많으면서 그 집에 머무는 것은 시간 낭비이니 원하기만 하면 자신의 군용차로 화천읍까지 태워주겠다고까지 했다. 만일 왕대포가 또다시 때린다거나 고문과 협박을 하면 바로 연락하라고도 하였다.

왕대포 부부에게 나의 생각을 조금도 흐트러짐 없이 당당하게 피력해 나갔다.

"늦었지만 이제 다른 길을 찾아야겠습니다. 그동안 여러 모로 돌봐주신 건 고맙습니다만 저도 이대로는 더 발전할 수가 없을 것 같습니다. 제가 할 수 있는 힘껏 열심히 일했다고 생각합니다. 이 집에 머슴으로 들어온 것이 아닙니다. 종살이하러 온 것이 아닙니다. 이용만 당하고 살아야 할 이유도 없다고 생각합니다. 두 분께서도 한 번 생각해 보십시오. 여태껏 그 많은 일을 밤낮 없이 시켜먹고, 그것도 모자라 매질까지 당했습니다. 그동안 내가 얻어맞은 것이 얼마나 되는 줄 압니까? 하나도 빠짐없이 기록해 놓았습니다. 지금 말씀드린 것은 두 분에게 협박하자는 것은 아닙니다. 이제 그만 풀어달라는 것입니다. 장작개비로 맞아 피를 흘린 것이 한두 번입니까? 칼을 목에 갖다 대면서 죽인다고, 죽이고는 가마니에싸서 쥐도 새도 모르게 파묻어 버린다고 협박했습니다. 그 땐 정말 그럴 수 있는 사람들이라는 생각도 들었습니다. 철사로 내 고추를 꽁꽁 묶어서 꼼짝 못하게도 했습니다. 하루에 빵 한 개로 살게도 했습니다. 그것도 모자라 잠도 자지 못하게 하지 않았습니까? 나를 죽여서 쥐도 새도 모르게 파묻어 버린다고요? 그런 사람들과 어떻게 함께 살 수 있다고 생각합니까? 사실 쥐도 새도 모르게 죽여서 파묻어 버릴 것 같아서 잠도 제대로 못 잤습니다. 겁이 나서요…… 마구 부려먹고 위협하고 치욕적인 고문을 하며 개작살을 내듯 했습니다. 그때도 정말 죽는 줄 알았습니다. 저는 이대로 죽을 수 없는 놈입니다. 제가 해야 할 일이 너무 많기 때문입니다. 저는 결심한 그 일을 해놓지 않고는 도저히 죽을 수 없는 몸입니다. 목에 시퍼런 식칼을 들이대었을 때도 열 시간 넘게 심신을 했고 결국 병원에서 살아나지 않았습니까?"

차근차근 사실대로 얘기해 나갔다. 나의 느닷없는 반발에 그들은 아무 대꾸를 못한 채 넋을 잃고 서 있었다. 어이없는 표정을 지으며 얼굴이 붉으락푸르락 어쩔 줄을 몰라 했다.

"그동안 여기서 일하며 얻어맞은 것들을 모두 일기로 써두었습니다. 편지 20통을 써서 우리 친척들과 경찰서에 보내려고 준비해 두었습니다."

20통의 편지를 친척들과 경찰서에 보낸다는 말을 듣는 순간, 그들은 얼굴이 새하얗게 질리면서 깜짝 놀라는 것이었다. 그리고는 둘이서 달려들어 내 안주머니에 넣어둔 편지를 빼앗아 불태워버렸다. 그러면서도 겁이 났던지 전처럼 윽박지르거나 심한 욕을 퍼붓지는 않았다.

"그 까짓 것 태우면 뭘 합니까? 그것은 또 쓰면 되는 거 아닙니까?"

혼비백산이 된 듯 두 사람은 어쩔 줄 몰라하며 안절부절 못하였다. 그리고는 큰 낭패를 당하겠다 싶었던지 나를 어르고달래기 시작했다.

"가만히 생각해 보니 우리가 잘못한 것 같은데, 사실 그것은 전부 너 잘되라고 한 것이지 미워서 그런 것은 절대 아니다. 아무렴 사람을 죽이려고 가마니와 식칼을 가지고 위협했겠나……."

그들은 씨알도 먹히지 않을 잔꾀를 부리려고 했다.

"그리고 거기다가 철사로 묶고 하루에 빵 한개씩 준 것도 일부러 널 죽이고 골탕 먹이기 위한 것이 아니라 네가 얼마나 참을성이 있는가 한 번 시험해 본 것이야. 이 담에 네가 커서 훌륭한 사람이 되려면 참을성을 길러야 하고 위험을 극복할 수 있어야 하거든 너를 훌륭한 사람으로 만들기 위해서 한번 시험해 본 것이야. 그게 잘못되었다면 용서해라. 네가 그렇게 오해할 줄은 몰랐다카이."

그들의 음흉함과 간교하기 짝이 없음을 알아차렸다. 그들의 말 한마디, 행동 하나하나는 그날따라 왜 그리도 비굴하던지 차마 눈뜨고 볼 수 없는 꼴이었다.

그런 꼴들은 약자에겐 강하고 강자에겐 약한 것이었다. 내가 강하게 나서니까 바로 그들의 본성이 나타나는 것이다.

"그동안 있었던 일은 아무에게도 말하지 않았으면 고맙겠네. 내 가만히 너의 얘기를 들어보니 내 생각이 좀 부족했네."

왕대포는 뒤통수를 긁적거리면서 겸연쩍은 듯 자신의 과오를 숨겨달라고 신신당부를 하였다.

"나도 창피스러워서 말하지 않으려고 합니다. 그런 얘기를 해서 제게 득 될 것이 뭐겠습니까? 누가 그런 발설을 하라고 해도 하지 않을 것입니다."

창피스럽고 굴욕적인 내 과거를 누구에게 말할 수 있겠는가. 차마 내 입으로는 다시 꺼내고 싶지도 않은 처절한 과거였기 때문이었다.

허지만 그 동네 사람들은 거의 다 알고 있었다. 특히 포사령관인 대령님과 군인들은 상당 부분을 알고 있었다.

그 곳 삼거리에는 군부대가 많았다. 주민들의 90% 이상이 군인가족이었다. 군부대 주변에서 영업을 하는 사람들은 그들의 고객이 대부분 군인들이기 때문에 군인들에게 그 집 나쁘다는 소문이 나면 장사는커녕 그 곳에서 쫓겨나야 할 형편에 놓이게 된다.

그런데 그날 이후 포사령관은 모든 군인들을 한일식당에 가지 못하도록 명령을 내린 모양이었다. 다른 사람들보다 대령은 사정을 세세히 알고 있었다. 그것은 나를 귀여워해 줬기 때문에 내가 모든 것을 털어놓았던 적이 있었기 때문이다. 그러므로 나는 어렵고 괴로울 때면 그 대령님의 자문을 얻곤 했었다.

광명같은 새로운 삶의 시작

영광은 짧은 순간에 지나가고, 넓은 세상의 영광은 언제나 슬픔이 따르기 마련이다.

강물이 대양을 흘러가는 동안, 그늘이 산골짜기에서 움직이는 동안, 하늘이 별에게 먹이를 주는 동안 언제나 너의 명예, 너의 이름, 너의 영광은 남을 것이라고 했다.

나는 마침내 지옥의 문을 빠져 나오게 되었다. 지긋지긋했던 그 지옥의 문턱, 그 문턱을 넘기 위해 온갖 고문과 위협으로부터 인내하는 미덕을 기른 셈이었다.

지옥의 문을 나서니 온 세상천지가 광명이었다. 찬란한 햇살이 온통 나에게만 비춰지는 것 같았다. 그리고 온갖 만물이 나를 반기는 듯했다. 오랫동안 우리에 갇혀 있던 호랑이가 우리를 박차고 튀어나온 기분이었다. 새장에 갇혀 있던 새가 자유롭게 하늘을 날 수 있는 기분이었다. 싱그러운 날개를 퍼덕이며 찬란하고 광활한 하늘로 마음껏 솟아오르는 기분이었다.

자유와 광명을 함께 얻은 나는 가만히 지난날을 반추해 봤다. 참으로 힘들게 고난한 행로를 많이도 온 것 같다.

내 나이 열살 때 토정비결과 운세를 보았던 기억을 더듬으며 이모님의 이웃에 사시던 할아버지의 말씀을 회상했다. 모든 것이 정말 내 팔자소관이었구나 하고 생각했다. 그동안 수난과 고통 속에서 숨돌릴 틈도 없이 살아오다 보니 잠시 잊고 있었던 것이다.

지옥의 문턱을 넘어 광명의 길로 나선 1년쯤 후의 소식에 의하면 그 지옥은 완전히 파멸되었다고 한다. 인심을 잃은 그들은 그곳에서 살지 못하고 어디론가 떠나 버렸다는 것이다.

역시, 하늘은 스스로 돕는 자만을 돕는 것이었다. 악랄하고 남에게 가혹한 짓을 많이 한 사람에게는 절대 복을 주지 않는다는 것을 새삼 깨닫게 되었다. 그냥 착하게 사는 것이 순리라고 생각했다.

꿈대로 화천에서 공부를 더 하기 위해 서비스 공장에 취직하였다. 공부를 할 수 있는 여건이 주어진 것이다. 먹고 사는 게 힘든 시절이라 원금이 없는 대신 먹고 잘 수 있는 조건이었다. 산소용접과 각종 공구를 다루는데 하루 다섯 시간만 일하기로 하였다. 그러나 공부를 해야 하므로 책을 살 돈이 필요해서 식당 일을 거들기로 했다. 서비스 공장에서 다섯 시간 일한 후 남는 시간을 이용하여 생활에 필요한 돈을 벌기 위해 시간을 할애하는 기본 생활계획을 세웠다.

어디에서나 마찬가지로 나는 열심히 일했다. 나에게 맡겨진 일을 훨씬 초과하여 일을 하기 때문에 공장 주인은 열심히 일하는 나를 몹시 좋아했다. 내가 하는 일이나 행동에 대해 흡족해 하셨다.

가는 것이 있으면 오는 것도 있는 법이다. 내가 열심히 일하는 만큼 그 주인도 나에게 무엇이든 도와주려고 했다. 심지어는 자신의 친자식들보다도 더 잘해 주었다. 내가 하고자 하는 일은 모두가 찬성이었다. 그러니 나로서도 더욱 열심히 일하지 않을 수 없었다.

혹시 손님이 와서 나를 쳐다보며, 이 아이가 누구냐고 물으면 나를 자신의 둘째 아들이라고 농 섞인 대답을 할 정도였다. 손님들이 진담인 줄 알고, 이 집에는 아들이 하나뿐인 줄 알았는데 어디 작은 마누라한테서 낳아 키우다가 이제야 데려왔냐고 물었고, 그러면 그렇다고 대답하여 나는 졸지에 그 주인의 둘째 마누라 아이로 둔갑하기도 했다.

주인아저씨의 말을 농담으로 알아듣지 못한 손님들은 몹시도 궁금한 모양이었다. 나를 유심히 요리조리 관찰하면서 나에게 사실 확인을 하곤 했다. 그럴 때면 나도, 그렇다고 대답해 버렸다. 어떻게 대답해야 할지를 몰라 그냥 묻는 대로 대답해 버린 것이다.

"어머니를 닮은 건가? 아버지는 닮지 않았잖아. 아버지와는 닮은 데가 어디 한군데도 없는 것 같은데……?"

그러나 나는 그들의 궁금증을 들은 척도 하지 않은 채 내 할 일만 열심히 했다.

그곳에서의 하루 일과는 점심시간까지만 일하는 것이다. 오후에는 공부를 하기 위해 서점에 들르고, 필요한 책을 구입하여 열심히 공부했다. 그리고 저녁 무렵 식당에 가서 4시간을 일했다. 돈을 벌기 위한 그 4시간과 잠자는 4시간을 빼고는 모두 책을 읽는 시간이었다.

열심히 공부하는 나에게 주변 사람들은 고시를 준비하고 있느냐고 묻기도 했다. 그럴 때면 빙그레 웃으며 고개만 끄덕이곤 했다.

소문은 발이 없어도 쏜살같다. 입에서 입으로 번져가는 소문은 잡을 수 없는 속도로 퍼져갔다. 아무개 첩의 아들이 고시 준비를 하고 있다는 소문이었다. 누군가는 그 소문이 진짜인지 확인을 하러 일부러 들르는 사람도 있었다. 그럴라 치면 서비스 공장 주인아저씨도 조금도 스스럼없이 그렇다고 대답해 버렸다. 사실 아닌 사실로 확인된 나의 고시 준비는 온 마을에 퍼졌고, 칭찬과 더불어 부러움을 함께 받기도 했다.

그 당시 화천에는 고시 공부를 하는 사람이 두 명 있었는데 한 사람은 두 번째 낙방하고 세 번째 도전을 기다리고 있었고, 또 한 사람은 한번 낙방했다는 소문이 있었기에 나에 대한 주변 사람들의 기대 섞인 칭찬은 대단했다. 열심히 공부하여 우리 화천에서 처음으로 판·검사가 나왔다는 말을 듣도록 해달라는 위로를 곁들이기도 했다. 그들은 하나같이 내가 공부하면 성공할 것을 믿으며 자신들의 일처럼 자랑스러워했다.

그곳 사람들의 기대와는 달리 나는 그때부터 주역 공부를 했다. 자못 오해가 생길 소지였다. 그곳 사람들의 지나친 기대를 져버리는 일이 벌어져서는 안 된다고 생각했다. 그래서 어느 날 끈질기게 궁금하여 못 견디는 이웃집 아저씨에게 사실대로 털어 놓았다.

"아저씨, 제가 공부하는데 뭐가 그리도 궁금하십니까? 그저 공부 열심히 하는구나 생각하시면 되요. 사실은 고시 공부하는 게 아니고 주역 공부를 하고 있어요. 어둡게 살고 있는 세상 사람들을 일깨워 주기 위해 주역 공부를 하고 있습니다."

어린 사람이 무엇이 되려고 그 어려운 주역 공부를 하느냐는 거였다.

이렇듯 나에게 지대한 관심을 베풀어준 화천에는 고마운 사람들이 많았다. 그곳 사람들은 심성이 곱고, 인심 또한 후했다. 좋은 사람들을 만나게 되어 별 어려움 없이 공부를 하게 된 것이다.

우리는 웃기 전에 우선 울어야 한다.

큰 고난과 슬픔에서 깨닫는 바가 있는 그 깨달음에서 온정과 관용을 아울러 지닌 철학적 너털웃음이 우러나는 법이다.

린위탕林語堂(임어당)이 말했듯이 어려움을 겪고 난 후라야 진정한 자신을 완성시킬 수 있는 것이다. 그래서 인내는 희망의 기술이라고 했다. 인내는 분명히 고귀한 덕德이라고 했다.

그럴 즈음, 고향에서는 큰아버지를 비롯한 친척들이 애비 에미도 없이 천덕꾸러기로 자라다가 객지에 나가 죽었는지 살았는지 소식이 없는 나를 찾으려고 백방으로 수소문했으나 찾을 수가 없었다는 것이다. 고향을 떠난 지가 그 해로 4년째였다. 옥내 장터의 이모님은 내 소식을 알고 있었지만 아무에게도 말하지 않았던 것이다.

가끔은 고향이 그리울 때도 있었지만 그럴 때마다 마음을 다지곤 했다. 고향에 가봐야 죽으라고 일만 할 것이고, 또한 서러움이 더할 것이라는 생각이었다. 그곳에 가면 부모 형제 생각으로 더욱 마음고생이 심할 것이고, 하고 싶은 공부는 더 못할 것이라는 생각이었다. 그러니 차라리 멀리 떨어져 살면 괜한 상심을 덜 수 있을 것이었다. 그래서 어떤 고통이 따르더라도 고향을 잊고 살다가 크게 성공한 다음에 찾아가겠다는 결심이 더욱 굳어졌던 것이다.

그 당시 나처럼 객지로 나온 대부분의 친구들은 하나같이 오래 버티지 못하고 집으로 되돌아갔다. 견딜 수 없을 만큼 고통이 뒤따랐기 때문이었다. 웬만한 각오로는 단 며칠도 견디기 어려운 객지 생활이었다.

물론 그들은 나와 같이 부모 형제를 다 잃은 처지가 아니었기 때문인지도 모른다. 설사 부모 형제를 다 잃고 혈혈단신의 몸이라 했더라도 지독한 결심을 하지 않으면 버텨내기가 무척 어려운 실정이었다. 또한 목적하는 바가 다르기 때문일 수도 있었다.

나는 할 일이 너무나 많다는 생각을 한시도 잊어본 적이 없다. 시간이 흐르고 세월이 지날수록 내가 할 일은 태산같이 쌓여 갔다. 많은 일들을 내가 하지 않으면 안 된다는 생각을 했다. 공부를 깊고 넓게 하여 세상을 깜짝 놀라게 해야 한다고 결심하였다. 또한 돈도 많이 벌어서 어려운 사람들을 도와 사회봉사에도 힘쓰겠다는 포부도 가졌다.

그렇듯 원대한 꿈을 이루기 위해서는 여러 가지 충분 요소들이 밑바탕에 깔려 있어야 했다. 그런데 나에게는 뿌리가 없었다. 뿌리가 없는 것이 아니라 너무나 하잘 것 없이 미약했다. 그러한 바탕에서 큰 포부를 이루기 위해서는 아무튼 열심히 공부하고 일하는 수밖에 없었다. 그러면서 주위 사람들로부터 인정을 받아야 하는 것이다. 내가 갖고 있는 투지와 성실로 많은 사람들에게 신뢰의 토대를 구축하는 것이 내가 하고자 하는 의도의 첩경이었던 것이다.

어떤 곳, 어느 집에서든 신뢰를 얻는 데는 일가견이 있었다. 모든 것이 내가 할 탓이라고 여기면서 열심히 일하고 구김 없는 행동을 했기 때문일까? 역경을 딛고 일어서서 끊임없이 도전의 고삐를 늦추지 않았던 것이다.

인내에 대한 어떤 위안을 찾을 수 없다면 그보다 더 괴로운 일은 없다고 했다. 그러나 그 당시 나에게는 어둠이 걷히고 여명과 함께 광명이 펼쳐지기 시작한 것이다.

열아홉되던 해에 우연한 계기로 강원도 영월군 북면 마차리에 갈 기회가 있었다. 그 당시 마차광업소는 무연탄을 채굴하고 있었으며, 그 일대는 무연탄을 채굴하는 광원들로 북적대고 있었다.

마차는 무연탄을 생산하여 도로 영월화력발전소까지 산으로 실어나르는 기구였다. 나는 마차에서 락임이라는 유흥음식점을 알게 되었다. 그

곳은 접대부(그 당시는 기생이라고 불렀다)의 숫자가 50~60명쯤 되는, 말하자면 대단히 큰 접객업소였다. 거기서 웨이터 겸 책임자로 일하게 되었다.

당시 19살이었으나 주인에게 25살이라고 말했다. 주인은 이미 소문을 들었던지 나를 신임하듯 열심히 잘 해달라고 긴히 당부까지 했다.

나는 거기에서도 열심히 일했고 많은 사람들로부터 두터운 신임을 얻었다. 일거수 일투족 모든 사람들에게 신뢰와 선망의 대상으로 자리 잡아갔다.

마차 락임에서의 생활은 마냥 즐거웠다. 주인으로부터의 신뢰와 60여 명의 종업원들로부터의 선망을 한 몸에 받았으며, 모든 일은 내 책임 하에 이뤄졌기 때문에 어느 누구한테도 눈치 보일 이유가 없었다. 오히려 주인이 혹시나 내가 불만스러워 할까봐 근심을 할 정도로 나의 권위는 치솟아 있었다. 그러니 시간을 활용하는 데도 충분하였다.

마차에서 정선 쪽으로 얼마안가서 조그마한 사찰이 하나 있었는데 우연한 기회에 그곳엘 가게 되었다. 나는 법당으로 들어가 난생 처음으로 부처님께 큰절을 했다. 3배를 하고 나오려는데 출입구 왼쪽에 책이 한 권 있음을 보았다. 책이라면 사족을 못 쓰던 나였다.

그때도 나는 틈만 나면 책을 읽었고, 또한 책이라면 무슨 종류이든 탐독하는 습관이 배어 있었다. 그 책을 얼른 집어 들고 한 장 한 장 넘겨보았다. 거기서 나는 새로운 것을 발견하게 되었다. 여태껏 한 번도 읽어보지 못한 희귀한 글귀가 인쇄되어 있는 것이다.

대단한 발견이었다. 갑자기 심장의 맥박이 강하게 울려왔다. 내 눈은 그 책갈피에서 떨어질 줄을 몰랐다. 주역에서 많이 나오는 8괘 보는 법과 부적이 그려져 있었다. 그 무언가가 나를 압도했고, 나의 발을 꽁꽁 묶어 버렸다.

나는 스님이 오기를 기다렸다. 어둠이 깔리고 적막한 산사에 스산한 바람이 스치고 있었다. 멀리서 부엉이 울음소리도 들렸고, 알 수 없는 산짐승들의 울음소리가 가끔 적막한 산사에 앉은 나의 귓전을 흔들 뿐이었다.

그 곳 노스님이 나타난 것은 밤이 꽤나 깊은 시각이었다. 나는 하룻밤을 꼬박 새면서 그 책을 읽었다. 어려운 문맥들이 많아 얼른 이해되지 않는 부분도 있었으나 그 책을 탐독하고 얻은 것이 대단히 많았다. 그것은 〈월령도〉라는 책이었다. 스님과 나는 이내 친분이 오랜 사람처럼 대화를 나눌 수 있었다.

"스님, 이 책 저에게 좀 빌려 주시면 안 되겠습니까?"

스님은 나의 절실한 눈빛을 따라 한참 생각하는 듯했다.

"안 되지. 그 책은 귀한 책이야. 아무데서나 구할수 있는 것이 아니야."

스님의 태도로 봐서는 그 책을 빌려줄 것 같지 않았다. 스님의 용태는 인자함 뒤에 단호함이 깔려 있었다. 몇 번이고 사정하면서 빌리기를 간곡히 부탁했으나 한 번 거절한 말은 되돌릴 수가 없었다.

그 책을 보기 위해 하루 한번씩 그 절엘 드나들었다. 나의 열성에 감흥받았는지 스님께서 말문이 조금씩 열리기 시작했다. 그러면서 은근히 또 물어주시기를 기대하는 듯 상세히 설명해 주셨다.

열심히 읽고, 무언가를 더 알려고 하던 나는 그 책 속에서 눈이 휘둥그래지는 어떤 것을 발견하였다. 생전 처음 보는 것이었다.

"스님, 이것은 무엇입니까?"

스님께 궁금한 것에 대해서는 스스럼없이 여쭤보고 그때마다 노스님은 조금도 성가시다는 표정을 짓지 않고 상세히 설명해 주셨다.

"그것은 주술이라는 것이야. 즉 부적이지. 그것을 잘 작성하면 안 되는 일이 없어. 귀하고 좋은 것이지. 그러나 그런 건 아무나 작성하는 것이 아닐세. 그걸 잘못 섣불리 작성하다간 혼나는 것이야. 잘못 작성한 사람에게도 큰 화가 미치는 것이야!"

"그렇습니까? 저도 좀 배우면 안 될까요? 스님께서 좀 가르쳐 주십시오. 열심히 배우겠습니다."

"그게 어디 생각처럼 그리 쉬운 건 줄 아나? 그렇게 쉽게 배울 수 있다면 누군들 못하겠는가? 누구나 할 수 있다면 어째서 귀한 것이라고 하겠는가?"

그 스님은 당시 세수 여든 셋에 법랍 예순넷으로 노스님이었다. 세속에는 그다지 알려지지 않았으나 선방에서는 상당히 고결하고 경륜이 높으신 큰스님으로 알려진 분이었다.

나는 떼를 쓰다시피 하여 부적 작성법을 가르쳐 달라고 졸랐다.

"정녕 배우고 싶다면 자네가 이 절에 들어오거나 여기에 와서 내 뒤를 이어가겠다고 한다면 내 기꺼이 가르쳐 줌세. 그렇지 않으면 가르쳐 줄수가 없는 것이야. 내 뒤를 이어갈 놈이라야만 가르쳐 줄 것이란 말이야."

한마디로 가르쳐 줄 수 없다는 것이었다. 이 절에 들어와서 중이 되고, 그의 밑에서 공부를 해야만 가르쳐 준다는 것이 아닌가.

"그럼, 저더러 모든 세속의 것을 덮어버리고 이 절에 들어와 머리를 깎으라는 겁니까?"

"그렇다니까! 싫으면 그만이고…… 누가 자네더러 굳이 여기에 오라는가? 자네가 자꾸만 억지를 부리니까 내가 하는 말이지. 알겠는가?"

당시로서는 나에게 주어진 환경이 그것을 배우는 것보다 더 중요했다.

우선 락임의 업무를 게을리해서는 안 되었다. 60여 명의 종업원들을 관리해야 하고 모든 업무를 직접 내가 챙겨야만 했다.

"스님, 지금은 제가 해야 할 일이 너무 많습니다. 지금도 그러하지만 앞으로의 제 꿈이 너무 크거든요. 세상에서 제1인자가 되고 싶을 만큼 큰 꿈을 가지고 있습니다. 스님께서 좀 도와주십시오. 그래서 뭐든지 알려고 열심히 공부하고 있습니다."

가만히 내 표정을 지켜보던 스님은 입가에 잔잔한 미소를 머금으며 흐뭇한 표정을 지으셨다.

"그놈 참 기특한 생각을 하는구먼. 자네 올해 빛인가?"

"열아홉입니다."

"그래? 자네의 법상한 기백이 마음에 드는구먼. 그래, 어떤 것에 1인자가 되겠다는 건가?"

"어떤 것이 아니라 모든 것에 1인자가 되고 싶습니다."

"내 자네의 용기가 맘에 들어 몇 가지라도 가르치 줘야겠구먼."

나는 그날부터 스님으로부터 많은 것을 배우고 익혔다. 손금 보는 법, 손가락의 지문 보는 법, 엄지손가락 좌우를 통하여 수명운과 재물운 등을 보는 법을 정확히 배웠다. 한가지라도 더 배우고자 노력하는 나에게 노스님은 성심껏 가르쳐 주었다.

그 후 사회생활을 하면서부터 가끔 다른 사람들의 손금과 엄지손가락의 지문을 보고 수명과 재물에 대한 이야기를 해주면 이구동성으로 탄복을 하는 것이었다. 심지어는 나를 보고 신들린 사람이라고 말하기도 했다.

나는 그 스님으로부터 배운 지문 보는 법을, 내 스스로 착안하고 공부한 생년월일시의 사주팔자와 대입시켜 일치와 불일치를 살펴보고, 불일치했을 경우 그 편차에 따라 정확하게 판단해 나갔다. 그래야만 정확하게 진단할 수 있기 때문이다. 지문 하나로는 정확도가 약하다는 것을 터득한 것이다.

그 무렵 스님은 그 곳 마차리에서 일 년만 더 있으면 자신의 모든 비법을 다 가르쳐 주겠다고 했다. 그래서 매일 절에 오라는 것이었다. 나는 그때 스님께 여러 가지 비법을 배우면서 그 무엇 하나도 시주를 하지 않았다. 심지어 불을 밝힐 초 한 자루도 사 가지 않았다. 오히려 절에서 공양만 하고 돌아오기도 했다.

스님은 나더러 재복財福이 크게 있어 장차 재벌이 될 것이라고 했다. 그러면서 크나큰 시련도 당할 것이라고 했다. 그러나 그 시련은 반드시 이겨내야만 하는 운명을 타고 났으니 좌절하거나 용기를 잃으면 안 된다는 것이었다. 그러한 기백을 살리고 시련을 이겨내기 위해서 열심히 공부하라는 당부를 몇 번씩 하셨다. 그리고 그 해 스님은 나에게 한 말이 마지막 유언인듯이 입적을 하시고 말았다.

스님의 입적으로 나는 한동안 실의에 빠지기도 했으나, 유언같았던 그 말씀을 진리로 받아들이고 더욱 열심히 공부했다.

인간에게 유익한 것은 무엇이든 진리真理이다. 인간 속에서 모든 자연自然이 이해되고, 모든 자연속에서 인간만이 창조되었고, 모든 자연이 인간만을 위해 창조되었다. 인간은 모든 사물의 척도이며, 인간의 복지는 유일하고 단일한 진리의 기준인 것이다.

남자나이가 스물이 되면 군대에 가야 한다. 그것은 우리 국민의 4대 의무 중 유일하게 남자에게만 부여된 헌법상의 의무이다.

스님이 떠나신 그 이듬해 나는 스물이 되었고, 고향을 완전히 떠나온

지 4년여 만에 편지를 보냈다. 징집 문제 때문이었다. 성공하지 않고는 고향에 소식을 전하지 않겠다는 결심을 했으나 국민의 의무를 수행해야 하는것이다. 군대 기피자가 되어서는 안 된다는 생각이었다.

고향의 큰집 식구들은 모두 내가 죽은 줄로만 알고 있었다. 갑작스런 소식을 받은 큰아버지와 큰어머니는 깜짝 놀라 어쩔 줄을 몰라 했었다는 것이다. 내가 보낸 편지를 보시고는 급히 내려오라는 전갈이 왔다. 역시 징집 문제로 대단히 걱정을 하고 있을 때였다. 오래 지체할 시간이 없다는 것이었다.

어쩔 수 없이 나는 그동안 정들었던 락임을 떠나야만 했다. 사장님에게 사실대로 얘기했다.

"혹시나 하고 4년 여만에 고향에 편지를 했더니 징집 문제로 많은 걱정을 했다는군요. 남자가 군대를 기피할 수 없는 것 아니겠습니까?"

"아니, 나이가 몇인데 이제야 징집인가? 지배인의 나이가 스물다섯이라면서……?" 그는 내 나이를 스물다섯으로 알고 있었다. 그것은 그런 일을 하기 위해서 어린 나이로는 업신여김을 당하게 될까봐 방지하기 위한방편이었다. 그러니 사장님도 그렇게 알고 있었는데 갑자기 징집이라니 어안이 벙벙해질 수밖에 없었다.

"그때 열아홉 살이라고 하면 사장님께서 저를 쓰지 않을 것 같기도 하고, 또 설사 제가 들어온다 하더라도 나이가 너무 어리면 다른 사람들이 얕보게 될까 봐 본의아니게 거짓말을 하게 된 것입니다. 죄송합니다. 사장님!"

"어쩔 수 없는 일이구먼, 그까짓 나이 가지고 거짓이 됐든 어쨌든 그런 것이 별문제가 되는 것은 아니야. 좌우지간 군대는 가야 하니까 어쩔 수 없다 치고, 군대 갔다 와서는 반드시 우리집으로 돌아오겠다는 약속이나 하라구!"

사장님은 오히려 아쉬워하며 미래를 약속하자고 했다.

한 달 후 락임을 떠나기로 했다. 징병검사 날짜가 대충 그때쯤이라고 알려왔기 때문이다. 내일 당장 떠나더라도 오늘까지는 성심 성의껏 일을 해야 한다는 것이 내 신조나 다름없었다.

그 한 달은 나에게도 많은 교훈이 되었다. 또 많은 생각들을 정리하면서 앞으로의 계획도 새롭게 가다듬기도 했다. 할 일이 태산같았고, 공부도 많이 해야 하고 또 돈도 많이 벌어야 했다.

내가 마차에서 떠나기 3일 전, 나는 전 종업원들에게 그 사실을 알리지 않을 수 없었다.

"여러분, 오늘은 우리 모든 식구들끼리 파티를 열겠습니다. 오늘은 한 사람도 손님을 받지 않습니다. 오늘 손님은 우리 지배인입니다. 우리 지배인 한 사람을 위해 우리 60여 명이 시중을 들도록 해야 합니다!"

사장님의 느닷없는 인사말에 모든 종업원들이 의아한 눈빛으로 사장님을 쳐다보고 있었다. 잠시 길게 숨을 한 번 들이쉰 사장님은 다시 말을 이어갔다.

"대단히 섭섭한 말을 여러분들에게 전하지 않을 수 없습니다. 바로 오늘 이 자리는 서운하게도 우리 지배인과의 송별파티 자리가 되겠습니다."

지배인과의 송별식 자리라는 말이 나오자 여기저기서 웅성웅성 소리가 들리기 시작하면서 술잔 부딪치는 소리와 함께 건배의 아우성이 울렸다.

"오빠, 만세다! 만세!"

"춘식이 오빠, 건강하세요!"

손을 잡는 사람, 목을 끌어안는 사람, 내 등에 올라타는 사람, 볼에 키스를 하는 사람, 심지어는 입술에 진짜 키스를 하는 아가씨도 있었다.

잠시 떠들썩했던 아가씨들이 다시 제자리로 가서 앉았고, 나는 그들의 열렬한 반응으로 인해 어리둥절했다.

송별파티 3일 후 나는 마차를 떠났다. 경남 산청군 금서면에 있는 금서 초등학교 징병검사장으로 향했다. 버스에 앉은 나의 심정은 착잡했다.

지난날들이 영상처럼 펼쳐지기도 했으며, 또한 앞으로 나에게 주어진 운명적인 일들이 아련하게 다가오기도 했다. 어떻게, 어떤 일들이 닥쳐 올지는 확실치 않으나 수많은 일들과 난제들이 기다리고 있는 듯 나의 머리는 어수선하기도 했다.

이제부터 돈을 벌어야 할 때라는 생각이 스치고 있었다. 그런 중요한 시기에 군대에 가서 3년을 보내야 한다는 것을 생각하니 초조해져 착잡한 감이 들기도 했다. 그러나 어쩌겠는가, 국민의 의무가 아닌가

군에서 3년을 보내고 제대를 했을 때 과연 내가 해야 할 일들을 쉽게 찾을 수 있을까를 곰곰이 생각했다. 군대를 가기 싫다는 것이 아니라 사회에 발을 내디딘 후 가장 활발하게 일할 수 있는 토대가 마련되려는 시기였기 때문에 그 기회를 놓치고 싶지 않았던 것이다.

이런저런 생각에 사로 잡혀 있던 나의 머리를 무언가가 꽉 때렸다. 그것은 다름 아닌 내 나이 일곱 살 때 나를 죽음 직전까지 몰고 갔던 양민학살 사건이었다. 허벅지며 발뒤꿈치, 배의 관통상 흔적이 그대로 남아 있었다. 그래서 징병검사 때 발꿈치와 허벅지의 관통상들의 보여주고, 지난날의 상황을 설명해야겠다는 생각이었다.

나는 검사장에서 검사원에게 사실대로 설명을 했다. 1951년 정월 초 이튿날, 산청·함양 양민학살사건 때 국군11사단 9연대 3대대 소속 장병들에 의해 총을 세 발 맞았으며, 지금도 완쾌되지 않은 상태라는 것을 진술했다. 그러나 그것으로 징집 면제가 확실한 것은 아니었다. 어쩌면

가능성이 있을 것이라는 막연한 기대를 했을 뿐이다. 당시에는 징집 대상자의 숫자가 모자라는 형국이기도 했기 때문이다.

그런데 징병검사 결과는 다행스럽게 무종이었다. 내년에 다시 징병검사를 받아야 한다는 것이다. 내년엔 어떻게 될는지 알 수 없으나 우선 일년의 유예기간이 생긴 셈이었다.

고향이지만 산청에 머물 이유가 없었다. 내가 해야 할 일이 있는 곳은 산청이 아니었다. 객지라 하더라도 넓은 곳에서 큰일을 찾아야 한다는 생각이었다. 영월의 마차로 다시 돌아갈까 하는 생각에 잠시 머물렀으나 고개를 저었다.

나는 고향 마을을 한 바퀴 돌아보고 산청을 떠나기로 했다. 수년이 지났건만 고향 산천은 예나 다름없었다. 산판으로 많은 나무들이 잘려 나갔지만 그래도 아름드리 나무들이 숲을 이뤄 그 푸르름이 더했고 깊은 골짜기의 맑은 물은 한으로 점철된 내 가슴의 응어리를 한 겹씩 씻어내리듯 유유히 흐르고 있었다.

그러나 아픈 기억의 뒤안길에는 언제나 서글픈 그림자가 드리워지듯, 남쪽 하늘자락 멀리 중매재를 쳐다본 순간 귀청을 찢는 그날의 총성과 아우성들이 환청으로 들리며 괴로웠다. 영원히 잊을수 없는 원혼들의 처절한 통한의 절규였다.

운명 같은 시련의 연속

　쓰러지면 일어나고, 어려우면 더 잘 싸우고, 자고 나면 깨는 것이 우리들 인생이라고 했던가. 한 번 뛰어서 하늘에 도달하지는 못한다. 그러기에 우리는 낮은 땅에서 둥글게 하늘로 올라가는 사다리를 만들고, 그 둥근 사다리를 타고 돌고 돌아서 결국 그 꼭대기에 이르는 감격을 얻는 것이다.

　작은 일이라 하여 쉬이 하지 않으며, 남이 안 보이는 곳이라 하여 속이거나 숨기지 않으며, 어떤 일에 실패를 한 경우에도 좌절하거나 자포자기하지 않는다면 비로소 하나의 확고한 대장부로 탄생하게 되는 것이다.

　영월의 마차로 가는 것을 포기하고 서울행을 결정했다. 더 넓은 곳에 서 꿈을 실현시켜야겠다는 것이 최후의 결정이었다.

　서울에 입성한 나는 맨 처음 이종 형님을 찾아갔다. 어쨌거나 피붙이라는 인연으로 맺어져 있고, 또한 나에 대한 애정이 남다르기도 했었다.

　형님이 반가워해 준 건 말할 것도 없고 이모님도 눈물을 훔치시며 반겨주셨다. 이모님의 애정은 유별나 어머니를 만나는 것처럼, 자식을 만나는 것처럼 뜨거운 해후였다. 숭고한 제 2의 모정이었다.

나는 그동안의 살아온 세월을 보고 드렸다.

이모님은 내 손을 잡으시면서 대견하다는 칭찬을 몇 번이나 하셨다. 너는 워낙 총명하여 어딜 가든 잘 적응하리라 믿었다는 것이다. 크게 성공할 것이라는 믿음의 끈을 놓지 않으셨다. 그것은 옛날 내가 아주 어렸을적부터 입에 침이 마르도록 나에게 하시던 말씀이었다.

요즘의 젊은이들도 갖는 꿈이기는 하지만 당시 나도 영화배우가 되겠다는 포부를 갖고 있었다. 그 당시 박노식, 신영균, 김지미 등 대 스타들을 동경했고, 그들처럼 훌륭한 배우가 되겠다는 꿈을 갖고 있었기에 형님께 말씀드렸더니 훌륭한 영화배우도 좋지만 걷는 길이 험난함을 걱정하셨다.

어떤 일이든 쉬운 게 어디 있으랴마는 특히 그 길은 험난하고 많은 애로가 있다고 했다. 우선 타고난 자질이 있어야하고, 설사 돈이 있다고 하더라도 혼자 힘으로는 당해낼 수가 없다고 했다. 그 뒷바라지를 해줄 사람도 없거니와 그 계통에서 아는 사람도 전무한 상태였다.

형님은 일찍 서울로 올라왔고, 서울에서 공부도 했으며 누구나가 부러워하는 선생님이었다. 그러니 서울에서의 삶을 나보다는 훨씬 잘 알고 계셨기 때문에 나는 웬만한 일은 그 형님과 상의하곤 했었다. 형님의 설명을 듣고는 영화배우 되는 것을 포기할까도 생각했다.

형님께는 잘 생각해 보겠다고 대답했으나 쉽게 마음을 되돌릴 수 없었던 나는 충무로 길을 돌아다녔다. 지금의 명보 프라자 주변을 서성거리기도 하고 이곳 저곳 영화 관계 사람들이 모이는 곳은 어디든 찾아 헤매기도 했다.

충무로 바닥을 헤매는 동안 내가 맨 처음 만난 분이 허장강 씨였다. 지금은 고인이 되셨지만 그 당시 그분의 인기는 대단했다. 그분이 나를 알든 말든 나는 그에게로 달려가 반갑게 인사를 했다.

"아저씨 안녕하세요. 저는 아저씨의 열렬한 팬입니다. 아저씨를 만나러 서울까지 왔어요. 저도 아저씨처럼 훌륭한 영화배우가 되고 싶어요."

처음 보는 나를 어리둥절한 채 바라보는 그에게 나는 절을 했다. 명보극장 앞 길바닥에 넙죽 엎드려 큰절을 했다. 아닌 밤중에 홍두깨처럼 나타나 넙죽 절까지 하는 나를 어이없다는 듯 한참 쳐다보던 허장강 씨는 내 머리를 어루만지며 싫지 않은 표정으로 껄껄 웃으셨다.

"그래? 그럼 날 따라와 봐 생기긴 총명하게 생겼구먼. 그런데 영화배우는 아무나 되는 게 아닌데……."

나는 그로부터 얻은 용기가 백배했다. 금방이라도 영화배우가 될 것처럼 기뻤다. 공중을 날아오르는 기분이었다.

나를 데리고 간 곳은 별로 크지 않은 사무실이었다. 그 방에는 여자 배우들의 포즈를 촬영한 사진 액자들이 여기저기 걸려 있었다. 그 사진들을 가까이에서 본다는 것 자체만 해도 여간 기쁜 것이 아니었다.

"이 친구, 총명하게 생겼어. 영화배우가 되겠다고 시골에서 올라왔다네, 또랑또랑하고 대견스러워 어디 한 번 잘 도와줄 수 있는지 얘기해보지."

허장강 씨는 나를 그 사무실 사람에게 소개시켜 주고는 어디론가 가버렸다.

"영화배우가 되려면 어떤 절차가 필요합니까? 나는 꼭 영화배우가 되고 싶습니다."

나의 느닷없는 물음에 그는 입가에 조소를 띠우며 힐난하듯 내뱉었다.

"촌놈아. 영화배우를 아무나 하나? 네깐 놈이 영화배우하면 대한민국 사람 전부 영화배우 되겠다!"

"누군 날 때부터 영화배우 했나요? 열심히 하면 되는거지."

"요놈 봐라, 촌티가 더덕더덕한 네가 어떻게 영화배우를 하냐? 꿈 깨라. 꿈!"

그가 나에게 핀잔을 주며 힐난했지만 별로 악의는 없어 보였다. 아마도 허장강 씨가 소개했기 때문에 막무가내로 대할 수는 없었던 모양이다.

"지금은 촌티를 벗지 못했지만 차츰 세련되겠지요. 잘 좀 부탁합니다. 좀 도와주십시오."

호락호락 그냥 물러설 내가 아니었다. 어이없다는 표정으로 나의 위아래를 훑어보던 그는 나를 또 다른 사람에게 인계했다. 그 사람과 몇 가지애기를 나누었고, 곧 그 사람 밑에서 개인 심부름을 하기로 결정했다. 3개월 정도만 자기 밑에서 심부름을 하면 좋은 길이 열릴 것이라는 그의 말을 믿기로 했다.

사무실 청소는 물론, 하찮은 심부름에서부터 궂은 일까지 내가 맡아서 했다. 굴욕스러운 일이 있어도 참았다. 자존심이 상해도 참았다. 그것이 영화배우가 되는 길이라고 들었다.

그러나 나에게는 잠을 자고 밥을 먹을 어떤 길도 없었다. 그곳에서 심부름을 하면서 온갖 잡일을 다 맡아 했는데도 아무런 보상이 없었다. 그래서 그에게 나의 사정을 얘기했더니, 잠은 사무실에서 자고 밥 먹는 것은 스스로 알아서 하라는 것이었다.

나는 밥벌이를 해야겠다고 생각했다. 시간제 아르바이트를 구하기로 한 것이다. 영화배우가 되는 길이 곧 열려 있어 머지않아 유명한 배우가 된다 하더라도 당장의 허기를 때워야 했다. 그래서 내가 찾아간 곳이 식당이었다.

식당 일은 경험이 있는 터였다. 화천 삼거리의 한일식당에서도 일한 적이 있었고, 마차의 큰 요정에서도 지배인까지 지냈기 때문에 식당 일이라면 잘 할 수 있었다. 또한 그런 곳이라야 시간제 일을 할 수 있겠다는 계산을 한 것이다.

다행히 내가 쉽게 찾아낸 곳은 장충공원 앞 동화장이라는 식당이었다. 그 집에서 낮 12시부터 오후 3시까지만 일하고 밥만 먹여 주는 조건이었다. 그것으로 일단 먹는 문제는 해결된 셈이었다.

나는 어디에서나 남들에게 밉보이지는 않았다. 일부러 아양을 떨거나 간사스런 행동을 하지도 않았으며, 주어진 일을 보다 더 열심히 하기 때문일 것이다.

몸을 아끼지 않는 열성이 그들로부터 호감을 끌어내는 비결이기도 했다. 그런 열성과 부지런함에 칭찬을 하지 않을 사람은 없다. 그것은 신뢰를 구축하는 비결이기도 했다.

나의 열성과 부지런함은 동화장 주인에게도 감흥을 주었다. 주인은 나더러 아예 그곳에 들어와서 살면서 식당 일을 도맡아 하라는 것이었다. 보수도 다른 사람보다 많이 주겠다고 했다. 그러나 나는 그럴 수가 없었다.

"아저씨, 저는 영화배우가 되는 것이 꿈이에요. 지금 제가 일을 도와주고 있는 영화사 사무실에서 한 3개월만 있으면 영화배우 시켜준다고 했어요."

그것은 당시 나의 요망사항이었다.

"그게 그렇게 쉬운 건 줄 알아? 그거 마음대로 되는 것이 아니야. 엉뚱

116

한 생각하지 말고 우리집에서 일이나 열심히 배우는 게 어때? 내 다른 아이들보다 월급을 많이 줄테니 내가 하자는 대로 하는 것이 좋을 거야."

그 날 주인아저씨는 나에게 3천 원을 주면서 자기 집에서 일하도록 꼬드겼다. 돈이 궁하던 참이라 그날 주인아저씨가 준 3천 원은 너무나 고마웠다.

당시 3천 원이면 제법 많은 금액이었다. 그래서 그날로 영화사는 나가지 않기로 했다. 그곳에서 일하며 공부를 해야겠다고 방향을 바꾼 것이다. 공부를 해야 한다는 굳은 마음은 그동안 무슨 일을 하든지 버리지 않았다. 어느 곳에서든 틈만 나면 공부를 해야 한다고 다짐하곤 했다. 그곳에서도 주인으로부터 신임을 받고 있었기 때문에 공부하기 위해 시간을 내려면 충분히 허락해 줄 것이라는 생각에서였다.

일차적으로 주역 공부를 하기로 했다. 영월군 마차에서 스님으로부터 전수받은 것과 또 독습해 오던 것을 완전히 터득해야겠다고 마음을 다졌다. 그래서 학원에 다니기로 하고 주인에게 허락을 받았다. 당시 서울에 사는 누구에게도 주역을 공부한다는 것은 비밀에 부쳤다. 아무도 모르게 열심히 공부하여 완전 터득을 할 요량이었다.

막상 식당 일을 하면서 공부를 하려고 하니 시간적 여유가 너무 없었다. 원래 식당 일이라는 것은 해도 해도 끝이 없는 것이다. 시장 보는 것부터 설겆이, 청소까지 하려면 밤늦게까지 시간이 없었다. 또한 하루 종일 서서 움직여야 하기 때문에 몹시 피곤했다. 이래서는 공부는커녕 오히려 몸이 견뎌내지를 못할 것 같았다.

시간도 활용하고 돈도 벌 수 있는 방법을 생각하다가 신문팔이와 구두닦이를 하기로 했다. 적당한 지역을 물색하다가 남산공원 주변을 선택했다.

신문팔이와 구두닦이는 그 당시 밑바닥 인생이라고 했다. 주로 고아로 자란 아이들이라든가 불량스러운 아이들이 하던 일들이었다. 지금이야 신문·잡지를 팔고 구두를 닦는 것이 떳떳한 직업으로 여겨지지만 그당시로서는 밑바닥 인생이나 하는 일로 치부되었다.

그 세계는 불량배들의 소굴처럼 간주되었고, 사실 그런 아이들이 우글거렸다. 그러다 보니 마찰과 충돌이 비일비재했다. 그 세계에서는 주먹질을 잘해야 살아남을 수 있었다. 싸움에서 패하면 도태되었다. 그때 나도 불량배들의 똘마니들로부터 수없이 얻어맞았다.

그래서 나는 태권도를 배우기로 했다. 내가 얻어맞은 만큼 그들을 두들겨 패주어야겠다는 생각을 했다. 그러나 그보다는 내가 이 일을 하기 위해서는 먼저 힘을 길러야 했다.

새벽 5시에 태권도 도장에 가서 열심히 운동을 했다. 아무리 피곤하고 힘이 들어도 단하루도 걸러 본 적이 없었다. 열심히 운동을 했다. 그러니 같이 입관한 또래들보다 훨씬 빠르게 승단할 수 있었다. 그것도 나의 타고난 성품의 한 부분이었다.

당시 한성여고 체육관에서 초단 심사에 당당히 합격했고, 1년 후에 2단, 그리고 1년 6개월 만에 3단으로 승단했다. 대단히 빠른 승단이었다.

불과 3년 6개월 만에 태권도 3단이 된 나는 두려울 게 없었다. 특히 남산공원 주변의 불량배 정도는 거뜬히 이길 수 있다는 자신감이 팽배해 있었다. 게다가 나는 정식으로 수련하였기 때문에 싸움의 요령도 충분히 숙지했다. 평소 여러 번 싸워본 경험이 있기 때문에 그들의 실력을 대충 알고 있었다. 그리고 언젠가 한 판 세게 붙어야 한다는 생각으로 충분히 대비를 하고 있었다.

드디어 힘의 균형을 깨뜨릴 그날이 왔다. 걸판지게 한 번 겨뤄야 할 기회가 주어진 것이다.

KBS 라디오 방송국이 남산 기슭에 있을 때였다. 방송국 건물 좌측 골목에서 3명을 상대로 싸움이 벌어졌다. 키는 작았으나 몸집은 당당했던 나는 그들보다 기술뿐 아니라 힘도 넘쳤다. 그날 그 3명은 나에게 묵사발이 될 정도로 얻어맞고는 빌다시피 했다. 다시는 내 자리를 넘보지 않겠다고 했다. 그날 이후론 주변에 소문이 퍼진 것이다. 그 이후 어느누구도내 주위를 침범하지 못했다.

구두를 닦고 신문을 팔면서 시간만 나면 공부를 하는데 게을리 하지 않았다. 열심히 구두를 닦고 신문을 팔아 정당한 생활을 했고, 학원에 나가공부도 열심히 했다. 그러면서 누구에게라도 내 처지에 대한 얘기가 나오면 사실대로 털어놓았다. 당당한 시민으로서 열심히 살고 있다는 자부심을 갖고 있었기 때문이다.

구두를 닦고 신문을 팔면서도 꿋꿋하게, 열심히 공부하는 나를 본 학원원장이 칭찬을 하기 시작했다. 어려운 환경에서도 열심히 공부하는 모습이 장하다고 칭찬하면서 나에게 구두닦고 신문 파는 일을 그만두고 아예 학원으로 들어오라고 했다. 학원에서 일을 도와주면서 공부를 하는 게 어떠냐는 거였다. 학원비도 무료로 해주고, 숙식 일체를 제공하겠다는 것이었다. 나는 그날로그 학원에 입주했다.

학원에서 2년간 일하면서 열심히 공부했다. 학원장이 많은 배려를 해주어 어렵지 않게 대학을 갈 수 있을 만큼의 실력을 닦았다. 대학을 가기 위해서는 돈을 벌어야 했기 때문에 학원을 그만두겠다고 했을 때 학원장은 1년만 더 있어 주었으면 했으나 내 처지가 그럴 수 없었다.

나는 하루에 잠을 네댓 시간으로 줄이며 뼈가 으스러지도록 돈이 되는 일은 무엇이든 가리지 않고 해냈다.

시간과의 싸움이었다.

돈을 벌어야 한다는 일념으로 이리 뛰고 저리 뛰어 1년 만에 5만 원을 모았다.

30평 정도의 방이 딸린 가게를 3만 원 보증금에 월 3천 원짜리 월세를 얻어 본격적으로 금호동에 조그마한 가게를 오픈하여 사업장을 마련했다. 다행스럽게도 식품을 공장에 납품할 수 있는 기회가 주어진 것이다.

우연한 기회는 일의 시작이었다. 성공이란 확실히 자기 목표를 향해서 빗나가지 않게 나아가는 사람일 것이다.

가장 높은 곳에 올라가려면 가장 낮은 곳에서부터 시작하라고 했다. 나는 작은 가게에서부터 시작했지만 한껏 부푼 꿈으로 반드시 성취할 것을 스스로 다짐했다. 그래서 팔을 걷어 부치고 가게 수리부터 손수 주방을 꾸미고 연탄아궁이의 화덕도 이종사촌 동생인 하영포와 함께 이틀이나 걸려 만들었지만 화덕이 무너졌을 때는 황당했지만 결코 실망하거나 포기하지 않았다

5만 원 중에서 가게 보증금 3만 원을 뺀 나머지 2만원으로 여러 가지 집기와 각종 재료를 구입했다. 적은 밑천으로 사업장을 펼치면서 큰 희망과 용기를 줄 수 있는 토대가 된 것이다.

그날이 1965년 3월 21일이었다.

한강이 내려다보이는 금호동 산비탈의 달동네.

그곳은 나를 안도하며 열심히 살게 해 준 아늑한 곳이기도 했다. 한강 주변에 민수편직공장이 있었고, 그 공장에 각종 물품을 납품하기로 계약을 맺었다. 거기에 납품하는 품목은 일반 식품에서부터 사소한 소모품까지 독점 납품하게 된 것이다.

그들이 요구하면 밤이든 새벽이든 가리지 않고 배달했다. 공장에서 제조되는 제품들은 대부분 외국으로 수출을 했기 때문에 제법 호황을 누리

고 있었다. 공장에서 발행하는 종이딱지는 그 일대에서 현금과 상응하는 신용이 있어 그 주변에서는 현금처럼 통용되기도 했다.

외상으로 납품을 하고 종이딱지인 개인이 발행하는 어음(자가어음, 문방구어음)을 받으면 한 달 후에 현금으로 결재되는 것이다.

민수편직공장의 공식 상호는 신일기업사로 정부가 인정한 모범업체로 선정되었기 때문에 신뢰도는 대단히 높았다. 그 어음으로 금호동 일대에서는 무엇이든 살 수 있었고 제법 신용도가 높아 담배까지도 판매대금으로 받을 정도였다.

개업한지 두달만에 대단한 액수인 20여만 원의 순수익을 올렸다. 당시 금호동 건너편에 배밭이 있었는데 그 땅 한 평에 30원 할 때니까 그 액수는 가히 짐작하고도 남을 것이다. 그 배밭이 지금의 압구정동이다.

이대로라면 금방 일어설 수 있을 것 같고 꿈도 가까이 다가온 것 같았다. 한 달에 10여만 원의 순수익을 내면서 또 다른 계획을 세우기 위해 압구정도 일대 배밭과 호박밭을 사기로 했다. 마침 만 평의 땅이 매물로 나왔으니 그것을 구입하라며 복덕방 아저씨들이 수없이 드나들었다.

1만 평의 계약금 3만 원을 지불하고 잔금 27만원은 만일의 경우를 생각하여 기한을 조금 멀게 잡아 3개월 후에 주기로 일단 계약을 했다.

그동안 서울에서 유일하게 의지하고 있던 이종사촌 형님께 이런저런 사소한 일에서부터 장래에 대한 여러 가지 진로들을 상담해 왔었다. 마침 그 형님께서 근무하던 대경상고의 서무과 주임이 책임을 지고 사채관리를 하도록 맡겨보라는 권유를 하셨다. 형님이 권하는 일이고 또 학교 재정 관리자인 서무주임이 책임진다는 말과부라는 다소 높은 이자에다 학교라는 매력이 더해 그렇게 하기로 했다.

압구정동의 땅 계약금 3만 원은 포기하고 20만 원을 서무주임에게 빌려 주었다. 이자가 월 8천 원이었기 때문에 1년이면 이자만 해도 9만 6천원, 그러니까 근 10만 원이라는 이자가 붙게 되니 수입 면에서 훨씬 나을 것이라는 계산을 한 것이다.

압구정동은 모래밭으로 배나무 같은 과수를 심거나 호박이나 심을 정도였기 때문에 별 가치를 느끼지 못했었다. 혜안이 없어 지금처럼 개발되어 금싸라기 땅으로 변하리라는 생각은 미처 못했다.

당시 20만 원이면 대단히 큰돈이었다. 대경상고에서 두 달에 한 번씩 이자를 받기로 했기 때문에, 7월 30일 경 이자를 받으러 학교에 갔더니 부도를 낸 상태로 이자는커녕 원금도 못 받을 지경이 되어 버렸다.

날벼락이었다.

압구정동의 땅 계약금 3만 원까지 포기하면서 학교라는 곳을 믿고 돈을 줬는데 부도가 나다니, 이건 청천벽력이었다.

앞이 캄캄했다.

고함을 지르며 거리를 헤매고 다니다가 정신 나간 사람으로 오인받아 금호동 파출소에 끌려가기도 했었다. 파출소에서 담당 경찰관에게 사실대로 설명하면서 그들에게 돈을 받아달라고 호소도 했다.

후에 안 일이지만 그때 그 학교장은 교사들의 월급도 조금씩 적게 주고 모아둔 돈과 주변의 시장은 물론 노점에서 장사하는 사람들의 돈까지 빌려 썼다는 것이다. 그뿐 아니었다. 전세를 살고 있던 사람들이 월세로 옮기고 남은 돈을 고리^{高利}로 준다는 꾐에 빠져 학교에 맡긴 사람들도 수없이 많았다. 수백 명으로부터 많은 돈을 끌어들여 빼돌리고는 계획적으로 부도를 낸 것이라고 했다.

어처구니 없었지만 새 출발을 다짐하며 더 열심히, 부지런히 일을 시작했다. 새벽 4시에 일어나 같은 물건이라도 좀 더 싸게 살 수 있는 도

매시장을 이용하여 신일기업사에서 신임하는 것 이상으로 더욱 신속하고 좋은 물건을 공급해 주었다.

개업을 한 후 큰 시련을 겪었지만 지성이면 감천이라 했다. 신일기업에 납품을 시작한 지 13개월이 되던 1966년 5월경에 결산을 해보니 50만 원이라는 돈을 번 것이다. 대경상고에 떼인 돈을 제외하고도 그만큼 벌었으니 대단한 금액이었다. 그 돈이면 압구정동의 호박밭 2~3만 평을 살 수 있었다.

나는 다시 압구정동의 땅을 사기로 했다. 작년에 사려고 했던 땅을 다시 사기 위해 복덕방 노인을 찾아갔더니, 그 땅은 이미 팔렸고 그 옆의 땅을 소개하는 것이었다. 3만 3천 평이었다. 지난해보다 땅값이 조금 올라 3만 3천 평 값이 115만 원이라는 것이다. 너무나 큰 액수였다.

"아저씨, 그것은 너무 큰 액수라 내가 살 수 없겠군요. 내가 갖고 있는 돈은 불과 50만 원 뿐인데 어찌 그것을 사겠어요? 이 돈으로 살 수 있을 정도의 것을 소개해 주세요. 그것을 사려면 65만 원이나 모자라는데요."

그러나 복덕방 아저씨는 자꾸만 그것을 권했다.

"그 땅이 요지라 내가 권하는 것이라네. 그건 사기만 하면 금방 오를 땅이야. 그걸 살 수 있는 방법을 알려 줄 테니 조금 무리를 하더라도 그놈을 잡아놓는 게 좋을 걸세. 내 말대로 결정을 하라구."

"그러나 아저씨, 금액 차이가 너무 많이 나니까 엄두를 못 내겠네요."

"그러니까 말이야, 일단 계약을 해놓고 중도금을 일부 주고, 나머지 잔액을 5~6개월쯤 후에 건네는 방법을 의논해 볼 테니까 그렇게 하도록 하지."

나는 복덕방아저씨가 고맙다고 생각했다. 5~6개월 후면 충분히 그 정도의 돈을 벌 수 있겠다고 생각했다. 신일기업에 납품하는 것만으로도 한 달에 10여만 원씩 모으는 것은 별 어려움이 없으리라는 계산이 섰다.

"그렇게 하시지요, 아저씨께서 좀 도와주십시오. 저는 아저씨만 믿겠습니다."

"날 믿고 한 번 큰 걸 손에 넣어 봐. 이건 호박밭이 아니라 호박이 넝쿨째 굴러 들어오는 것이야."

나는 복덕방 아저씨를 믿고 계약금조로 10만 원을 건네주었다. 중도금은 1개월 후에 지불하기로 하고, 잔금은 5개월 후에 지불하기로 했다. 나에게 고맙게 해주는 복덕방 아저씨를 믿었기 때문에 계약서나 영수증도 받지 않았다.

종업원을 두 명 두고도 정신없이 바빴다. 물건 납품 뿐만 아니라 거기서 쏟아져 나오는 종이딱지를 현금으로 할인해 주니 그 이자가 수월찮았다. 돈은 이자에 이자가 붙고 또 그 돈을 할인해 주고, 이렇게 불린 돈은 금세 상상을 초월할 큰돈으로 뭉쳐졌다.

15개월만에 150만 원 정도를 벌었다. 떼인 돈 말고도 그 정도였으니까 돈을 그냥 번 것이 아니라 긁어 모은 것이나 다름없었다. 그 몇 달 사이에 한달에 30~40만 원 이상을 벌어들인 것이다.

납품하는 물건대금 외에 직원들이나 간부들이 가지고 와서 할인을 해가는 액수가 자꾸만 늘어갔다. 현금이 부족하면 시장의 아는 사람들에게 빌려서라도 할인을 해주었다.

어느 날은 직접 오지 않던 총무과장이 와서 딱지를 할인해 갔다. 금액이 좀 크다 싶기도 했지만 총무과장이기 때문에 의심할 여지도 없었다. 그 후 그 회사 사장이 지나는 길에 들렀다며 한 번 찾아와서는 자기들의 딱지를 할인까지 해주는 것이 너무 고맙다는 말을 몇 번이고 했다.

차츰 한 달짜리 딱지가 두 달, 심지어는 석 달짜리까지 나오기 시작했다. 그래도 날짜가 길다느니 짧다느니 한마디 하지 않고 모두 할인해 주었다.

단일 공장에서 300여 명의 직원을 거느리고 있다면 대단히 큰 공장이었다. 요즘으로 말하면 중견기업 이상의 큰 회사였다. 그 300여 명의 종업원들이 은행창구에 몰려드는 것처럼 와글거렸다. 회사에서 하루 일과가 끝나면 우르르 몰려와서 딱지를 할인해 갔다. 그때 회사 직원들이 할인해가는 금액이라야 고작 몇 천 원짜리들이 대부분이었다. 조금 큰 것은 1, 2만 원 정도로 중간 간부들이 할인해 가는 금액이었다. 그러나 총무과장이나 회사의 경리 담당자들이 현금이 급할 때 할인하는 금액은 10만원 이하 정도였다.

당시 일반 통념으로 행해지던 사채의 이자율은 5, 6부였다. 그런데 나는 신일기업에 4부로 할인해 주었다. 물론 내가 할인해 주는 곳은 오직 신일기업뿐이었다.

모든 상행위가 그러하듯 신용이 철저하고 서로의 신뢰가 두터워지면 이자율도 낮춰 주고, 또 상품대금도 낮춰 주게 되는 것이다. 수요가 많아지면 소위 박리다매 식으로 거래를 하게 되는 것이다.

총무과장이 찾아와 많아야 10여만 원을 할인해 가던 어느 날, 사장이 직접 나를 찾아왔다. 너무 뜻밖이었다. 왜냐하면 그 당시로서는 그 사장의 위엄이 하늘 같은 존재로 여겨졌기 때문이다. 300여 명의 대식구들을 먹여 살려야 하는 중대한 사람이었다. 또 그 300여 명을 4인 가족의 가장으로 생각한다면 1,200여 명을 먹여 살리고 있는 중요한 위치의 사람이었기 때문이다.

나를 찾아온 사장은 회사의 사정도 사정이거니와 이것은 자신이 직접 필요한 돈이기 때문에 총무과장을 시킬 수 없어 직접 찾아온 것이라고 했다. 이것은 자기가 직접 결제일자 2, 3일 전에 갚을 것이니 틀림없이 비밀을 지켜 달라는 말까지 했다.

나는 그동안 신일기업을 믿었고, 회사를 믿는다는 것은 곧 그 회사의 사장을 신임한다는 것과 다름없는 것이라고 생각했다. 그러나 금액이 너무 큰 것에 섣불리 마음이 내키지는 않았으나 거절할 수도 없었다. 썩 내키지 않았지만 사장이 부탁하는 50만 원을 할인해 주었다.

신일기업 직원들이 갖고 오는 금액이 고작 1천 원짜리, 게다가 많아 봤자 1만 원이었는데, 50만 원이면 대단히 큰 금액이었다. 사장이 직접 가지고 온 것이니 의심할 여지는 더더구나 없었다. 차액이 커 횡재한 것이나 마찬가지였다.

하루를 자고 나면 얼마의 이자가 불어나고, 또 하루를 지나고 나면 눈덩이처럼 불어나는 것이 그때의 내 돈이었다. 즐거운 비명으로 지난 모든 비참과 굴욕, 고통과 가난을 잊게 만들었다. 그러기에 대경상고에 떼인돈 같은 것은 아예 잊어 버렸고, 압구정동의 땅 3만3천 평을 사기 위해 계약을 해둔 것 같은 것도 잊고 있었다.

그까짓 땅이 문제가 아니었다. 기하급수적으로 불어나는 이 돈은 그 땅을 사서 불어날 것과는 비교도 안 되는 것이었다. 사장이 직접 찾아와 큰 액수를 할인한다는 것은 나를 그만큼 신뢰했고, 또 나를 대단히 잘 봐준다는 것이었다.

그래서 나는 사장이 부탁하면 다른 데서 빌려서라도 할인해 주기도 했다. 어느 날 사장의 부름을 받고 한걸음에 달려갔다.

"이 젊은이가 우리 회사를 적극적으로 돕는 사람이야. 아주 똑똑한 젊은이지, 서로 도우며 잘 지내도록 하시오."

사장의 소개로 회사 간부들은 반가운 표정으로 나에게 악수를 청했다.

"자넨 젊은 사람이 어쩌면 그렇게 신용을 잘 지키는가? 요즘 사람같지 않단 말이야. 전도가 양양하구먼."

"감사합니다. 이 모두가 사장님께서 좋게 봐주신 덕분입니다. 앞으로도 많이 도와주십시오. 저는 사장님과 신일기업을 위해서라면 최선을 다해 열심히 하겠습니다."

그러면 그럴수록 나는 더욱 더 좋은 물건을 골라 납품하는 데 성의를 다했다. 그 후로는 납품 금액도 10% 정도 낮춰 청구서를 올렸다.

그런 어느 날 총무과장이 나를 불러 말했다.

"청구서가 잘못된 것 같습니다. 지난번에 올라온 것과 차이가 많이 나는군요. 잘 계산해 보고 다시 올리시지요."

앞의 계산서와 비교해 보는 과정에서 10% 정도가 낮게 계산된 것을 발견한 것이었다.

"그것은 잘못된 것이 아닙니다. 신일기업과 사장님, 총무과장님께서 저에게 워낙 잘해 주시니까, 저도 신일기업사를 위해 좀 더 잘하고자 해서 10% 정도 낮게 올린 것입니다. 회사에서 잘해 주는 것만큼 회사에 다소나마 보답을 하고자 한 일이니까 그리 아십시오."

나의 진심을 안 사장은 나를 불러 식사대접을 해줬다. 그날의 저녁 식사는 난생 처음으로 먹어본 진수성찬일 뿐 아니라 생전 보지도 못한 것들이 대부분이었다.

"이런 음식은 처음입니다. 정말 고맙습니다. 사장님을 뵙는 것만으로도 영광이라고 생각합니다."

"정말 고맙구먼, 내 총무과장한테 얘기 들었네. 납품하는 물건 값을 10%나 낮춰 올리기로 했다면서? 자네는 분명히 크게 성공할 걸세. 최선을 다해 도와줄 테니 열심히 하도록 하세."

사장의 칭찬이 앞날이 창창함을 예시하는 것과 다름없었다.

신일기업과의 관계, 특히나 사장과 친밀하게 지낸다는 소문은 금호동 일대뿐 아니라 멀리 동대문시장, 남대문시장에까지 퍼졌다. 평소의 성실성과 신용도를 인정한 큰 시장의 상인들은 앞 다투어 나와 거래를 트기 위해 안달이었다.

장사란 그런 것이다. 신용이 투철하고 확실한 거래처를 가지고 있으면 돈을 버는 데는 의심의 여지가 없는 것이다. 그리고 돈을 벌기 위해서는 돈이 있는 곳으로 모여들기 마련이다.

300여 명의 직원들이 먹을 식품은 물론, 신용 있고 확실한 회사에 모든 소모품들을 전량 납품하는 나에게 장사꾼들이 모여드는 것도 당연한 일이었다.

나는 물건을 고를 때도 차츰 가격보다는 품질 위주로 바꾸었다. 좋은 물건도 좋은 신용으로 더욱 싸게 구입했으며, 직접 시장에 물건을 사러 가던 것도, 가만히 앉아서 주문만 하면 즉시 배달이 이뤄졌다.

지불관계도 훨씬 쉬워졌다. 굳이 현금이 아니라도 가능했다. 신일기업의 딱지가 워낙 신용이 좋았기 때문에 그것으로 지불할 수가 있었다.

나는 금호동 시장에서 신용이 좋기로 소문이 나 있었다. 그 종이 딱지가 아니더라도 내 말 한마디가 곧 완벽한 신용 그 자체였다. 웬만한 돈은 차용증을 쓰지 않아도 척척 빌려 주었다. 용기와 희망이 가히 하늘을 찌를 듯 용틀임하고 있었다.

'내가 원하는 것을 전부 얻었을 때 조심해야 한다'는 생각이 번뜩 들었다. 살찐 돼지는 운이 나쁠 수밖에 없는 것이다. 살찐 돼지는 곧 죽어 먹혀야 하기 때문이다. '바보는 때때로 어려운 것을 쉽게 생각하여 실패하고, 현명한지는 때때로 쉬운 것을 어렵게 생각하기 때문에 실패를 한다'

고 했다. 그러기에 옛날 속담에도 '돌다리도 두드려보고 건넌다'고 하지 않았던가.

정미년 3월 11일 아침.

나는 어떤 좋지 않은 예감이 느껴졌다. 괜시리 우울해지고 무언가 불길할 것 같은 예감이 나 자신도 모르게 스치고 지나간 것이다.

나는 그동안 공부했던 주역에 대해 골똘히 생각을 가다듬었다. 그리고는 나의 생년월일시를 나열해 놓고 패를 풀어 봤다.

대단히 좋지 않은 일이 일어날 것 같은 예감과 함께 패가 믿기지 않을 정도로 나쁘게 나타나는 것이었다.

생년월일시는, 즉 갑신^{甲申}, 신미^{辛未}, 무자^{戊子}, 계해^{癸亥}다. 3월 11일 갑술일^{甲戌日} 나타났다. 그것은 내가 총으로 난타를 당하는 것으로 해석이 되로어 섬뜩한 예감이 스쳤다.

주역을 통해 익혀온 바로는 무언가 특이한 점을 예시해 주는 것이었다. 북쪽을 향해 정좌한 채 명상에 잠겼다. 30분 정도 명상을 했더니 갑자기 신일기업사의 사장이 나타났다. 양손이 꽁꽁 묶인 채 경찰서로 끌려가는 모습이 희미한 실루엣처럼 떠오르는 것이었다. 상상조차 할 수 없는 상황이 나와 연계되어 전개되는 듯해서 깜짝 놀라 눈을 떴다. 명상 속에 나타났던 신일기업 사장의 모습이 쉽사리 지워지지 않았다.

그날 아침 8시경이었다.

내가 명상에서 헤어나지도 않고 있던 시각에 신일기업 총무과장이 찾아왔다.

"사장님 심부름이오. 50만 원을 급히 할인해 주시오. 사장님이 급하신 모양입니다. 기다리고 계셔서 빨리 들어가봐야 합니다."

집안에 들어서자마자 과장은 다른 인사말 따위는 한마디도 없이 급히 서두르는 눈치였다.

나는 조금 전의 명상에서 나타난 상황과 총무과장의 느닷없는 방문, 게다가 아침 일찍부터 50만 원을 바꿔 달리는 것을 다소 의아스럽게 여길 수밖에 없었다.

예감으로 보면 틀림없이 이 회사에 어떤 큰 변화나 문제가 발생한 것이 분명했다. 어떤 행동이 가장 옳은 것인지를 얼른 분별할 수가 없었다.

이미 신일기업의 어음딱지 금액으로 150만 원 정도를 갖고 있었고, 사장의 개인 종이딱지를 100만 원, 도합 250만 원 정도를 갖고 있었다. 당시 250만 원이면 거금이었다. 나 같은 사람뿐 아니라 대기업을 경영하는 사람에게도 그만한 돈은 큰 것이었다. 예감으로 봐서는 분명히 신일기업은 부도 직전에 와 있는 것 같은 느낌이었다.

만약 신일기업이 부도가 난다면 나는 하루아침에 깡통을 차야 할 신세가 되는 것이다. 금호동 시장 상인들에게 빌린 돈으로 인해 빚을 엄청나게 짊어지는 신세가 되는 것이다. 이것은 그냥 큰일로만 생각할 것이 아니라 나에게는 생사가 걸린 문제였다.

"지금은 돈이 하나도 없는데요. 엊그저께 사장님께서 몽땅 다 바꿔갔는데요. 그렇게 급하시면 어떡하나? 지금 시간에는 어쩔 수 없고, 시장 문을 열면 금호동 시장 사람들에게 빌려보도록 하지요. 그때 가서 바꿔드리도록 하면 안 될까요?"

"지금 당장 발등에 불이 떨어져서 그래요. 우선 있는 대로라도 주시지요. 이걸 여기에 맡겨 놓을 테니, 우선 있는 대로 먼저 주고 나중에 나머지를 가져가도록 할 테니까요?"

그때 아침에 있었던 명상에 대한 얘기를 꺼냈다.

"과장님, 제가 오늘 아침에 명상을 했는데 내용이 불길하고 기분이 매

우 언짢아 여러 가지 생각을 하던 중입니다. 어처구니 없는 일이라 말하기 곤란합니다만 혹시나 참고가 되실까 해서 말씀 드리는 것이니 조금도 오해는 하지 마십시오. 신일기업사와 사장님에 대한 일이라서……."

"말씀해 보시지요."

"오늘 아침에 느닷없이 기분이 우울하고 이상한 예감이 뇌리를 파고들기에 북쪽을 향해 앉아서는 명상을 시작했지요. 명상 시작한 지 30분쯤 지나니까 사장님이 나타나는 거에요. 그것도 두 손이 꽁꽁 묶여 경찰서로 끌려가는 모습으로 나타나는 게 아닙니까! 하도 어이가 없는 일이라 잊어버리려고 눈을 떴다 감았다 해도, 막무가내로 나타나는 겁니다. 잊으려고 하면 할수록 더욱 또렷하게 나타나거든요. 정말 이상한 일이 아닐수 없습니다."

총무과장은 섬뜩놀라면서 몸이 바르르 떨리듯 경련을 일으키기도 했다.

"정말 이상합니다. 주역을 공부했기 때문에 가끔 이런 현상을 느끼거든요. 그럴 때면 틀림없이 어떤 일이 발생합니다. 그러니까 나는 웬만큼 큰일은 미리 예감한다는 겁니다. 혹시 신일기업에 무슨 일이 있는 건 아닙니까? 사장님이 어떻게 잘못된 건 아닙니까?"

총무과장은 황당한 표정으로 나를 잠깐 쳐다보더니 의아스럽다는 한마디를 내뱉고는 되돌아가려고 했다.

"해괴하고 망측한 노릇이구먼. 지금 한 말이 사실인가요?"

"제가 과장님께 거짓말을 하겠습니까? 엄청난 일을 말입니다. 혹시나 해서 참고하시라고 말씀 드리는 것이니 그렇게 아십시오. 과장님!"

그러나 그는 한마디 내뱉고는 나의 인사에 대해 대답도 하지 않은 채 나가 버렸다.

"나는 그저께 사장님이 와서 100만 원을 바꿔줬거든. 지금 돈이 어디 있겠어! 그렇지 않았으면 이 50만 원쯤은 내가 금방 바꿔 줘버리지."

"뭐? 사장에게 100만 원씩이나 바꿔줬다고? 이 사람 큰일날 사람이군. 그렇게 큰돈을 바꿔 써야 할 정도면 위험하다는 신호란 말이야! 한번 잘 알아보라구! 잘못하면 돈 잃고 사람 잃고, 좋은 사람들과 원수가 되고 결국은 깡통을 찬다는 걸 알아야 해. 정사장, 좋은 일이 있을 때는 나쁜 일에 대한 생각도 가끔 할 줄 알아야 한다네. 명심하게나!"

그동안 친하게 지냈던 정육점 주인아저씨도 놀라는 눈치였다.

"50만 원짜리 어음이라…… 난 이렇게 큰 종이딱지는 처음 보았네. 50만 원이면 큰 황소 50마리 값은 족히 될 것이란 말이야. 내 여태껏 한번도 만져보지 못한 액수야. 조심해!"

명상에 나타났던 신일기업 사장의 모습이 불현듯 스쳤다. 가슴이 콩콩 뛰고 온몸이 부르르 떨리며 심지어 한기까지 느낄 정도로 전율이 흘렀다.

헐레벌떡 사장실 문을 들어서자 안에 있던 여러 사람들이 눈을 휘둥그레뜨고는 나를 빤히 쳐다보는 것이었다.

사장실에 사장은 없었고, 공장장과 일부 간부 직원들이 선 채, 또는 앉은 채로 웅성거리고 있었다. 총무과장도 보이지 않았다. 300여 명의 종업원들은 공장 작업장에서 평소와 다름없이 열심히 일을 하고 있었다.

나는 마음이 한결 가벼워짐을 느꼈다. 다행이었다.

"어휴, 괜찮구나!"

잠시 후 나는 한마디도 하지 않은 채 가만히 회사를 빠져 나왔다. 그리고 집에 돌아온 나는 다시 명상에 잠겼다. 아침에 일어났던 것과 똑같은 모습들이 전개되었다.

의심스러워 다시 회사에 가보았으나 공장은 쉬임없이 잘 돌아가고 있었다. 혹시 내가 헛개비를 본 게 아닌가 싶어 또다시 명상을 했다. 명상을 하면 할수록 똑같은 현상이 더 또렷이 나타나곤 하는 것이었다.

지체할 일이 아니었고, 사장이 없으면 총무과장을 만나서라도 확인을 해봐야 했다.

가지고 있었던 딱지어음은 250만 원이었다. 그걸 신일기업에서 3월 1일 갑오일甲午日에 결제하기로 되어 있었다. 그 돈 말고도 적은 액수의 돈을 매일매일 할인을 해주고 있었는데, 그걸 또 모두 합치면 100만 원으로 3월 31일에 결제하기로 되어 있었다. 3월 31일까지 신일기업에서 내게 결제해야 할 돈이 모두 350여 만 원이 되었다.

상세한 사정을 알아보기 위해 신일기업으로 찾아가 총무과장실에 들어갔다. 과장은 없었다. 과장실에서 3시간을 기다려도 총무과장은 나타나질 않았다. 주변 사람들에게 물어봐도 모두들 모르겠다는 것이다. 그 와중에도 직원들과 간부들은 종이딱지를 들고 와서는 할인을 요구했다.

"여보시오. 여긴 이 회사 총무과장실이잖소. 여기서 어떻게 그걸 바꿔 줄 수 있단 말이오."

그들이 찾아오면 나는 언제나 친절하게 바꿔 주었다. 그러니 아무데서나 바꿔 달라면 되는 줄로 알았던 모양이다. 당시 신일기업사 직원들과 간부들은 매일 오전 11시와 오후 3시가 되면 할인하러 오곤 했다. 하루에 10여 명, 많을 때는 30여 명에 이르렀다. 그때는 별로 이상하게 여기지 않았으나 이런 명상 후에는 얼마 전부터 부쩍 늘어난 할인 액수에 대해서도 의심이 가기 시작했다.

그 무렵에는 월급과 수당도 현금지불을 하지 않았다. 종전에는 월급과 수당은 전부 현금지불이었고, 그 외의 것에만 어음결제였는데 알고 봤더니 언젠가부터는 월급과 수당도 딱지로 지불했던 사실을 알았다. 그래서 근래 들어 더 많은 사람들이 몰려들었다는 것을 알게 된 것이다. 물론 딱지로 지급할 때는 현금에 대한 이자 4%를 가산하여 발행했다.

1967년 3월 11일 오후 5시, 하루 종일 착잡한 기분으로 허둥대고 있었다. 이미 감지된 예시는 틀림없이 잘못되고 있음을 암시한 것이어서 아무 일도 손에 잡히지 않았다.

하루 종일 술 취한 사람처럼 비실거리며 아무것도 먹질 못했다. 얼굴은 창백해지고 눈앞이 점차 흐려지고 있었다. 딱지를 가지고 찾아온 신일기업 직원들에게 "오늘은 사정상 바꿔드릴 수 없습니다" 하였다.

현금이 필요해서 찾아온 사람들에게, 사정이 있어서 바꿔줄 수 없다고 하니 화가 난 모양이었다. 온갖 욕설을 퍼붓고 가는 직원들도 있었다.

"돈 좀 벌더니 배때지가 불렀구먼 빌어먹을 놈!"

내 사정을 알지 못하는 그들은 입에 담을 수 없는 욕설까지 퍼부으며 문을 쾅쾅 차고 나갔다. 그까짓 것은 아무래도 상관없었다. 그럴 때면 그들은 모두 금호동 시장으로 몰려갔다. 그곳에서 딱지는 대환영이었다.

그 일대에서 전체의 30, 40% 이상을 나에게 할인해 간 것은 총무과장의 부탁이 많이 좌우했다. 신일기업사에서 제일 가까운 곳에 위치해 있었고, 그 회사와의 거래관계로 인간적인 문제까지 곁들여 있었기 때문에 될 수 있으면 나에게 할인하도록 총무과장이 직원들에게 독려했기 때문이다.

총무과장의 50만 원은 사장 심부름으로 갖고 온 것이 아니라 개인이 활용하기 위해 끊어온 것이었다.

그날 오후 8시경, 어둠이 깔렸을 때 30대의 한 여인이 찾아왔다. 총무과장 심부름으로 왔다면서 쪽지를 한 장 내밀었다. 충무로에 있는 아스토리아호텔 301호실로 빨리 오라는 것이었다.

서둘러 아스토리아호텔로 향하면서 반갑기도 했지만 한편으로는 몹시 불안했다. 호텔에서 급히 만나자고 하는 것도 의심스러운 일이었다. 나쁜 일이 아니기를 빌었지만 마음 한 켠으로 불안해서 미칠 것만 같았다.

금호동에서 충무로까지 걸어서 갔다. 급한 마음에 뛰다가 걷다가 하면서 그 먼 길을 걸어서 갔다. 그곳까지의 차비를 아끼기 위해서였다. 30분이 걸렸다.

호텔 301호실에 들어서니 사장이 앉아 있었다. 총무과장은 혹시 내가 그 호텔을 찾지 못할까봐 마중 나갔다는 것이다. 사장은 자리에 앉은 채로 나를 맞았다.

"어서 오게 여기까지 오라고 해서 미안하네."

"괜찮습니다. 그간 안녕하시지요?"

"나야 뭐…… 그건 그렇고 이봐 젊은이, 총무과장 얘기를 들으니 자네가 무슨 명상을 했다고?"

사장은 아침에 내가 총무과장에게 한 말을 들었던 모양이었다.

"죄송합니다. 사장님이 잘못되리라는 생각에서가 아니라, 그저…… 제가 느낀 그대로를 사실대로 얘기했을 뿐입니다. 조…… 조금도 언짢게는 생각지 마십시오. 죄송합니다! 사장님!"

"괜찮아, 명상을 하니까 사장인 내가 경찰서에 잡혀가는 것이 떠올랐다고? 총무과장이 그 말을 듣고 하도 해괴하다며 쫓아와서 그러더군. 사실인가?"

"……."

"사실대로 한 번 얘기해 보게. 조금도 언짢아 하지 않을 테니까. 얘기해 보게."

사장도 기분나쁜 표정을 보이지 않았고 내가 얼떨떨해 있는 것을 풀어 주려는 듯 가볍게 미소를 지으면서 더 부드럽게 대해 주었다.

"그것 때문에 자네를 빨리 오라고 했네. 자세히 얘기해 봐. 아무렇지도 않으니까 말일세."

"사장님. 오늘 제 운명이 10년 이상 앞당겨질 정도로 큰 충격을 받았습니다!"

"그게 어떤 것이었나? 어서 말해 보라니까. 사실 그대로를 말해 보게."

사장은 몹시 궁금해서 음성이 조금 높아지긴 했으나 나에게 개인적인 악한 감정이 있는 것 같지는 않았다.

"어젯밤 꿈이 하도 이상하고 기분이 나빠서 새벽에 일어나 명상을 했습니다. 새벽 5시쯤 되었어요. 한 30분쯤 명상을 했더니 사장님 모습이 나타나는 겁니다. 그것도 두 손이 꽁꽁 묶인 채 경찰서로 가는 게 아니겠어요? 저는 깜짝 놀라 눈을 떴어요. 그런데 눈을 떠도 마찬가지였어요. 똑같은 모습으로 아른거렸고, 눈을 감으면 더 또렷하게 나타나는 겁니다."

"그뿐인가?"

사장은 별로 놀라는 기색이 없었다.

"저는 그것이 큰 충격이었거든요. 더 이상 다른 명상을 하고 싶지도 않았습니다. 저는 사장님이 부도를 내고 경찰서로 잡혀간다면 큰일이거든요. 지금 갖고 있는 종이딱지만 해도 수백만 원입니다. 사장님과 총무과장이 바뀌간 것만 해도 250만 원입니다. 직원들과 간부들 것까지 합치면 350여만 원이나 되는 거금입니다."

"그런데 그게 어찌됐단 거야! 그걸 지금 떼였다고 생각하는 건가?"

"아닙니다. 사실 제가 걱정이 된 나머지 그만 그런 말을 하게 되어 죄송합니다."

"자네가 갖고 있는 것이 350여만 원이나 된다고? 그까짓 가지고 뭘 걱정을 하는가?"

"저는 사장님을 위해 열심히 노력했습니다. 압구정동의 땅을 사기 위해 계약을 했었거든요. 그게 자그마치 3만 3천 평이었습니다. 거기에 계약금으로 10만 원을 걸었는데, 그것을 해약해 버렸습니다. 사장님께서 돈을 바꿔 달라고 하시기에 계약금도 떼이면서까지 해약하는 몽땅 사장님한테 다 드렸습니다. 한 푼 두푼 모인 돈, 납품하여 굴리던 돈도 몽땅 신일기업사에 맡긴 셈입니다. 어찌 걱정이 안 되겠습니까? 저는 사장님을 믿고 모든 돈을 신일기업에 다 넣어 놓은 셈이잖아요? 신일기업사가 잘못된다면 저는 죽습니다."

사장은 내 말을 듣고서 예리한 눈으로 눈을 깜박거리지도 않은 채 한참을 나를 뚫어져라 쳐다보았다

"일곱 살 때 총 3발을 맞고도 살아 남았습니다. 이 모진 목숨은 무언가 꼭 큰일을 해야 한다는 사명감으로 똘똘 뭉쳐 있습니다. 그동안 온갖 풍파를 겪으며 지금까지 살아왔습니다. 그러면서 신일기업사를 만나 제법 돈도 모았는데, 이런 일이 생긴다면 저는 한을 품게 될 것입니다."

사장이 현재 잘못되어 있는 것처럼 은근히 반협박으로 나의 과거를 애기했다.

"이보게 젊은이, 명상을 어떻게 하는지 다시 한 번 설명해 줄 수 있겠나? 나도 한번 해 봄세."

명상을 하는 방법을 설명해 주면서 지나온 일도 상세히 설명했다. 열 살 때부터 주역에 대한 공부를 하게 되었고, 차츰 명상법도 알게 되었다는 것, 그리고 위기 때마다 반드시 누군가로부터 예시를 받았다는 것,

그러면 반드시 어떤 예시가 주어진다는 것도 설명을 했다. 그러면서 결국은 그것도 허사로 끝났기 때문에 더 이상 주역 공부를 하지 않고 지금에 이르렀다는 것을 설명했다.

그러면서 나는 사장에게 다그치듯 말했다.

"사장님! 오늘 공장에 총무과장과 사장님은 안 계셨습니까? 저는 하루 종일 공장에서 기다렸습니다. 다른 직원들이 가지고 온 딱지도 바꿔 주지 않았습니다. 아침에 총무과장이 50만 원짜리를 가져왔기에 그걸 가지고 시장으로 나갔더니 모두들 놀랬습니다. 지금 저한테는 그만한 돈이 없거든요. 사장님께서도 알다시피 제가 갖고 있던 돈은 신일기업에 다 들어가 있습니다. 50만 원을 시장에 가서 바꿔 드리려고 갔더니, 모두들 혼비백산하듯 놀라는 것입니다. 그 사람들은 50만 원짜리를 보고도 놀라는데 나는 사장님께 100만 원짜리도 바꿔드리지 않았습니까? 시장 정육점 아저씨가 돈이 좀 있을 것 같아서 갔더니 더욱 놀라는 것입니다. 50만 원씩이나 끊는 회사는 분명히 어떤 문제가 있을 거라고 저에게 충고를 했습니다. 기분이 좋지 않았습니다. 자꾸만 아침의 명상에서 나타난 사장님 얼굴이 함께 떠오르곤 했어요. 저는 오늘 반쯤 미친 사람처럼 회사로 뛰어갔더니 총무과장도 자리에 없고, 사장님도 만날 수가 없어 더욱 미칠 지경이었습니다."

그러자 사장은 자리에서 일어나더니 내 손을 잡으며 세게 흔들었다.

"그동안 고마웠네. 우리 회사를 위해 도와준 것 진심으로 고맙게 생각하네. 그러니 아무 걱정 말고 조금만 기다려 주게나. 앞으로 10일간만 전과 다름없이 정상적인 거래를 해주게나. 그러면 모든 것이 쉽게 해결될 것이야. 부탁하네."

사장의 빛나던 눈에서 맑은 물기가 살짝 어리는 것을 보았다.

"사장님이 저에게 무엇을 부탁합니까? 그리고 무엇이 고맙습니까? 저는 저를 위해서 일했습니다. 그리고 마땅히 제가 해야 할 일을 했을 뿐입니다."

조금 가라앉은 음성으로 차분하게 사장의 비위를 거스르지 않도록 해야겠다는 생각이 들었다.

"사장님, 지금 회사 상태가 위기입니까? 무언가 잘못되어가는 것이군요?"

직감을 그대로 물었다. 사장은 나의 직감이 사실이라는 듯 긍정의 고개를 끄덕이는 게 아닌가.

사장이 위기를 시인하자나는 그 자리에 쓰러지고 말았다. 내가 까무러치자 사장은 당황하여 어쩔 줄을 몰라 했다.

나를 흔들어 깨우며 큰소리로 물었다.

"정신차리게, 그것은 모두 회수할 테니 아무 걱정 말고 정신차리게나, 어서!"

어렴풋이 사장의 다그치는 말이 들린 것이다. 한참 후 내가 눈을 떴을 때 사장은 다시 물었다.

"자네가 갖고 있는 우리 회사 종이 딱지가 얼마나 된다고 했지?"

"전부 350만 원쯤 됩니다. 그 중에서 사장님과 총무과장이 바꿔간 것이 250만 원이고요."

내 말을 들은 사장은 더욱 놀라며 말했다.

"350만 원이라니! 우리 회사가 발행한 딱지의 40%나 되잖아? 총무과장, 딱지를 빨리 회수해야 하겠는데 어떡하면 좋지?"

"그 많은 돈이 어디 있습니까? 지금은 도저히 불가능합니다."

"그럼 어떻게 하지? 시간이 좀 필요하단 말이야. 10일간만 전과 다름없이 해주면 젊은이의 그 돈은 조금도 손해 보지 않도록 해줄 테니까 그렇게 해주게. 그리고 금호동 시장에 절대로 소문을 내서는 안 되는 것이야. 소문이 나면 한꺼번에 죽게 돼. 자네가 잘해 주지 않으면 자네도 죽고 나도 죽는단 말이야. 그러니 10일간만 종전과 다름없이 해주고 이 소문이 나지 않도록 절대 주의해 주게. 공장 직원들 사기를 돋워 주지 않으면 하루아침에 풍비박산이 되네. 300여 명의 우리 회사 직원들도 사는 길이야. 부탁하네. 도와주게나!"

사장이 불안한 듯한 표정으로 사정사정하는 것이 안쓰러워 가슴이 찡하게 저려왔다. 그러나 나는 더 이상 양보해서는 안 되는 것이었다.

"제가 할 수 있는 방법은 없습니다. 350만 원 딱지를 현금으로 바꿔주세요. 그래야만 앞으로 10일 동안 직원들과 간부들이 돈을 바꾸러 오면 바꿔줄 것 아닙니까? 10일간 그들에게 딱지를 바꿔주려면 약 50여만 원이 필요합니다. 350만 원이 묶여 있기 때문에 도저히 어떤 방법이 없습니다."

당장 250만 원을 현금으로 내놓고 다시 50만 원을 더 주어야만 10일 동안 정상적으로 직원들에게 돈을 바꿔줄수 있다는 의견을 굽히지 않았다.

사장은 황당한 듯 한참 동안 아무 말을 하지 못했다. 나는 사장에게 돈을 받아내는 것이 목적이었다. 조금씩이라도 수단과 방법을 가리지 않고 받아내야겠다는 생각으로 방향을 바꿨다.

"우선 100만 원을 주시지요. 우선 10일간의 급한 불은 끌 수 있겠습니다. 그 대신 10일 후에는 나머지 전액을 갚아야 하는 조건입니다."

생각보다 쉬운 조건을 내건 나를 물끄러미 쳐다보던 사장은 못 믿겠다는 듯 다그쳤다.

"그 말, 진정인가?"

"그렇습니다. 약속은 틀림없이 지킵니다. 절 봐 왔지 않습니까? 저를 못 믿겠다는 말씀입니까?"

그들의 수법을 알아차린 나도 그들의 두뇌회전 이상으로 빠른 계산을 하기 시작했다. 꿩 잡는 게 매라고 했다. 내 말을 진심으로 받아들인 사장이 총무과장에게 지시했다.

"당장 100만원을 찾아서 이 사람에게 주고 10일간 활용합시다. 그래야 다 함께 살아남을 수 있어요."

사장의 지시가 떨어지자 총무과장은 사장과의 약속을 지키겠느냐고 나에게 다짐하기에 그러겠다고 대답했다. 이대로 잘못되어 부도 처리되면 한 푼도 못 받을 것 같은 강박관념이 작용한 것이다.

나는 그들로부터 100만 원을 받아 집으로 왔다. 그동안 거래를 하면서 남아 있던 외상대금을 정리했더니 한 푼도 남질 않았다. 내가 조금 어려움을 당하더라도 남에게는 피해를 주지 말아야 한다는 것이 생활신조였기에 우선 외상거래 대금을 전부 갚았다.

이튿날 나는 다시 사장을 찾아갔고, 100만 원의 처리 경위를 설명했다.그리고는 1주일 간격으로 나머지 돈을 갚아달라고 하자, 사장은 버럭 화를 내며 펄쩍 뛰었다. 안 된다는 것이었다. 약속을 어긴다면서 오히려 나에게 역정을 냈고, 심한 욕설까지 퍼부었다.

사장이 잠깐 숨을 돌리는사이 전무라는 사람이 중개를 하며 나섰다.

"이보게 억지 자꾸 쓰지 말고 10일간만 별일 없도록 처리해 주게. 우리도 갑자기 당한 일이라서 고충을 많이 받는 상태야. 10일 정도만 지나면 모든 것이 충분히 해결될 것이란 말이야. 우리가 지금 50만 원을 더 줄테니까 10일간만 엊저녁에 약속한 대로 해주게. 알겠는가?"

전무라는 사람은 내 어깨를 토닥거리며 달래듯 말했다. 나는 그들의 속셈을 이미 눈치챘다. 10일이라는 유보 기간동안에 그들은 다른 사람들에게 종이딱지를 대량으로 바꿔 부도를 낼 계획임이 분명했다.

"상황이 상황인지라 50만 원으로 10일 동안을 견딜 수 있을지 모르겠습니다. 만약에 10일 동안 직원들이 바꿔달라는 액수가 50만 원을 넘을 때는 조금 더 융통해 주셔야 합니다."

그들의 꿍꿍이 속을 이미 감지하고 있었기 때문에 그들의 얘기를 더 들을 필요가 없었다. 금호동 시장에서는 신일기업 딱지를 서로 바꿔주기 위한 쟁탈전도 벌어진다는 소문이 자자했다. 그러니 나만 모른 척 해준다면 10일 동안 시장 상인들에게 최대한으로 바꿔 사기를 칠 작당을 하는 것이었다.

장사를 하여 겨우겨우 얼마씩 모아둔 서민들, 그것을 단 얼마라도 늘려보겠다고 종이 딱지를 바꿔주고 부도를 맞게 되면 엄청난 충격을 받을 것이다.

"소문이 시장바닥에 퍼지면 나는 완전히 망합니다. 수백만 원을 받지 못하고 있기 때문에, 이 소문을 내가 퍼뜨렸다는 게 알려지면 단 한 푼도 받기 어렵습니다. 그러니 혼자만 아십시오. 나와 가깝게 지내니까 아저씨에게만 말씀 드리는 겁니다. 혹시 피해를 당하실까봐 걱정이 되어서 그래요. 아셨죠?"

"고맙구먼. 그러지 않아도 어제 두어 사람이 왔다 갔는디, 마침 내게 돈이 없어 그냥 보냈지라우. 다행이구먼, 고마우이."

그 아저씨는 진심으로 고마워했다.

수단과 방법을 가릴 겨를이 없었던 나는 다시 신일기업의 사장에게로 가서 나머지 100만 원을 내놓으라고 했다.

"젊은이, 약속을 했으면 지켜야 하잖는가? 150만 원을 줬잖아? 그러면 우선 10일간은 참아주겠다고 했잖는가? 그래 놓고 어찌 또 찾아와서 떼를 쓰느냐 말이야! 10일만 지나면 그 나머지를 전부 해결해 준다고 하잖아."

"약속은 무슨 놈의 약속입니까? 애초에 누가 먼저 약속을 어겼습니까? 나는 사장님이 가져가신 250만 원뿐 아니라 직원들에게도 100여만 원이 물리게 됩니다. 딴소리 하지 마시고 직원들 것까지 200만 원을 당장 내놓으십시오. 받을 돈을 달라는데 무슨 놈의 약속이 있습니까? 주지 않으면 한발짝도 물러나지 않습니다."

비장한 각오로 덤비고 있음을 알아챈 사장은 아무 말도 하지 않은 채 나를 빤히 쳐다보고 있었다.

"이젠 사생결단을 해야겠어요. 돈을 못 받으면 어차피 죽을 목숨인데 양보고 뭐고가 어디 있습니까? 주십시오."

덤벼드는 나의 행동이 예사롭지 않음을 느꼈던지 사장은 슬그머니 일어나 문을 박차고 나가려는 것이었다. 얼른 사장의 혁띠를 거머쥐었다.

사장은 매달린 나를 질질 끌고 복도까지 나왔다. 복도에서도 사장과 나는 한바탕 소동을 벌였다. 왁자지껄하는 소란에 놀란 호텔 지배인과 종업원들 몇 명이 달려왔고, 모두 사장 편을 들며 나를 윽박질렀다.

"손 못 놔! 업무방해죄, 소란죄로 신고해 버릴 테다. 빨리 손 놓고 나가란 말이야! 빨리 나가지 않으면 바로 경찰을 부를 테다!"

지배인은 내 손을 잡고 나를 냅다 걷어찼다. 엉덩뼈가 얼얼하도록 차여도 사장의 허리를 잡고 지배인에게 덤벼들었다.

"신고를 하든지 경찰을 부르든지 마음대로 하시오. 차라리 경찰이 왔으면 좋겠소. 나는 이 사람에게 돈을 받으러 왔을 뿐이오! 이 사기꾼이 내 알토란 같은 돈을 안 주고 도망가려고 하니 내가 붙들고 있었을 뿐이지 내가 무슨 놈의 죄가 있어요? 차라리 경찰서로 가는 게 낫겠소!"

내가 덤벼들자 어쩔 수 없었던지 지배인은 슬그머니 가버렸다. 사생결단으로 달려드는 나에게 기가 꺾였던지 사장은 나를 구슬리기 시작했다.

"젊은이, 자네가 하도 착하고 양심적으로 우리 회사에 물품을 납품해 주고, 직원들에게도 딱지를 할인해 주었기 때문에 그 고마움으로 여기까지 자네를 오라고 했잖는가. 자네 돈은 어떤 일이 있어도 갚아 주기 위해 그 방법을 의논한 것이야. 자네를 친동생처럼 아끼고 좋아했었어. 이렇게까지 나를 대할 줄 몰랐네. 10일만 참으면 모든 것이 해결된다 해도 막무가내로 소란을 피우고 떼를 쓰면 되는 말이야!"

어떻게 하든 틈만 생기면 도망칠 궁리를 하는 사장의 속셈을 알고 있었기 때문에 화장실에 갈 때도 따라가 문 앞에서 지켰고, 방외에는 한 발자국도 나가지 못하게 했다. 그렇게 하룻밤을 뜬눈으로 새웠다.

하루종일 물 한컵도 마시지 않았으니 허기가 피로를 더욱 재촉하고 있었다. 이러다간 제풀에 꺾일 것 같은 생각이 들었다. 누군가 도와주지 않으면 사장을 놓칠 것 같은 생각이 들었다.

태권도를 수련했던 동기생에게 전화를 걸어 대충의 사정얘기를 했고 지금 상황이 몹시 긴박하다는 것, 혼자로서는 도저히 감당해 낼 수 없을 것 같다고 도움을 요청했다.

즉시 쫓아와준 그와 합세하여 교대로 사장을 꼼짝못하게 하며, 돈을 빨리 내놓으라고 윽박질렀다.

"빨리 돈을 내놓으시오. 그렇지 않으면 내 당장 쫓아가서 전부 소문을 퍼뜨려 버릴 것이오. 이제 친구도 왔으니까 당신을 그냥 두지 않을 것이오. 당장 금호동 시장으로 가서 사실대로 전부 말해 버릴 것이오!"

금호동 시장으로 가서 사실대로 말하겠다고 으름장을 놓자 사장은 겁을 냈다. 눈을 동그랗게 뜨고는 초조한 듯 안절부절 못하는 것이었다.

"10일만 기다려 줘. 그때 가서 원금 100만 원에 50만 원을 더 줄테니 그렇게 해주게나. 내 지금 약속어음을 끊어줌세. 150만 원의 약속어음을 끊어줄 테니 한 번만 봐주게나!"

"약속어음 같은 건 필요 없어요. 휴지보다 못한 걸 내가 왜 받아요. 당장 현금으로 내놓으란 말이오. 그렇지 않으면 금호동 시장은 물론 직원들에게까지 전부 털어놓을 것이오!"

직원들에게까지 알리겠다고 협박을 하자 사장은 분통이 터질 듯이 온몸을 부르르 떨었다. 그러더니 순식간에 주먹이 날아왔다. 무방비 상태에서 얻어맞으면서도 그에게 덤벼들지는 않았다. 나를 수없이 때려놓고도 분을 삭이지 못한 사장은 허리띠를 붙들고 있는 내 팔을 살쾡이처럼 물어뜯으며 온갖 욕설을 퍼부었다.

돈을 받으러 왔다가 오히려 구타를 당해야 하는 어처구니없는 상황에 화가 치밀었다. 죽이고 싶다는 생각이 들었다. 차라리 죽여 버리고, 돈도 포기해 버릴까 하는 마음이 치솟자 내 주먹이 가만히 있질 않았다. 나 역시도 분을 참아 넘길 수 없었다.

독이 올라 붉으락푸르락하는 사장의 면상을 향해 발을 뻗었다. 이단 옆차기로 맞은 사장은 2, 3미터 뒤로 발랑 나자빠졌다. 묵사발을 만들어 버렸다.

"이 새끼야! 내가 너를 사장으로 점잖게 대해주면 그에 대한 보답이 있어야지, 이게 무슨 행패냐 말이야. 내가 주먹을 쓸 줄 몰라서 몇 차례 맞은 줄 아냐? 이래 봬도 태권도 공인 3단이야. 사기꾼 놈의 새끼 당장 죽여버릴 테다. 남의 돈을 떼어 먹으려고 하면서 사람까지 패? 이 나쁜 놈의 새끼를 그냥 컥, 죽여 버릴 테다!"

그렇게 얻어맞고도 자존심은 살아 있었다. 기가 한풀 꺾이긴 했어도 억울함을 느꼈던지 고함을 질렀다.

"이 싸가지 없는 새끼! 네 놈이 누구 땜에 돈을 벌었냐! 어려운 사정이 있어서 그만큼 얘기를 했으면 한 번쯤 들어 주어야지, 어쩜 이렇게 사람을 못살게 굴고 있어! 네 깐 놈을 죽여 버릴 테다. 내가 가만있나 봐!"

그래도 사장이라는 체면과 그만한 기업을 경영했다면 그 정도의 기백이 없을 수는 없을 것이다.

"네 놈이 태권도 3단이라고? 너에게 좀 당했다만 내가 건달 출신이라는건 몰랐을 거다. 내 밑에 쫄따구가 얼마나 있는 줄 아냐? 당장 꺼지지 않으면 쥐도 새도 모르게 죽어 없어진다는 것을 명심해! 알겠어?"

공갈협박이 아니라 사실이라 하더라도 눈 하나 깜빡하지 않았다.

"개돼지보다 못한 놈아! 어린 몸으로 총을 세 발이나 맞고도 살아남은 내가 네 깐 놈에게 죽을 수는 없어! 너 같은 놈은 지옥까지 따라가서라도 죽여 버릴 자신이 있어!"

그를 냅다 걷어차버렸다. 턱이 으스러지는 듯 팩, 소리를 내고는 잠잠해졌다. 입에서 말이 되어 나오진 않으나 약간씩 꿈틀거리며 괴로워하고 있었다. 한마디로 반죽음을 시켜버린 것이다.

사장은 40대 중반이었다. 아무리 자기가 건달 세계에서 굴러먹었다 하더라도 20대 중반인 나에게 힘으로는 이길 수 없었다.

괴로운 싸움이 벌어졌던 그날 아침, 우리 둘은 경찰서로 갔다. 호텔에서 신고를 한 모양이었다. 그날까지 사장은 경찰서에서 조사를 받으면서도 단지 싸웠다는 것 외엔 다른 얘기를 하지 않았다. 경찰관의 중개로 화해를 하는 합의서에 지문을 찍고 3시간 만에 풀려났다.

친구 박동승 씨와 함께 꼼짝 못하도록 밀착 감시를 했다.

그날 오후 서너 시쯤 되었을 때 건장한 체격을 가진 청년 다섯 명이 우리 앞에 나타났다. 사장을 빼돌리기 위한 작전인 것 같았다. 여차하면 싸움이 벌어질 것이고, 그 틈에 사장은 도망을 가리라는 계산까지 했다.

땅땅한 체격의 사내가 나서며 말을 던졌다.

"너희들, 지금 사장을 놓아주지 않으면 죽여 버릴 테다. 하룻강아지 범 무서운 줄 모른다더니 그분이 누군지 알아? 당장 꺼져, 뒈지기 전에!"

그러면서 장갑 낀 주먹으로 내 얼굴을 향해 때리려는 시늉을 하며 위협했다. 박동승 씨는 태권도 4단이고, 나는 3단이었다.

한순간에 일대 격전이 벌어졌다. 6대 2의 패싸움이 된 것이다. 격렬하게 싸우는 틈을 이용, 사장은 어디론가 도망가 버렸다. 유혈이 낭자했다. 어떤 방법이 없다고 생각한 전무가 깡패를 동원했던 것이다.

경찰조서에 의하면 그들 다섯 명은 경찰서를 수시로 들락거리는 전과자들이었다. 결국 깡패를 동원한 악덕 기업주의 비행을 확인한 셈이었다. 선량한 시민인 우리는 5시간 만에 풀려 나오고 그들 5명은 유치장으로 넘겨졌다.

1967년 3월 13일, 신일기업사는 부도를 내고 말았다. 사장은 행방불명이 되었고, 직원들은 회사에 대한 성토가 계속됐고, 중간 간부들이 어떤 수습의 실마리를 찾아보겠다고 이리저리 뛰어다닌다는 소문이었다.

더 이상 거기에 미련을 두고 있을 수는 없었다.

'미련을 버리자, 그리고 새롭게 출발을 하자'고 스스로 다짐했다. 지나간 일에 얽매이다 보면 앞으로의 일을 제대로 할 수 없게 된다는 것으로 위안을 삼고자 했다.

신일기업사로부터 얻은 일시적인 부를 신일기업사에게로 되돌려 줬다고 생각하기로 했다.

증오僧惡하는 마음은 증오하는 만큼 자신의 가슴에 멍에를 덧씌우는 것이다.

슬픈 자는 기쁜 자를 미워하고 기쁜 자는 슬픈 자를 미워한다. 빠른 자는 느린 자를 미워하고 게으른 자는 민첩한 자를 미워한다는 것, 이것이 어리석은 자의 증오인 것이다. 모든 슬픔은 결국 자기의 최후를 두려워하고, 자기의 고통이 가라앉을 그날을 두렵게 생각한다.

이와 같이 증오는 그 자체로 초래되는 것을 무엇보다 두려워하게 되는 것이다. 다시 말하면 증오는 자기의 이빨로 자기의 꼬리를 무는 것과 다름없는 것이다.

나는 결국 신일 사장으로부터 받지 못한 나머지 돈을 떼이고 말았다. 한 푼의 돈도 건지지 못하고 알거지가 되었다.

파릇파릇 새싹이 돋고 버들가지는 물이 올라 샛노랗게 물들어 가는 봄날, 나는 강가를 거닐다가 건너편 압구정동의 호박밭을 응시하고 있었다. 3만여 평의 그 밭에는 눈부신 햇살이 쏟아지고 있었다. 그윽히 먼 하늘 가장자리에는 바랜 듯한 하얀 구름조각들이 널려 있었고 그 사이사이로 노고지리는 힘차게 비상하고 있었다.

애증의 첫사랑, 그리고 운명 같은 인연

　사랑이란 사물事物을 있는 그대로 보기보다는 가장 아름답게 보고 있는 상태라고 했다. 그래서 환상의 힘은 달콤하게 하는 힘과 마찬가지로, 여기서 절정絶頂에 이른다고 하는 것인지도 모른다.

　사람이 사랑에 빠져 있을 때, 다른 때보다 더 잘 참으며, 매사에 긍정적이 되는 것이다. 또한 사랑이란 광증狂症이요, 불꽃이며, 천국이고 지옥이다. 그곳은 쾌락과 고통과 슬픈 후회가 가득 모여 있는 곳이기도 하다.

　첫사랑의 마력은 언제 끝날지 모르는 것을 우리 스스로가 알지 못한다는 데 있다. 그래서 사랑을 받기 위하여 사랑하는 것은 인간이지만, 사랑을 위해 사랑하는 것은 천사天使라고 말한다. 그러기에 사랑은 아름답고 황홀한 것이지만 그 안에는 무수한 고뇌도 함께 동반하게 된다는 것을 잊어서는 안 되는 것이다.

　운명運命은 슬기로운 자를 훼방하지 않는다. 최고最高 관심사는 항상 이성理性에 의하여 인도되기 때문이라고 했다. 그와 같이 나에게도 내 운명적 삶을 스스로 지혜롭게 개척해 나가지 않으면 안 된다는 것을 절실히 느끼며 새 삶의 현장에서 구김없이 충실히 노력하고 있었다.

그 무렵 나의 무대는 KBS 라디오 방송국이 있던 남산에서부터 장충단 공원까지였다. 그 지역에서 구두닦이와 신문팔이를 하고 있었다. 그때 나에게도 첫사랑이 찾아들었다.

가진 것 없이 혈혈단신으로 서울 생활을 하면서 강인한 정신력과 체력을 바탕으로 열심히 살았다. 말하자면 착하고 똘똘하게 빛나던 시절이었다. 항상 정신적 지주처럼 모셔 왔던 이모님의 심적 돌보심을 큰 위안을 삼으며 사회의 낙제생이 되지 않아야 한다는 다짐을 수없이 했었다.

누구나 아름다웠거나 애달픈 사랑의 추억을 갖고 있게 마련이다. 나 또한 그러했다. 바야흐로 아름다운 사랑의 인연을 만나게 된 것이다.

지금도 지난날을 떠올릴 때면 스무살 그때처럼 가슴이 후끈 달아오르면서 안온하고 정겨운 사랑의 하모니가 내 육신을 타고 흐르게 된다.

제법 쌈꾼이었던 나는 어느 누구의 도전을 받는다 하더라도 별 두려울 게 없었다. 배짱도 두둑했다. 수없이 자리싸움도 많았지만 정정당당했던 나는 물리쳤고, 결국 대부분이 내 휘하로 들어와 장사(구두닦이와 신문팔이)를 하게 되었던 것이다.

가을이 무르익어가던 저녁 무렵, 나는 하루의 일과를 끝내고 느긋한 마음으로 회원동에서 장충동 쪽으로 걸어가고 있었다.

장충단공원을 한바퀴 돌고는 약수동 고갯길로 들어가기 위해 언덕길로 접어들었다. 지금의 신라호텔 자리쯤으로 기억된다. 가로등 불빛이 거의 없던 시절, 그 언덕길은 음침하기 그지없었다. 어둠 속을 혼자 걷기엔 조금 으시시했다. 그저 어둠 때문이었으리라.

나는 깊은 상념이 쌓이면서 앞으로의 삶에 대한 의지를 하나씩 하나씩

되뇌이며 언덕빼기 길을 걷고 있었다.

"사람 살려요! 살려 주세요! 제발! 흑흑흑."

앙칼진 비명소리는 처음과는 달리 차츰 희미해져가고 있었다.

나의 등줄기에는 긴장으로 힘줄이 곤두섰고 온 신경은 그 숲 속을 향해 집중되었다. 무언가 위기에 처한 여자의 절규임에 틀림없다고 느끼자 용틀임하는 정의감이 그대로 있을 리 없었다. 나는 부리나케 그 숲 속으로 뛰어들었다. 건장한 남자 두 명이 어린 여학생 두 명을 넘어뜨려 옷을 벗겨내고 있었다.

인기척을 느낀 여자애들은 '사람 살리라'고 고함을 질러댔고 억누르고 있던 두 사내는 나를 향해 협박을 해왔다.

"넌 뭐야? 죽기 전에 얼른 꺼지지 못해! 뒤지기 전에 얼른 꺼져! 쫌만한 새끼야!"

그 따위 협박에 물러설 내가 아니었다.

"어린 학생들에게 이게 무슨 짓들이오. 살고 싶으면 그 애들 풀어주고 그냥 가시오. 그렇지 않으면 내가 오늘 가만두지 않을 것이야!"

한 놈이 재빨리 나에게 덤벼들었다. 그러나 내가 그 순간을 놓칠 리 없었다. 위기 상황에 놓인 그들이 나에게 덤빌 거라는 것은 뻔한 노릇이었다. 그러기에 미리 모든 기를 집중시켜 그들의 공격에 대비하고 있던 터였다. 덤벼드는 한 놈에게 피하는 척 하면서 돌려차기 한 방으로 고꾸라뜨렸다. 그러자 나머지 한 놈이 벌떡 일어나며 덤벼들었다. 나의 이단 옆차기 한 방에 4, 5미터 언덕 아래로 나동그라지고 말았다. 그가 나뒹구는 순간 고꾸라졌던 놈이 일어나 다시 덤볐다. 손에는 재크 나이프가 들려있었다. 휘두른 칼이 빗나감과 동시에 나의 주먹과 발이 요란스럽게 그의 온몸을 강타해 버렸고, 결국 둘 다 녹다운되고 말았다.

겁에 질려 있는 두 여학생들을 부추기고 있을 때 두놈이 엉거주춤 일어나고 있었다. 그때 인근 공원의 파출소 순찰대원들이 달려왔다.

조사를 마치고 나서 파출소장은 용감한 시민이라며 칭찬을 아끼지 않았다. 그리고는 곧 용감한 시민으로 표창을 하겠다며 거듭 칭찬을 아끼지 않았다.

파출소에서 본 그들은 20대 초반의 불량배였고, 여자애들 두 명은 여고 2학년과 3학년생이었다. 두 불량배는 경범죄 처벌을 받기 위해 즉결재판소로 보낸다는 것이었다.

한 번의 실수는 병가지상사라고 했는데 그들을 용서해 주신다면 다시는 그런 짓을 하지 않을 것이라고 설득했다. 불량스럽게 보이긴 했지만 경범죄라 하더라도 어떤 처벌을 받게 되면 그 다음에 또 더 큰 죄를 범하게 되지 않을까, 그래서는 어디 교도가 되겠느냐고 설득했다.

여학생 둘은 예뻤다. 어린 학생들의 놀란 마음을 다소 진정시켜 줘야겠다는 생각에 제과점으로 데리고 들어갔다.

"오늘 있었던 일은 오늘로써 모두 잊어버리는 게 좋겠어. 어쩌다 길을 걷다 한 번 넘어졌다고 생각하는 게 좋을 거야. 이런 일을 두고두고 깊이 생각하게 되면 공부에도 지장이 있을 뿐 아니라 앞으로 살아가는 데도 도움이 안 되는 거야. 내가 너희들 집 앞까지 바래다 줄 테니까, 앞으로 일찍 일찍 집에 들어가."

놀랬을 그녀들에게 다정한 오빠가 되어 어깨를 다독여 줬다.

여고 3년생이라는 A가 강렬한 눈빛으로 나를 쳐다보며 고마운 표정을 지었다.

귀엽게 생겼고 예뻤다.

열여덟 살의 꽃다운 피부가 바랜듯 하고, 오똑한 콧날에 두툼한 입술,

싱그러운 눈망울이 한순간에 나를 압도해 버렸다. 그녀가 나를 쳐다본 그순간까지는 예쁜 여학생이라는 것을 알지 못했다. 순간 가슴이 쿵쿵 울렸고 온몸에 짜릿한 전율이 감돌았다. 한동안 그녀의 얼굴만 가만히 쳐다볼뿐 아무런 말도 잊지 못했다. 20년 동안 살아오면서 이렇게 예쁜 여자는 처음이었다. 어느 영화배우도 그녀보다는 예쁘지 않을 거라고 생각했다.

나는 마음을 가다듬었다. 홀라당 맘을 뺏겨서 마음을 다스리지 못하면 이상한 오해가 생길지 모른다는 생각이 들었다.

"우연히 길을 지나가다 학생들 일에 끼어들게 된 것이야. 불의를 보면 참지 못하는 성격 때문에 그냥 넘길 수는 없었어. 다행히 내가 그곳을 지났기에 망정이지 아니면 어쩔 뻔했어? 다시는 늦은 시간에 다니지 말어 어두운 곳은 항상 위험이 도사리고 있다는 생각을 해야 되는 거야. 명심해.'

나는 나의 감정을 다독거리기 위해 별로 하고 싶지도 않은 말까지 너저리너저리 꺼냈다.

한참 동안 내 말을 가만히 들으며 고마운 표정을 짓던 A가 나에게 말했다.

"아저씬 누구예요? 우리를 위기에서 구해 주셨으니 보답하고 싶어요. 아저씨!"

"아저씨가 아니야 이제 겨우 스무 살 조금 넘었어. 아저씨라고 부르니까 이상하네?"

"그럼. 오빠라고 부를게요. 오빤 뭐 하는 사람이에요? 학생이에요?"

"나는 학생도 아니고 직장인도 아니야. 나는 고아야. 고아로 떠돌아다닌 지 벌써 10여 년이야. 불의를 보면 참지 못하는 것이 내 단점일 수도 있어. 구두닦이를 하고 있어. 신문도 팔고 구두도 닦지. 남산 KBS 방송 국에서 이곳 장충동까지가 내 구역이야. 여기에서는 다른 아이들이 구두 를 닦거나 신문을 팔아서는 안 되도록 되어 있어. 경찰서에서 보호를 받 는, 말하자면 중부경찰서에서 나에게 허가해 준 지역이라고 하는게 좋겠 군. 그 대신 어느 누구에게도 피해를 주거나 또 나쁜 짓을 하지 못하게 되어있어. 내가 10여 년 동안 고아 신세로 떠돌곤 있지만 추호도 거짓말 을 하거나 나쁜 짓은 해보지 않았어. 이것이 지금의 내 모든 것이야."

지난날이 떠올라 잠시 눈시울이 붉어져 옴을 느꼈다. 어린 학생들 앞 에서 내 나약함을 보여서는 안 되겠다는 생각이 미치자 이내 평상의 모 습으로 돌아왔다.

"그러니까 오늘 일에 대해서는 이제 모든 걸 잊어버리고 어서 집으로 돌아가도록 해, 혹시 두렵다는 생각이 들면 내가 바래다줄 수는 있지만, 이 시간 이후에는 아무 일도 없었던 것으로 하고, 나도 만나지 않았던 것으로 생각해. 알겠지?"

A는 나의 말을 들으려고 하지 않았다.

"아니요, 오빠는 오늘 우리에게 생명의 은인이나 마찬가지예요. 오늘 오빠가 그곳에 나타나지 않았다면 우린 어떻게 되었겠어요? 끔찍해요.

저희 집으로 같이 가세요. 집에 가서 부모님에게 설명하고, 우리를 살 려준 생명의 은인이라고 소개하겠어요."

그녀는 간곡한 부탁이라면서 굳이 자기 집으로 가야 한다고 설득하며 간청을 하는 것이었다. 30여 분 실랑이를 벌이다가 일단은 그녀를 집까 지 데려다 줄 요량으로 함께 길을 나섰다.

A의 집은 어마어마하게 큰 대궐같았다. 대문에서부터 본채까지 한참 이나 걸어 올라갔다. 넓은 정원에는 잘 다듬어진 수많은 정원수가 잘 정

돈되어 있었다. 집안도 궁궐이었다.

집 안에는 가정부 두 명만 있었다. 다른 식구들은 모두 외출중이라고
했다. 집 안에서 보니 하늘에서 내려온 천사가 따로 없었다.

"아줌마, 인사해요. 내 친구에요!"

그녀는 아줌마에게 나를 소개했다.

"어서 오세요. 반갑습니다. 우리 아가씨 참 좋은 분이에요. 귀엽고 참
예쁘지요?"

"고맙습니다. 정춘식이라고 합니다."

그녀는 나를 데리고 2층 자신의 방으로 안내했다. 그곳은 여고 3학년
생의 방이라기에는 너무나 엄청났다. 웬만한 호텔방보다 더 호화롭고 깨
끗하게 꾸며져 있었다. 도깨비에게 홀린 기분으로 멍하니 정신을 잃고
서 있었다. 한동안 넋 나간 사람마냥 그렇게 서 있자 그녀가 나의 손을
잡으며 끌어당겼다.

천사가 따로 없었다. 그녀가 천사였다.

궁궐이 따로 없었다. 그곳이 궁궐이었다.

나는 어안이 벙벙한 상태에서 생글생글 명랑한 표정으로 마냥 즐거워
하는 그녀를 아무 생각 없이 그저 한참이나 쳐다만 보고 있었다.

황홀한 실내 분위기와 함께 그녀의 아름다운 자태는 나를 현혹시키기
에 충분했다. 나는 한동안 멍청한 표정으로 그녀를 지켜보며 앉아 있었
지만 가슴 깊은 곳에서부터 차츰 동요가 일고 있음을 느꼈다. 여자의 아
름다움에 도취되거나 흥분되는 것은 젊은 남자로서 당연한 것이다.

내 심각한 표정을 살피던 그녀가 살며시 다가오며 다정스럽게 말했다.

"난 아직 남자친구가 없어. 그러니 오빠랑 평생 친구로 지내고 싶어."

나는 그녀의 말이 무엇을 의미하는지 그때로서는 이해할 수가 없었다.

그러면서도 금방 걱정스러웠던 마음이 안정되기 시작했다. 그녀의 말이 고맙고 반가웠다. 황홀감이 한아름 밀려와 내 몸을 휘감고 있었다.

"나의 처지와 너의 환경은 너무나 달라. 우린 서로 어울릴 수가 없는 상대야. 그러니 오늘 일은 오늘로써 끝내고 각자 자신의 위치로 돌아가는 것이 좋겠어. 그리고 오늘 일에 대한 보답이라는 것도 잘 알아. 내가 할 일이 따로 있고 너는 너대로 나아가야 할 진로가 정해져 있으니 각자의 길로 가는 것이 현명한 방법이라고 생각해."

"오빠 왜 한가지만 생각해! 우리 집이 부자라고 해서 오빠와 내가 어울리지 말라는 법이 어딨어! 오빠가 아니었음 그 자리에서 죽었을지도 모르는 거야! 오빠가 나를 구해 주지 않았을 때를 한 번 생각해 봐. 내 생명의 은인을 내가 좋아한다는 것이 왜 나빠? 오빠 같은 사람이 더 존경스럽고 믿음직스럽단 말이야. 돈이 뭐가 중요해! 사람이 중요한 것이지. 마음이 가장 중요한 것이야. 난 적어도 그렇게 생각해."

그녀는 화난 표정을 지으며 카랑카랑한 목소리로 설득했다. 그녀의 말에는 의미가 부여된 심오함마저 느껴졌다.

"오빠 같은 사람이 좋아. 오빠 같은 사람을 존경해. 내 여린 마음을 충분히 붙잡아 줄 수 있을 것 같애. 든든하고 진솔하게 살아가는 오빠 같은 사람의 앞날은 언제나 희망적이야. 틀림없이 큰일을 해낼 수 있는 사람이라고 봐. 오빠 아무 얘기 하지 말고 내가 하자는 대로 해줘."

그녀의 한마디 한마디는 흡사 세상풍파를 다 겪은 어엿한 여인처럼 어른스러운 감마저 들었다.

그녀의 말 한마디 한마디에 친밀감과 다정함이 스며들면서 사랑의 화음으로 조율되고 있었다. 그녀는 나에게 살포시 예쁘게 다가왔다. 하얀 원피스 차림에 핑크빛 장미 같은 모습으로 다가오기도 했다. 그러면서 살며시, 팔짱을 끼는 그녀의 모습은 천사보다도 더 아름다웠다.

본격적인 데이트가 시작되었다.

그녀의 비단 같은 머리결, 하얀 피부는 마치 따사로운 햇살을 받으며 갓 피어난 한 떨기 백합과도 같았다.

나는 그녀의 상대가 되지 못한다는 것을 뻔히 알고 있었음에도 서서히 사랑에 빠져 들기 시작했다.

결혼을 하기 위한 데이트라고는 조금도 생각할 수가 없었다. 열정으로 시작된 사랑이지만 미래까지는 불투명했었다. 그녀의 부모님께서도 우리의 관계를 안다고 하더라도 결혼 같은 것은 어림도 없었을 것이다.

그러나 그녀는 그런 생각과는 달랐다. 기회만 주어지면 부모님께 인사를 드리자고 졸라댔다.

나는 두려웠다.

현재의 처지로 부모님께 인사를 드린다는 것은 맞아 죽을 일이었다. 결국 두려움은 바로 내가 그녀를 너무도 사랑하고 있다는 데 있었다.

그녀는 졸업반이지만 곧 대학에 들어가야 했기 때문에 열심히 입시준비를 해야 했던 시기였다. 그러나 나와의 데이트는 매일 이루어졌다. 그녀의 부모님은 대부분 밤 10시경에 귀가하셨다. 저녁 8시쯤 그녀의 집에서 정담을 나누다가 바깥으로 빠져 나오곤 했다.

A는 2층 자신의 침실 외에 1층 한쪽 켠에 있는 방 하나를 더 사용하고 있었다. 책장이며 어릴 때 가지고 놀았던 여러 가지 장난감까지도 그대로 보관되어 있는 그녀만의 방이었기 때문에 그녀의 부모님께서도 들여다 보는 일이 거의 없었다. 우리는 틈만 나면 그곳에서 정담을 나누곤 했다.

집안에는 가정부 외에도 정원이며 허드렛일을 하시는 아저씨가 출퇴

근을 하셨기 때문에 오후 7시면 안 계셨다. 가정부 아줌마는 그녀가 비밀에 부치면 어떤 경우라도 발설하지 않는 것이 불문율처럼 되어 있었다. 그것은 평소에 착하고 예쁘게 살아온 그녀의 심성을 부모는 물론 집 안에 있는 모든 사람들이 믿기 때문이었다. 그녀와 나는 부모님이 안 계실 때는 2층의 그녀 방에서 사랑에 빠지기도 했지만 부모님이 계시는 시간에는 가끔 1층 방에서 숨어 지내는 경우도 있었다. 그녀와의 밀회가 완전한 사랑으로 변해 버렸다. 누가 먼저랄 것도 없이 우리 둘은 서로를 탐했다. 이래서는 안 된다고 다짐했지만 더 이상은 감정을 억누를 수가 없었다. 사랑에는 아무런 저항이나 제지도 필요치 않다는 그녀의 말이 나에게 용기를 더욱 북돋아 주었다.

나와 그녀는 하루가 멀다 하고 만나 사랑에 빠졌다. 갈수록 깊고 깊은 심연으로 빠져들었다. 이젠 그녀와 내 앞에는 어떤 장애도 두렵지 않다는 용기와 기백이 넘쳐 흘렀다. 그것은 그녀가 나에게 북돋아준 용기 때문이었다. 사랑의 힘이 이렇게 강한 것인가를 그제서야 비로소 느꼈던 것이다.

그러나 시간이 지날수록 용기 백배하던 기백이 두려움으로 감돌기 시작했다. 그것은 내가 그녀를 너무나 사랑하고 있다는 것 때문이었다. 그녀와의 사랑이 끝난다면 나는 죽을 것 같았다. 그것은 현실적으로 나의 사랑에 대한 장애요인이 한둘이 아니었기 때문이다. 그녀와 눈높이가 맞는 부분이 하나도 없었다. 극과 극의 처지라고 할 정도로 어울리지 않는 관계라는 것을 나 자신이 너무나 잘 알고 있었다.

그녀의 부모가 알았다면?

내가 그녀의 부모 입장이라면?

어느 누구에게도 이해될 수 없는 관계라고 결론 내릴 것임에 틀림없었다. 그것이 가장 두려웠다. 그녀를 너무나 사랑하기 때문에 우리의 사랑이 깨어진다면 이 세상에 존재할 가치도 없다는 생각을 할 정도였다.

그 무렵 그녀는 부모님을 만나 모든 것을 털어놓고 이해를 구하자고 했다. 언젠가 한번은 겪어야 할 시련임을 알기 때문에 하루라도 빨리 그런 계기를 만들지는 것이 그녀의 지론이었다. 부모님께서 이 사실을 아신다면 우리의 사랑은 끝장이 나고 말 것이라는 생각 때문이었다.

그녀의 생각은 부모님이 그녀를 믿는 만큼 부모님을 설득시킬 자신이 있다고 했다. 만일 설득을 시키고 이해를 구하다가 결국 이룰 수 없다면 둘이 함께 죽음을 택하자는 말까지 서슴지 않았다. 지금도 그때를 떠올릴 때마다 그녀의 용기와 어른스러움에 감탄을 금할 수 없다.

그녀는 이듬해 신촌에 있는 Y대학에 입학했다.

대학에 들어간 후에도 우리 사랑은 조금도 달라진 게 없었다. 강의가 끝나면 우리는 몇 시간이고 붙어 다녔다.

덕수궁 뒤쪽 덕수다방, 이화여대 옆의 신촌다방, 이런 곳에서 주로 시작되는 데이트는 해거름이 질 무렵쯤 그녀의 집으로 향했다. 그녀의 방에서 9시 30분쯤 헤어져 돌아오면서 내일 약속을 기다리는 것이었다.

3년째 되던 해 그녀는 임신을 했다.

임신 사실을 알리면서도 걱정을 하거나 두려워하지 않았다. 이젠 부모님께 말씀드릴 수 있는 빌미가 생겼다고 오히려 잘된 일이라고 했다.

부모님께 말씀 드리고 결혼을 서두르자는 것이었다. 결혼하고도 학교를 다닐 수 있다고 했다. 심지어는 그까짓 공부 그만두면 될 것 아니냐고까지 했다. 결국 부모님께 그동안의 일을 조금도 가감 없이 고백하게 되었다.

그녀의 부모님은 사회 저명인사이자 상당한 재력가였다.

한동안 말도 잊은 채 멍하니 천장만 쳐다보는 것이었다. 그동안 눈치도 못 챈 자신들을 책망하고, 한마디도 하지 않았던 딸을 그저 원망스런 눈길로 바라보기만 할 뿐이었다.

"도대체 이렇게까지 지내 오면서 한마디 상의도 없었단 말이냐! 내가 너를 믿는 마음이 크면 너도 아빠를 믿고 모든 것을 상의해야지 일이 이 지경에 이르러서야 비로소 말을 꺼내는 네 태도를 내가 어떻게 이해하란 말이냐! 날벼락도 유분수지 이 무슨 해괴한 일이냔 말이다!"

분을 삭이지 못하는 아버지는 금방이라도 그녀를 집어 삼킬 듯 분노했다.

아무리 큰 일이 벌어져도 화를 내지 않은 성인다운 면모를 갖춘 그녀의 아버지도 그날은 무척이나 심하게 화를 냈다. 그러나 어른은 어른이었다. 무남독녀 꽃다운 아이의 마음이 상할까 봐 금새 자상하고 근엄했던 본래의 모습으로 돌아온 듯 보였다.

"지나간 일은 지나간 일이야. 잘못 돌아가고 있는 것을 그대로 둘 수는 없는 거야. 바로 잡을 수 있는 방법을 빨리 찾아야지. 잘못된 것이 오래 되면 고치기도 어려워지는 법이야. 오늘이라도 당장 그 청년을 데리고 오도록 해. 너에게 그간의 일을 들었다만 그 청년에게 자세한 얘길 듣고 싶으니까. 그리고 난 후 매듭을 풀든지 어떤 연구를 하든지 하도록 하자. 빨리 이리로 오도록 해라. 좌우지간 그 청년이 고마운 일을 한 건 사실이니까."

아버지는 그녀의 마음에 상처를 덜 주고자 마음을 억누르고 있었다. 속으로야 어땠을는지 모르지만 무척 너그러운 자세로 바뀌어 있었다.

사랑이리라.

그것이 자식에 대한 부모의 사랑이리라.

그리고 성인의 사랑이리라.

이미 잘못된 것을 윽박지르고 나무란다고 고쳐지는 것이 아닌 것이다. 매듭은 순서에 따라 풀어야 하는 것이다.

상처는 아물고 난 후에 다시 단련을 시켜야 하는 것이다.

그녀의 호출을 받고 그 집으로 들어섰다. 그날은 궁궐이 아니라 도살장에 들어서는 기분이었다. 그럼에도 용기와 기백만은 살아 있어서 나는 대뜸 넙죽 엎드려 큰절을 올렸다.

"정춘식입니다. 일찍 찾아 뵙지 못해 죄송합니다. 잘못이 있다면 모두가 저의 잘못이니 저에게 벌을 주십시오. 아버님께서 주시는 벌이라면 어떤 것이든 달게 받을 각오입니다."

인자스러우면서도 근엄하신 그녀의 부친을 가만히 올려다봤다.

"그동안의 얘기를 딸애에게 들어 대충은 알고 있네. 내 딸을 믿네. 그만큼 사랑하고 있다는 말이야. 그동안 자라오면서 우리 부부는 물론 집안 사람들에게 실망스런 행동을 한 번도 한 적이 없는 아이라네. 그런데 어쩌다 자네와 오랫동안 사귀어 오면서도 한 번도 얘기가 없었다는 것이 무척 섭섭하네."

아버지는 잠시 말을 끊었다가 큰 한숨을 한 번 내쉬고는 다시 말씀을 이었다.

"어차피 그런 사정들이 있었다면 진작찾아와서 의논을 하든지 했어야 옳은 것 아닌가? 내 딸 아이와 교제를 한 것이 벌써 3년이나 되었다면서? 그러면서 매일같이 만나고 뒷방에서 생활하다시피 했다면서 이제야 나타났나? 딸애가 그토록 부모님께 인사를 드리자고 하였다는데 무슨 곡절이 있어 아무런 대꾸도 없었단 말인가? 애가 임신까지 한 지경에 이르러서야 찾아오다니, 이래서 되는 건가?"

조용조용하게 말을 하고는 있었지만 대단히 화가 난 표정이 역력했다. 내게는 그 조용한 한마디 한마디가 호된 채찍보다도 더 매서웠다.

그때 A가 나서며 궁지에 빠진 나를 대변하듯 거들었다.

"아빠, 오늘 찾아온 것이 아니라 제가 모시고 온 것입니다. 이분이 아니었더라면 저는 그때 아마 죽었을 지도 몰라요. 저를 구해준 은인이에요. 잘못을 따지자면 제게 있습니다. 제가 더 사랑한 거예요. 저와 똑같이 사랑해 주시고, 결혼하도록 허락해 주세요. 제 몸이 무거운 것을 말씀 드리는 거는 죄송하구요. 못난 불효자식이라고 나무라세요. 저분이 있었기에 살아남았다는 것만으로도 큰 위안을 받았습니다. 지금은 불효를 한다고 나무라실지 모르지만 분명히 아버지께 실망을 드리지 않을 겁니다. 당당하고 떳떳하게 살아갈 자신이 있습니다. 착하고 성실한 사람입니다. 비록 고아이긴 하지만……."

그녀의 말은 금방 멈출 것 같지 않았다. 그런 딸의 성미를 아는지 아버지는 가만히 그녀의 말을 듣고 있었다.

"우리 집은 부자입니다. 그러면서 아들이 없지 않습니까? 자식이라곤 오직 저 혼자뿐이잖아요. 이 사람이 고아에다 딸과도 사랑하는 사이니까 안성맞춤이잖아요. 아들 겸 사위로 사랑해 주시면 얼마나 좋은 일입니까?"

그녀의 한마디 한마디에 감격할 뿐이었다. 가슴이 북받쳐 울컥 울음이 터져 나올 것만 같았다.

그녀의 그런 설득의 말을 중도에서 끊어버리지 않는 그녀 아버지도 대단한 분이라고 생각했다. 어떤 부모가 그런 상황에서 어린 딸의 얘기를 들어주고 있었을까? 당장이라도 머리카락을 움켜쥐고 패대기를 쳐도 분이 풀리지 않을 것임은 보지 않아도 알고도 남을 일이었다.

인격이 높으신 분이었다. 많은 사람들에게 존경을 받으며 명성을 얻지 않을 수 없었을 것이다.

　한참 동안 아버지를 졸라대던 그녀는 울음을 터트렸다. 그동안 참았던 북받침이 한꺼번에 울컥 치솟아올랐다. 그녀의 아버지도 손수건을 꺼내 눈등을 누르고 있었다.

　슬픔의 눈물이었을까?

　실망의 눈물이었을까?

　장차의 일을 어떻게 처리해야할 것인가에 대한 고뇌의 서러움이었을까? 나는 그때 그 어른의 눈물의 의미를 아직도 알 수 없었다.

　그렇게 20여 분의 시간이 흘렀다. 울음을 그치지 않는 딸의 등을 두드리고는 힘껏 껴안았다.

　"자넨 정말 고마운 청년임에는 틀림없네. 그리고 우리 딸애나 자네의 살아온 환경에 대해서도 자격시비를 따지고 싶은 마음도 없네. 아직 결혼은 시켜줄 수가 없네. 아직 너무 어리잖은가? 딸애는 아직 학생으로서 공부를 더 해야 할 나이이고, 게다가 유학을 가기로 이미 수속을 다 밟아놓은 상태야. 공부라는 것은 그 시기를 놓치면 다시는 할 수 없는 것이야. 그 기회를 버리면 모든 것을 잃게 되는 처지가 되고 마네. 딸애의 처지가 아니라 바로 나의, 그리고 우리 집안의 처지인 셈이야. 그러니 너무 갑작스런 일이긴 하지만 조금씩 이해하고 앞으로 더 좋고 훌륭한 일을 하도록 서로 도모하는 것이 가장 바람직한 선택일 것 같네. 그러니 임신된 아이는 유산을 시키도록 해야 되겠네. 너무 섭섭하게 생각지 말게. 모든 것은 운명적으로 해결해야 하는 거니까. 내 말 이해할 수 있지?"

　아버지는 우리 둘을 번갈아보며 두 사람 모두의 대답을 듣고자 하셨다.

　훌륭하신 아버지였다.

그런 부모 밑에서 자란 그녀도 훌륭한 생각을 가졌을 건 분명한 것이다. 그런 사람들을 이해 못하는 것은 사람의 도리가 아닐 거라는 생각이 들었다.

나는 그녀더러 아버지의 말씀대로, 그리고 그분의 뜻대로 모든 일이 처리되어도 좋다는 생각을 전하고 그녀에게도 아버지의 의향대로 따르라는 묵시적인 신호를 보냈다.

"일시적인 장난이 아니라 하더라도 너무 어린 나이에 자식을 낳게 되면 앞으로 해야 할 큰 일을 이룰 수가 없는 것이야. 사랑이라는 것도 좋고 자식을 빨리 갖는 것도 좋지만 그보다 더 중요한 것은, 어떤 인생을 살고, 어떤 일을 하여 더욱 보람된 사회인이 되어 만인 앞에 설 수 있는가가 더더욱 중요한 것이야. 결혼은 5,6년 후로 미루고, 그동안 열심히 공부하도록 하는 것이 가장 좋은 선택일 거라고 생각해. 자네는 그동안 우리 회사에서 일할 수 있는 자리를 마련할 테니 말단에서부터 시작한다는 생각으로 열심히 해보도록 해."

그날 이후 그녀는 유산을 했고, 나는 그녀 아버지의 회사에서 막노동이나 다름없는 말단의 일을 시작했다. 그러나 나로서는 도저히 더 견딜 수가 없어 그녀에게 그곳에서 일을 할 수 없다고 얘기했다. 내가 해야 할 일은 다른 것이라는 것을 분명히 얘기했다. 그녀의 아버지께는 일의 경험부족뿐 아니라 적성에 맞지 않아 못하겠다고 말씀을 드렸다.

"그럼, 자넨 무엇을 했으면 좋겠는가?"

근엄하게 묻는 어른의 말에 나는 완전히 압도되었다. 그러나 나의 기백은 이대로 주저앉고 싶질 않았다.

"공부를 더 하겠습니다."

"어떻게 공부를 하겠다는 건가?"

"제 힘으로 충분히 공부를 할 수 있습니다. 비록 고아 신세로 살아오긴. 했지만 단 한 번도 실망하거나 노력을 게을리 하지 않았습니다. 모든 일은 저 혼자 힘으로 해결하면서 이렇게 살아 왔습니다. 틈틈이 고학도 했습니다."

내 대답이 가상했던지 그 어른은 크게 고무된 듯한 표정으로 얼른 말했다.

"내가 돈 100만 원을 줄 테니 이것으로 공부를 더 계속 하도록 하게나. 열심히 해야 해. 딸애가 유학을 마칠 때까지 6년간만 서로 떨어져 있다가 공부를 마치면 그때 가서 서로 결혼하도록 해, 어떤가?"

그녀의 아버지가 우리 둘을 갈라놓기 위한 방법으로 그렇게 선택한 것이라는 것을 내가 모를 리 없었다. 그러나 그것이 그녀를 위하는 길이라면 기꺼이 그렇게 하지 않을 수 없다는 생각으로 마음을 다잡고 있었다. 그때 그녀는 미국으로 유학을 가도록 모든 주선을 아버지가 준비하고 있었던 것이다.

마음을 비워야 했다. 사랑하는 그녀를 위하는 길이라면 그 길을 열어 주어야 한다는 생각으로 마음이 귀결되고 있었다. 그런 마음은 내 어리석음이 아니라 내 스스로가 대범한 생각을 하도록 유도한 것이었다. 그녀와 내 처지는 아무래도 어울릴 수 없는 처지라는 것을 내 스스로도 분명히 알고 있는 바였다.

그녀도 부모님으로부터 많은 설득을 받았을 테고, 또한 일시적인 감정이 연정으로 쌓였던 것도 그녀 스스로 느꼈을 것임에는 이의가 있을 수 없다고 생각했다.

그녀가 나를 달래기 시작했다. 미국에 가서 공부하고 올 때까지 기다려 달라는 부탁을 하는 그녀의 눈물겨운 모습을 지켜보면서 나는 인생에 있어서 삶의 진실이 무엇인가를 오랫동안 생각했다. 그녀를 사랑하는 것만큼 그녀의 앞날에 알찬 결실이 맺어질 수 있도록 내가 도와줘야지 하고 나는 다짐했다.

그로부터 3일간 우리 둘은 사랑한다는 말을 수백 번도 더 했음직하게 사랑을 불태웠다.

그녀는 떠났다.

먼 미국으로 떠났다.

6년 후에 다시 만날 것을 약속하면서 그녀는 훌훌 떠나고 말았다.

그날이 그녀와의 마지막일 거라는 생각은 이미 마음을 비운 나에겐 그다지 서럽기만 한 것도 아니었다. 어쩜 더 홀가분해진 것인지도 모른다. 어차피 맺어질 수 없는 첫사랑이라면 그녀에게 무한한 영광이 열릴 수 있도록 한그루 나무가 되어주는 것도 나쁘지는 않을 것이라는 생각을 했다. 그러나 그날을 기약한 희망마저도 버릴 수 없었던 것이 그때의 내 솔직한 심정이었다.

희망과 인내는 만병을 다스리는 두 가지 치료약이라고 했다. 역경에 처하여 의지할 수 있는 가장 믿음직한 자리며 가장 부드러운 방식이라고 했다.

사람에게 희망이 없을 수 없는 것이지만, 희망은 언제나 실망과 맞붙어있는 것이어서 실망하게 되면 풀이 죽고 마는 것이다. 그래서 희망을 키워 나아가야 하고, 잃지 않게 하는 것은 오직 굳센 힘이라고 했다. 다부진의지력뿐이라고 했다.

그날 미국으로 떠난 그녀는 오늘날까지 한국으로 돌아오지 않고 있다.그 이후로 완전히 미국에 정착했고 나와 맺어졌던 인연과 사랑도 영원한미궁 속으로 잠겨갔다.

그녀는 미국에서 계속 공부를 하여 학위를 받았고 지금은 하버드 대학에서 교수로 재직하고 있다고 한다. 지금까지 싱글이며, 독신으로 평생을 살기로 작정했다는 소식에 가슴이 시리고 아파왔다.

모든 것에 용기가 우선이라고 했다. 우리의 자유와 안전과 생명과 가정과 부모와 조국과 자식들을 보호해 주는 것이 사랑이며, 용기는 사랑을 포함한다고 했다. 용기를 가진 사람은 모든 축복을 갖는다고 했다. 그래서 용기는 인간에게 가장 좋은 희망이 된다.

한동안 나는 그녀 생각에 실의에 빠져 지냈었다. 김포공항으로 달려가 이륙하는 비행기를 한참이나 바라보기도 했다. 소망을 담아 먼 하늘 가장자리까지 들릴 수 있었으면 하는 마음으로 그녀의 이름을 불러보기도 했다.

허탈해진 가슴은 매일매일 아리고 쓰렸다. 아픔과 쓰림에 오래 시달릴 수 없는 처지였다. 건강하고 더 힘차게 살아야만 그녀와의 아름다운 사랑을 오래도록 가슴에 새길 것이라는 다짐을 하지 않으면 안 되었다.

차츰 내 본래의 모습으로 환원되어 갔다. 나는 어릴 적부터 끝은 끝이 아닌 새로운 시작이라는 생각을 수없이 해왔다. 그러기에 언젠가 인연이 다시 피어 오르면 또 못 만날 리가 없을 거라고 자위하기도 했다.

지금도 가끔 젊은 시절을 되돌아볼 때면 으레 그녀를 떠올리게 된다. 나는 지금 나를 기억하는 사람들을 잊고 사는 것은 아닐까 한탄해 보기도 한다. 그녀는 나를 잊지 않고 독신을 선언했다지 않는가? 평생을 학문에만 전념하고 다시는 후회하지 않는 인생을 살겠다고 친구들에게 선언했다는 말을 전해 들은 나는 그녀의 한 부분도 따라갈 수 없었구나 하는 생각이 들었다.

그녀를 못 잊어 내 인생을 끝맺을까 하는 생각도 수없이 했다.

그 기억이 지금도 아련하다. 그럴 때마다 나를 깨우치는 것은 용기였다. 그녀를 다시 만나든 그렇지 않든 내가 떳떳이 살아있어야만 그런 아름다움을 기억할 수 있으리라는 생각이었다. 모든 것은 운명에 맡기기로 한 것이다.

1965년 초여름.

나는 새로운 길을 찾아 나서게 되었다. 신일기업사의 직원이었던 예쁜 아가씨를 소개받아 열애에 빠지면서 두 번째의 사랑을 꽃피우게 된 것이다.

내 인생은 내가 가꿔야 했다. 내 길은 내가 가야하는 것이다. 그리고 내가 뿌린 씨앗은 내가 거둬들여야 하는 것이다.

두 번째 사랑의 결실로 6남매를 둔 가장家長이 되었다. 1남 5녀, 그러니까 맏이인 아들 연태를 비롯하여 유진, 유선, 혜정, 수연, 현정 등 아름다운 다섯 송이의 꽃봉우리들을 가꾸고 키웠다. 이제 그 꽃들은 하나같이 아름답게 활짝 피어났다.

황홀하리만큼 짙은 향기를 내뿜는 흑장미, 고고한 달빛에 바랜 듯 청순한 백합, 진흙 속에서도 강한 의지를 내보이며 찬연하게 피어오른 수련, 강렬한 정열로 활활 타오르는 태양을 향해 고개를 내민 빨간 튤립, 한아름 그윽히 안겨오는 풍요로움이 가득한 히아신스, 나는 이 다섯 송이의 꽃들에 파묻힐 때면 어느 새 지나온 시름을 잊고 평온함에 잠겨 든다.

성공과 좌절의 파노라마

　불길이 무섭게 타올라도 끄는 방법이 있고, 먹구름이 하늘을 뒤덮는다 해도 막는 방법이 있게 마련이다. 화는 위험할 때 있는 것이 아니고 오히려 편안할 때 있으며, 복도 경사가 있을 때 있는 것이 아니라 근심할 때 있다고 했다.

　용기勇氣는 악운惡運을 깨뜨리는 유일한 무기다. 그래서 용기가 있는 곳에는 언제나 희망이란 아름다움이 있는 것이다.

　나는 내 인생의 새로운 출발로 구두 통을 다시 둘러맸다. 구두닦이를 하고 신문팔이를 해야만 했다.

　하루에 수십만 원을 매만지던 손이 하루 수십 원, 몇 백원을 버는 조막손으로 변했다. 3개월 정도 구두를 닦고 신문 파는 생활을 하다가 귀인의 도움으로 다시 식품가게를 열었다. 처절했던 과거는 잊은 지 오래였고, 주어진 일에 최선을 다한 보람으로 제법 안정을 되찾게 되었다. 나는 사랑하는 아내와 몇 년간 식품업을 하다가가게에 납품하는 주병덕朱柄

^德씨와 수산물 도매업을 동업하게 된다.

나에게 새로운 도약의 계기를 만들 수 있는 큰 힘이 되었다.

인생은 성공에서보다는 실패에서 더 많은 지혜를 터득하게 되는 것이다.

누구에게나 기회는 주어지지만 그것을 얼마나 빨리, 그리고 정확하게 포착하는가가 중요하다. 기회를 어리석게 놓쳐 버리면 다시 그 기회를 잡을 수 없는 것이다.

'달아나는 자는 다시 싸울 수 있지만 죽은 자는 다시 싸울 수 없다'고 했다. 싸울 수 있는 힘을 축적한 사람이라야 어려움을 헤쳐 나갈 수 있는 것이다.

빨래는 쨍쨍한 햇볕에 말려야 제격이다. 칼을 잡으면 반드시 베어야 한다. 칼을 잡고도 베지 않으면 이로운 시기를 잃고 만다. 도끼를 잡고도 쪼개지 않으면 도리어 내가 잡히고 마는 원리를 잊어서는 안 되는 것이다.

그때 춘식^{春植}을 재원^{在原}으로 바꾼 것은 이름의 수리에 맞지 않기 때문이었다. 지금은 작고하셨지만 그 당시 종로구 필운동에 칠성작명소라는 곳에서 1967년 4월 6일, 큰아이 연태의 이름을 지으려고 찾아갔더니 대뜸하는 말이, 춘식^{春植}이라는 이름자^子는 음양원칙에 맞지 않아 부모 형제 의덕이 있을 수 없다고 하여 개명을 한 것이다. 그분께서 20만 원을 들여서 직접 법적 수속을 밟아 모든 처리를 해줬다.

이름을 바꾸고 난 후부터는 무언가 잘 풀리는 것 같은 기분이었다.

생각 자체가 새로웠을 뿐만 아니라 일이 잘 풀려 성장 속도에 가속이 붙었다.

내 이름은 풀어보면 파란이 중첩되고 불행이 꼬리에 꼬리를 물고 다니는 수이며, 더욱이 하니 식하고 배가 불러 배에 총을 맞아 죽는 수^數라고 하는 데야 어찌 바꾸지 않고 견딜 수 있었겠는가?

1968년 3월 초.

수산물 도매업의 동업 형태를 청산했다. 동업이란 것이 사람의 마음을 갈등하게 만들기도 했지만 발전 속도가 늦었다. 무無에서 유有를 창조하려는 가상한 신통력이 항상 내재되어 있었기 때문에 주저하지 않았다.

1968년 3월 11일.

직원 3명과 '동양물산東洋物産이라는 간판을 내걸었다. 지금은 노량진과 가락동으로 나눠져 있지만 그때는 서울역 뒤편, 그러니까 지금의 서소문 공원 자리에 수산물시장이 크게 형성되어 있었다. 그 시장의 사장은 노용환盧龍煥 씨였다.

노사상의 후광으로 동양물산이라는 간판을 달게 되었고, 그의 도움으로 어렵지 않게 성장 일로를 걷게 되었다.

노용환 사장은 재일거류민단 단장 출신으로 지금은 작고하셨지만 그 당시 그의 세력과 후광은 하늘을 찌를 듯이 높고 컸다. 박정희 대통령과는 직통 전화를 가설해 놓을 정도로 친분 관계를 유지하고 있었다.

당시 서울시장이었던 윤치영 씨도 노사장에게 도움을 청할 정도로 위세가 당당했다.

그러니 국무총리가 어떤 지시를 해도 국정관계가 아닌 그 시장市場과 수산물이 관련된 일이라면 들은 척도 하지 않았을 정도였다.

서울에 입하되는 모든 수산물은 그의 말 한마디로 좌지우지되었다. 톨게이트에 직원을 배치, 서울로 들어오는 물건은 모조리 그곳 수산시장으로 끌고 들어왔다. 강매를 하다시피 매매가 이뤄졌고, 값도 그가 정하는 것이 불문율로 되어 있었다. 당시 박대통령의 분신처럼 기고만장하던 이학수李爵洙(고려원양 사장) 씨도 노사장에게는 꼼짝하지 못했다.

내가 그곳에서 새로운 간판을 내걸고, 그 어려운 수산물유통업을 활발하게 할 수 있었던 것도 이모부님 덕택이었다. 그런 후원이 없었으면 아무런 노하우도 없는 젊은 사람이 어찌 그런 큰일에 관여할 수가 있었겠는가? 노사장은 법인 시절에 친조카나 다름없으니 사업에 지장이 없도록 잘 돌봐 주라는 지시를 내렸다.

지방에서 올라오는 물건을 톨게이트에서 검증했다. 탁송지와 탁송인을 확인하고 통과시켰다. 탁송 송장이 내 앞으로 오는 것이라면 무조건 통과시켰다. 화물주든, 수송기사든 그 누구든 아무런 제재를 받지 않았다. 소문들이 전국으로 퍼져 정재원이 앞으로 송장을 끊으면 무조건 통과가 되는 것으로 인식한 것이다. 그러다 보니 지방과 서울의 장사꾼들이 서로 짜고는 송장을 허위기재하여 톨게이트를 통과한 후에는 엉뚱한 곳으로 운반하기도 했다.

어느 날 톨게이트에 나가 있던 책임자가 전화를 걸어왔다. 새벽 1시 10분이었다

"정재원 사장님 좀 바꿔 주십시오."

"내가 정사장인데 누구신지요?"

"저는 영등포 비포장도로 입구에 나와 있는 정용팔이라고 합니다."

"그런데요?"

"정사장님은 냉동수산물을 취급하시는 줄로 알고 있는데, 오늘은 선어鮮魚가 자그마치 다섯 트럭이나 영등포로 왔습니다. 송장이 정재원 사장님 앞으로 되어 있어서 다섯 트럭 중 세 트럭은 통과를 시켰습니다. 두 대는 통과시키지 않고 정사장님께 확인을 한 후에 통과시키려고 합니다. 주무시는데 죄송합니다. 의심스러운 점이 있어서 그러니 양해하십시오."

"뭐라고요? 그게 정말입니까? 선어 차라고요? 통과시키지 마시오! 내 곧 그리로 나갈 테니까!"

가짜 탁송장이었다. 탁송장이 허위로 기재된 것이었다.

그 후부터는 나에게 오는 물건은 특별한 암호를 사용하도록 했다. 철저한 암호를 사용하도록 전국화물주들에게 지시했다. 톨게이트 감독과 나는 수시로 전화연락을 했고, 엉터리 송장이 발견되면 무조건 통과시키지 않았다. 그러는 동안 발생한 엉터리 송장이 무려 30여 건이나 되었다.

이때는 수산시장의 직원들이 모두 나를 자기네 사장 이상으로 생각했다.

시장의 직원들도 나를 보면 90도로 인사는 물론 승진관계나 자리관계로 청탁해 오는 간부가 한둘이 아니었다.

나의 사업은 승승장구했다. 그러면서도 항상 대인*^의 후광이 큰 힘이 되는 것을 깨달았다. 큰 나무 아래에서 작은 나무가 자랄 수는 없지만 큰 사람 그늘에서 작은 사람은 빨리 자란다고 하지 않았던가.

나는 전국을 무대로 사업을 넓혀 갔다. 전국 각처를 다니면서 수출 상품을 구매하였고, 또한 판매도 독점하다시피 했다. 냉동창고라든가 냉동차량 등 구비조건이 까다로웠다. 소자본으로 얼른 시작할 수도 없었을 뿐 아니라 단단한 기반, 즉 힘 있는 사람의 후광이 절대 필요했기 때문이다.

당시의 냉동수산물 사업은 마진율이 대단히 높았다. 500% 장사는 보통이었다. 신바람으로 매일매일 즐거운 비명 속에서 일했다. 그리고는 일찍 시장에 나가 소매상인들을 맞으면서 그들과의 우의도 돈독하게 만드는 것도 게을리하지 않았다.

냉동차량이 도착할 무렵이면 상인들이 길게 늘어 서서 기다렸다. 그것도 한 사람에게 많이 주는 법이 없었다. 그러니 자연 장사꾼들의 불만이 쏟아질 수밖에 없었다.

"요걸 갖고 뭔 장사를 하라카노?"

"요게 뭐당가! 아침 반찬꺼리도 안 되지라!"

"한 대, 두 대씩 하지 말고 좀 많이 갖고 오면 안 되오?"

"미안합니다. 내일은 더 많이 올리라고 연락하겠습니다. 아무리 많이 올리라고 해도 물건이 없는 걸 어떡합니까. 곧 여러분들이 원하는 양껏 갖다 드리도록 할께요."

웃으면서 그들과 하루를 시작하고 즐겁게 하루를 끝내는 나에게 소매 장사꾼들은 적잖은 부러움을 보내기도 했다.

1968년 늦가을이었다. 그 해 10월 11일인가 보다.

그때 전라남도 여수에는 냉동수산물가공업체 8개가 있었다. 그 수출 가공업체는 대부분 일본으로 수출했다. 물량의 90%는 일본으로, 나머지 10% 정도는 미주지역으로 수출했다. 그러니 국내 내수는 단 1%도 없었다. 당시로는 내수보다 수출이 훨씬 좋은 여건이 주어졌다. 수출 제일주의로 국가경영이 이루어지고 있을 때였기 때문에 다소 마진율이 적더라도 국가에서 권장하는 수출을 해야 했다.

그때 여수의 수출가공업체에서 가공을 하고 남은 것을 처분하는 것이 골칫거리였다. 그래서 일부는 사료공장으로 보내고 나머지는 폐기 처분해야 했다. 가공의 완제품으로는 약간 미달이지만 충분히 상품으로 팔수 있는 것도 많았다.

나는 여러 가지 궁리를 하다가 그것을 이용할 수 있는 방법을 찾아냈다. 그것은 등외품으로 밀려난 것이라지만 완제품과의 차이가 별로 없는 상품이었다. 여수의 냉동창고에 쌓여 있는 전부를 서울로 올려 시장에내

놓을 생각으로 20kg들이 3천 상자를 몽땅 헐값으로 사들였다. 당시 서울에는 물건이 거의 바닥난 상태였기 때문에 충분히 판매가 가능하리라고 믿었다. 물건 자체도 까다로운 수출품 검증에 조금의 하자가 있는 것뿐이지 다른 문제가 없었기 때문에 내수시장 상품으로는 그런 대로 평점을 받을 것으로 여겼다.

그 3천 상자를 창고에 쌓아 두고는 3백 상자뿐이라고 소문을 냈고, 장사꾼들에게도 나와 친분이 가까운 사람들에게만 우선 시험 삼아 팔아보도록 권했다. 장사꾼들은 하나 둘, 그 소문을 듣고 몰려 들었고, 창고에 보관된 것 전부를 사겠다고 덤비는 사람도 있었다.

3백 상자만 가져왔다고 했으니 나머지 2백여 상자를 독점하겠다는 식으로 덤비는 것이었다. 그럭저럭 3백 상자를 다 팔고는 2,700상자를 창고속에 보관하고 있었다.

12월이 되었고, 눈이 많이 내려 교통이 군데군데 두절되어 지방에서의 물건 수송이 어려워지는 기회를 잡아서 나머지 물건을 출하시킬 계획이었다. 그 해 겨울은 유난히 추웠고, 눈도 많이 내렸다. 교통이 원활하지 않아 물건이 딸리는 틈을 이용, 창고의 2,700 상자의 물건을 내놓기 위해 상인들에게 소문을 퍼트렸다. 당시 남대문시장의 어느 상인은 2,700 상자를 전부 사겠다고 달려들었다. 20kg짜리 한 상자에 만 원을 달라고 했더니 서로 사겠다고 야단이었다. 3천 상자에 1만원씩이면 3천만 원인 셈이다.

그때 서소문공원 건너편인 순화동에 살았다. 단 한 번의 장사로 3천만원을 벌었으니 돈방석에 앉은 거나 다름없었다. 대지가 100평, 건평이 70평이었다. 그 집을 2,150만 원에 샀다. 지금의 시가로 30억 원 정도일 것이다.

이듬해엔 지난해의 경험을 토대로 더 많은 물건을 사들였다. 여수뿐만 아니라 전국의 냉동창고를 다 뒤지다시피 하여 물건을 사 올려 3년 동안 수십 억 원을 벌었다.

1972년 5월, 주문진의 윤 씨라는 사람에게 전화를 걸어 오징어 발을 구입하겠다고 했다. 누군가의 소개로 이름만 알 뿐이었다. 서로 얼굴은 모르지만 내가 정재원이라고 했더니 얼마든지 구해 주겠다고 했다. 주문진까지 오지 않아도 자기가 알아서 싣고 오겠다는 것이다.

동해수출가공공장에서 나오는 오징어 발을 헐값에 사들였다. 오징어의 몸통은 가공하여 수출하고, 떨어져 나오는 발을 구입한 것이다. 당시 거기에 재고로 남겨진 것이 300톤이었다. 그것을 전부 사들인 것이다.

그 해 겨울에 하루 매출액이 천만 원을 넘을 때도 있었다. 신흥재벌이 되는 것은 시간문제였다. 당시 천만 원이면 대단히 큰 금액이었다. 운이 따랐던지 다른 사람들이 엄두를 내지 못하는 것을 내가 손만 대면 그것이 큰돈으로 바뀌는 것이었다.

회사를 재정비할 필요가 있다는 생각으로 법인회사를 설립했다. 주식회사를 설립, 대표이사에 취임하고 직원도 50여 명으로 늘려 본격적인 재벌이 되기 위한 준비를 서둘렀다.

시청 앞 백남빌딩에 큰 사무실을 마련해 놓고 군납을 할 생각으로 군장성 및 관계된 인사들을 만났다.

나는 꿈에 부풀어 당장군납이 이뤄지는 것으로 착각하고 있었다. 전모 씨는 강전무, 김이사 등 노련한 로비스트들을 소개해 주었고, 그들은 어리석은 나를 마음대로 요리했다.

나는 강 전무와 김 이사가 요구만 하면 엄청난 돈을 선뜻 내놓았다. 최고위층에 로비를 한다는 명목이었다. 군납만 성사된다면 그 정도의 돈을 버는 것은 시간문제일 것이라고 생각했다. 하루 이틀, 한 달 두 달, 그들이 장담했던 군납문제는 자꾸만 지연되었다.

사무실 운영비와 막대한 로비자금으로 그동안 벌어놓은 많은 돈이 거의 바닥이 났다. 상권이 좋았던 수산물에 대한 영업은 거의 손을 떼다시피 하고는 일류호텔로, 최고급 음식점으로, 최고급 접객업소 등을 드나들며 로비스트들과 어울렸다.

어느 날 최고 책임자를 만나게 한다는 전갈이 왔다.

그날 저녁 7시가 약속시간으로 정해졌다.

장소는 호화스런 최고급 비밀요정으로, 나는 흥분된 가슴을 진정시키며 최고의 진수성찬과 미모의 아가씨들을 대기시켜 놓고 기다렸다. 7시에 약속한 사람들은 8, 9시가 넘어도 코빼기도 보이질 않았다.

나는 불안하고 초조해서 좌불안석이었다.

"큰 일을 할 사람이 어찌 그리 경망스럽소! 그래가지고 어떻게 그런 큰것을 얻겠다는 거요! 좀 침착하게 기다릴 줄도 알아야지."

"제 마음이 어찌 편하겠습니까? 7시에 약속을 하지 않았습니까? 10시가 다 되었는데 무언가 잘못되고 있는 거 아닙니까?"

"조금만 더 기다려 보자니까요. 진정하시고 높으신 분이 어찌 우리 정 사장에게 거짓말을 하겠소. 10시까지만 기다려 봅시다. 이리 앉으시오!"

밤 10시 정각에 손님이 왔다는 전갈이 왔다. 두근거리는 가슴을 다소 진정시켰을 때 두 중년의 사내가 나타났다. 중절모를 쓴 모습은 꼭 건달과 같아 가슴이 철렁했다.

"잠시 실례하겠습니다. 각하께서 갑자기 급한 일이 생기셔서 이 자리에 참석을 할 수 없기에 저희가 대신 찾아 뵙고 양해의 말씀을 드리고자 합니다. 대단히 미안하다는 말씀과 함께 다음 기회로 미루라는 지시를 전해 드립니다……."

그들은 모자를 벗을 듯 오른손이 머리 쪽으로 올라가며 허리를 약간 굽혀 인사를 하고는 그대로 나가 버렸다. 큰 사기에 휘말리고 있다는 생각이 머리를 스치고 지나갔다.

"도대체가 어떻게 된 일이오! 기탄없이 얘기해 보시오! 무슨 흑막이 있는 건 아닙니까?"

"오늘 갑자기 피치 못할 국사國事가 생긴 모양이요. 아무 연락이 없는 것보다 다른 기회를 봐서 만나주시겠다니 일이 성사되는 건 분명한 모양입니다. 정사장님? 우리끼리라도 술이나 한잔하시지요. 안심해도 될 것 같습니다."

두 사람에게 사기를 당하고 있다는 확신에 온몸이 부들부들 떨리고, 배신감에 전신을 부르르 떨었다.

나의 몸과 마음도 지칠 대로 지쳐 버렸다.

강 전무와 김 이사에게 결별을 선언하고 더 이상 협잡하여 누구에게도 이런 사기극을 연출하지 말라고 했다.

일 년 동안 쓴 돈이 무려 15억 원이었다. 1972년 당시 명동의 금싸라기땅값이 한 평에 500만 원일 때의 일이다.

그 많은 재산을 사기극에 휘말려 탕진하고 부도 위기에 몰렸다. 많은 직원들을 정리하고 회사를 재정비하지 않을 수 없었다.

송충이는 솔잎을 먹어야 하는 것이다. 송충이가 떡갈나무 잎을 먹겠다고 날뛰어 봐야 살 수 없는 것이다. 서해 망둥이가 뛰니까 집안의 빗자루도 덩달아 뛰려고 한 꼴이었다.

나는 이렇게 망가진 채로 5년을 허송세월로 살았다.

새로운 도약을 하지 않으면 안 된다는 강한 채찍이 가해졌다. 원래 한

푼 없는 빈털터리로 시작한 내 인생이다. 나에게 남아 있는 유일한 재산은 용기였고, 희망을 가지는 것이었다.

희망과 인내는 만병萬病을 다스리는 두가지 치료약이라고 했다.

눈먼 돈은 다른 주인을 찾아 떠나 버렸지만 나에게는 인간관계라는 크나큰 재산이 남아 있었다. 보증수표라고 불렸던 신용도도 살아 있어서 대기업의 중역들을 만났을 때 신용을 담보로 외상매출을 쉽게 끊어주었다.

을지로6가에 태안물산주식회사泰安物産株式會社를 설립하고 본격적인 사업가로서 재도약의 의지를 불태웠다. 거듭나기 위해 밤낮을 가리지 않고 열심히 일했고, 돈을 벌 수 있는 물건이 나타났다는 기미만 보여도 지방의 어디든 달려갔다.

회사의 급성장과 함께 회사 설립 1년 만에 당시 을지세무서에서 총매출 랭킹 2위의 실적을 자랑하는 기업으로 성장시킨 것이다.

당시 중부시장의 수산물은 50% 이상이 내 손을 거쳐 넘겨졌다. 나의 한달 매출실적이 웬만한 회사의 1년 매출을 상회했었다.

충남 부여의 노른자위 땅 3만 3천 평은 시가 10억 원대였고, 연희동의 주택은 5억 원대, 약수동의 6층짜리 건물이 10억 원대, 또 약수동에 10억원대의 건물을 소유하게 되었다.

강원냉장주식회사의 한방걸 씨에게 담보를 제공하고 냉동수산물을 대량으로 공급받기로 계약을 체결했다. 강원냉장은 동해안 북부지역의 대부분의 수산물을 독점하다시피 할 정도로 대단한 장악력을 갖고 있었다. 그래서 강원냉장에 들어오는 상품은 전부 태안물산으로 넘겨지도록 계약을 맺은 것이다. 그런데 강원냉장이 너무 크게 확장을 하다가 부도를 내게 되면서 아예 강원냉장에 있는 수산물을 몽땅 인수해 버렸다.

1981년 신유년辛酉年은 수산업자 정재원에게 날개를 두 겹, 세 겹 달아

준 해였다. 뛰어다니는 것이 아니라 날아다녔다. 동에 번쩍 서에 번쩍해서 도깨비라는 별명도 얻었다. 냉동수산물뿐 아니라 참치, 선어 및 특수 수산물도 취급했다. 국내 굴지의 참치회사와 계약을 맺고 납품하여 떼돈을 벌었다(당시 해태 참치 통조림 원료공급을 하였다).

부산공동어시장의 특수 생선(고급생선)을 전매해 버릴 때도 있었고, 원양어선의 물량을 하역도 하지 않은 채 배에서 전매하기도 했다.

사기꾼에게 휘말려 15억 원을 날린 돈에 대해서는 완전히 잊었다.

나는 수산물에 대한 지식을 많이 습득했다. 조금이라도 궁금하면 바로 관련 서적들을 구입하여 훑어보기도 했다. 각 어종들의 생태, 성질, 육질 등에 대해서도 연구해서 거의 박사 수준이 되었다. 특수어종에 관한 부분은 국내 제 1인자가 될 정도였다. 어종의 생태 및 취급 연구한 것이 아니라 어느 바다에서 어떻게 살며, 어느 바다에서 많이 서식하고, 어떤 곳에서 많이 잡히는 것까지도 분석하여 하나하나 정확하게 기술해 놓기도 했다. 그래서 컴퓨터보다 더 정확한 데이터를 갖고 있는 사람은 국내에서 정재원 뿐이라고 할 정도였다.

수산대학을 졸업하고 관련 회사에 취직을 하면 그 회사의 간부들이 맨 처음 신입사원에게 내놓은 과제가 태안물산에 가서 수산물에 대한 리포트를 작성해 오라고 할 정도였다.

그 무렵 나는 D그룹에 납품할 기회가 주어졌다. D그룹은 당시에도 대단한 재벌이었다. 어떤 특혜도 없이 정상적으로 이뤄졌으나 이미 납품을 하고 있던 기존 업체들로부터의 시기와 경계가 심각할 정도였다. 협박성 전화가 무수히 걸려왔고, 직접 대면한 자리에서도 노골적인 협박을 가해 왔다. 거기에서도 많은 돈을 벌었으나 영세 납품자들의 생존권을 빼앗는 것 같아 계약기간이 만료됨과 함께 스스로 납품권을 포기하고 글로벌 시장으로 눈을 돌렸다.

특히 중국을 무대로 하는 국제무역에 눈을 돌린 것이다.

홍콩을 경유, 중국의 수산물을 대량으로 수입하여 내수시장에 공급하기도 했으며, 또 수입물을 가공하여 다시 국제시장으로 수출까지 했다. 50배 이상의 부가가치를 얻을 수 있었다. 홍콩·중국·대만 등지에서 수입하여 일본으로 수출하기도 했으며 범위를 더 넓혀 동남아까지 팔을 뻗쳤다. 그리고는 미주지역으로도 수출의 길을 모색했다.

그 무렵 태안물산 직원은 450~500명이었다.

부동산이 제법 많았기 때문에 대기업에서 필요한 자금을 얼마든지 쓰라고 했다. 하자담보를 10%만 제공하면 필요한 자금을 마음대로 쓸 수 있도록 했던 것이다. 삼성三星, 두산斗山 등 다섯 군데 국내 굴지의 기업에서 수십억 원을 대여받아 냉동수산물을 산더미같이 사들였다. 그리고는 무한정으로 들여놨던 냉동수산물을 값이 오르면 그대로 내보내곤 하여 많은 폭리를 취하기도 했다. 돈을 벌기 위해서는 자금이 넉넉해야 한다는것은 삼척동자도 아는 사실이다.

나는 그때 과거의 어려웠던 시절을 잠시 잊어버리고 회사의 내부에 대한 감독이 소홀했다. 외부로부터 자금을 끌어들이는 일, 그리고 많은 물량을 확보하고는 좋은 마진을 남기고 파는 데만 정신을 쏟고 있었다.

그 무렵 경리과장을 외부에서 특채로 영입했던 것이 화근이 되었다. 당시 경리 여직원은 스물여섯 살인 김영희(가명)였고, 경리과장으로 영입한 진영진(가명)은 특채로 영입할 때 기대했던 것과는 완전히 딴판이었다. 관리소홀로 자금 운영에 구멍이 뚫리고 말았다. 후에 밝혀진 일이지만 경리과장은 많은 돈을 빼내 돈놀이와 낭비를 일삼았다. 이제는 세월이 흘러 용서로 마무리했다.

그러한 것을 오히려 이사理事로까지 승진시키고, 열심히 하라며 특별 보너스까지 듬뿍 쥐어 주기도 했었다. 그의 무능을 짐작하게 된 것은 해외 각 지사에 대한 보고가 경리 여직원의 필체로 올라오는 것을 본 후였다.

나는 해외 출장이 많았다.

대만과 홍콩을 오가며 20여 일 만에 중국산 수산물 수입이 가능하게 되었다. 20여 일 동안 홍콩과 대만에 머물면서 수입한 것은 연어 100톤과 해파리 100톤이었다. 그 무렵 우리 근해에서는 연어와 해파리가 조업이 힘들었기 때문에 상당한 이득이 있을 거라는 생각이었다. 계획대로 이루어지면 200%의 이익이 있을 거라는 계산이었다. 그러나 국내에 들여와 보니 양量도 엄청나게 적었을 뿐 아니라 색깔이나 신선도도 형편없었다. 결국 막대한 손해를 보게 되었고, 잘 팔리지 않으니까 냉동창고에 쌓아둘 수밖에 없었다. 창고에 물건이 산더미같이 쌓였고, 보관비가 한 달에 3천만 원, 관리비가 1억 원이었다. 15억 원의 자금이 창고에 묶여 순환을 못 시킬 뿐 아니라 한 달에 1억 3천만 원이라는 막대한 돈이 낭비기 시작했다.

소문은 꼬리를 물고 순식간에 퍼지기 시작했다. 그러니 대기업에서는 차용했던 돈을 갚으라고 아우성이었다. 돈은 창고에 물건으로 잠겨 있고, 관리비, 보관비에 엄청난 이자까지 감당하기란 너무나 힘겨웠다.

그 무렵 나는 대만과 홍콩을 드나들면서 알게 된 재미교포 김수원 교수님과 아주 친하게 지냈다. 그는 재미학자이며 경제학 박사로 미국주립대학 교수로 재직하시던 분이었다. 그분이 나의 어려운 처지를 알고는 15억원을 선뜻 차용해 주셨다.

김수원 교수님께는 지금도 고마운 마음을 간직하고 있다. 그동안 본의 아니게 연락이 끊겼지만 꼭 다시 한번 뵙고 나의 지난 허물에 대해 용서를 구하고 싶다.

국내의 몇몇 사람들에게도 몇억 원을 차용해 썼다. 한 달에 3, 4억 원의 결손이 나자 금방 빚더미에 올라앉은 꼴이 되었다. 그러나 회사는 지탱해야 하고 직원들의 사기도 돋우어야 했으며, 또한 대외적인 신용도도더 추락시켜서는 안 되기 때문에 빚을 내어 이자를 갚고 또 빚을 내어 빚을 갚는 악순환이 계속되었다.

중구 순화동 저택, 연희동의 집 등 다섯 군데에 있었던 부동산을 전부 근저당한 것이 몽땅 공중분해 될 상태에까지 놓이게 되었다. 끊어놓은 수표와 어음 결제일이 돌아오면 오금이 저려 몇십 년 수명이 단축될 것 같은 고통의 시간이었다.

이미 그때의 상황은 외상매출된 금액이 70억 원 이상되었고, 창고에 보관되어 있는 물량도 상당했기 때문에 그것을 처분하면 그런대로 희생되리라고 믿었다. 그러나 외상매출 대금은 들어오질 않고 창고에 쌓여 있던 물건도 금방 팔려나가지 않았다.

자신이 어려워도 상대를 위해 최선을 다해 주는사람이 있는가 하면, 자신의 능력이 가능한데도 상대편이 어려워지면 오히려 그것을 역이용하려는 사람도 있게 마련이다. 그런 몇몇의 사람을 꼽아보면 정덕윤, 조동래, 이하연 등이다. 정덕윤이란 자는 지역에서 뿐만 아니라 사방팔방을 돌아다니면서 온갖 나쁜짓을 다하는사람이었다. 특히 정덕윤은 더 못된 짓을 많이 한사람으로 나의 회사가 승승장구할 때는 간쓸개 다 빼줄 것처럼 날뛰다가 조금 상태가 나빠지니 180도로 돌변하여 과거의 친분관계나 좋은 거래관계 따위는 안중에도 없는, 비열하기 그지없는 사람이었다.

당시 그는 나에게 1억 5천 만 원의 외상매출금이 있었다.

자기네 친척이 청와대의 아무개인데, 자기가 한마디만 하면 누구든지 개 작살이 난다는 등 인간 이하의 말들로 공갈협박을 하면서 외상매출금을 못 주겠다고 서슴없이 말했다.

나는 참다못해 그들을 경찰당국에 고발하여 구속시켜 버렸다. 사업이 잘되고 돈을 많이 번다는 소문이 나게 되면 생면부지의 사람들도 찾아와 시기와 질투를 일삼는 무리들이 많은 것으로 안다.

사촌이 땅을 사면 배가아프다는 꼴이었다. 관련 행정부 쪽에서의 눈총도 엿보였고, 눈에 보이지 않는 압력이 들어오고 심지어는 금융기관에서도 예전과 달랐다. 임술^{壬戌} 계해^{癸亥}년까지 힘 있는 곳에서의 압력은 견딜 수 없었다. 태안물산을 탐내는 대기업들도 있었고, 심지어는 태안을 와해시켜야 한다는 루머가 떠돌기도 했다.

압박을 이겨낼 힘이 모자랐던 나는 국내 굴지 종합상사의 회유와 유도에 휘말려 차츰 내리막길로 접어들기 시작했다.

갑자^{甲子} · 을축^{乙丑}년이었다.

더 비상하기 위해 직원을 모집, 사업 확장을 계획했던 것이 오히려 감원을 해야 하는 운명으로 곤두박질쳤다.

천자^{天子}는 나를 가만 두지 않았다. 꿈만 꾸면 네가 할 일은 따로 있는 것이라고 호통을 쳤다.

"도대체 제가 해야 할 일이 무엇입니까? 가르쳐 주셔야 제가 실천할 것 아닙니까?"

내 스스로가 해답을 찾으라는 크나큰 명제인지도 모를 일이었다.

경리담당 이사 진영진(甲子年에 과장에서 부장, 이사로 고속 승진시켰다)은 무능하기 그지없었다. 회사 자금이 동이 날 지경에 이르리 사채업자, 금융기관 등에서의 자금 압박이 빗발치는데도 수습할 생각은커녕 오히려 회사 공금을 어떻게 하면 조금이라도 빼낼 수 있을까를 궁리하고 있었다는 후문이었다.

1985년 을축년 1월, 나는 진이사에게 자금융통을 물색해 보라고 지시했다. 그런데 뜻밖에도 그는 너무 쉽게, 책임지고 내일까지 2억 원을 회사에 입금시키겠으니 당좌수표를 끊어달라고 하였다. 그 다음날은 어느 곳에서도 2억 원이라는 돈이 입금될 수가 없었기 때문이다. 그리고 회사 잔고도 1억 원이 안 됐다.

그날 그를 불러 다시 지시했다.

"이보게 진이사! 당신 믿다가는 회사가 금방 부도가 나고 말 걸세. 내가 은행에 대출을 받을 수 있도록 손을 써 놓았으니 빨리 서류를 만들어서 제출하도록 하게. 10억 원을 대출해 주기로 되어 있으니 지체하지 말고 차질 없이 시행하도록 하게. 대만과 홍콩을 다녀와야 되니까 2, 3일 안으로 서류준비를 하여 제출하면 일주일 내에 돈 10억 원을 대출해 주기로되어 있으니 조금도 차질이 생기지 않도록 철저히 하라구!"

그에게 지시를 한 뒤 나는 다시 비행기에 올랐다. 10억 원이 풀려나오면 그런대로 몇 개월 견딜 수가 있을 것이고, 그동안 물건을 팔고 또 장사를 잘 하면 어려움을 풀어나갈 수 있을 것으로 생각되었다. 그런데 무능한 진이사는 서류를 만들지 않았다. 대만에서 은행으로 전화를 걸었더니 지점장은 되려 나에게 서류 독촉을 했다.

결국 회사의 위기를 초래하는 계기가 되고 말았다. 지점장이 나에게 해주기로 했던 대출금은 진이사의 서류미비로 다른 사람에게 넘어가고 말았다.

1986년 6월이었다.

사채업자였던 이흥종 교수도 나에게 독촉을 했다. 웬만하면 그렇지 않던 분이었는데 너무 오랫동안 이자는커녕 일부의 원금도 갚지 못하게 되니 당연한 것이다. 믿었던 은행의 대출금은 지연되고 각처에서는 빚 독촉이 심했다. 회사를 회생시키기 위해 온갖 노력을 다하고, 심지어는 친인척들의 돈도 구할 수 있는 대로 모두 동원하여 돌아오는 수표를 결제해 나갔다.

그동안 끊겨 나간 수표와 어음이 128억 원이었다. 그러나 나는 나대로의 계산법을 고안하고 있었다. 은행 돈 10억 원을 대출받아 사채 15억 원을 일부 정리하면서 일부는 기일 연장을 할 수 있으며, 그동안 돌아오는 수표나 어음의 기일도 부분적으로 연장할 수 있을 것 같았다.

9월 30일의 결제가 3억 원, 나머지는 1개월 후 2~5개월까지 모두 합쳐 128억 원이었다. 외상매출금도 늘어나 20억 원이 있었고, 창고에 보관되어 있는 물건도 70여억 원어치나 되었다. 이것을 헐값에 판다 하더라도 60여억 원은 될 것이었다. 그러면 그것이 80여억 원이 되고 결국 마이너스 금액이 48억 원이었다. 그러나 창고 보관중인 물건이 금세 팔린다는 보장도 없을 뿐만아니라 외상매출금의 수금이 예상대로 될 리도 없었다.

사람이 살다 보면 굴곡이 있기 마련이고 오르막, 내리막이 있는 것이다. 사업도 번창할 때도 있고, 어떤 작은 일로 인해 도산하는 경우도 있는 것이다. 오늘의 실패가 영원한 실패라고는 생각지 않았다.

9월 25일, 나는 여직원에게만 나의 결심을 이야기했다.

여직원에게 9월 30일, 3억 원의 결제 능력뿐 아니라 앞으로 줄줄이 돌아오는 128억 원을 결제하기는 도저히 방법이 없다는 것을 얘기했다. 여직원은 그 자리에서 펑펑 울었다. 그녀로서는 최선을 다했고, 또한 회사를 살리기 위해 무던히 애를 썼다.

그녀를 위로하고, 언젠가는 분명히 재기할 날이 있을 테니 그때 다시 만나서 지금까지 못해 준 것을 해주겠다고 약속했다. 그러나 아직까지도 소식을 듣지 못해 안타까운 심정이다. 언젠가는 꼭 만날 날을 지금도 기다리고 있다.

그날 나는 그간의 일을 정리함에 있어서 누구를 원망하거나 미워하는 마음도 버리기로 했다.

부도 후 뒤처리를 힘껏 도와주기로 한 김홍기 세무사에게 2천만 원을 건네주었다.

그런데 나의 아내에게도 남편의 법적 문제를 해결해 주겠노라고 하며 돈을 받아갔다는 것이다. 살림만 하던 여자가 남편의 잘못된 사업의 뒤처리를 해준다는 말에 물불가리지 않고 집푸라기라도 잡는 심정으로 돈을 건넸을 것이다.

그런데 결국은 하나도 된 것이 없고 집과 돈만 몽땅 날려 버렸다.

병인년丙寅年, 정유월丁酉月, 정축일丁丑日, 그러니까 1986년 9월 30일, 결국 성자盛者는 내 모든 것을 몽땅 빼앗아가고 말았다. 40여 생애를 살아오면서 온갖 고통과 고충, 번뇌와 질서를 참고 견디며 천신만고 끝에 사업을 성장시켰는데 허무하게도, 열심히 쌓아 올렸던 모든 것을 순식간에 잃고만 것이다.

도곡동에 13평 아파트 하나를 구해 조용히 심신을 달래려고 했다. 그곳에서 10일간 두문불출하며 마음을 정리했다. 차분하게, 그리고 무욕의 마음으로 돌아가기 위한 심신을 쓰다듬었다.

마음을 가다듬고 금융기관에 근무하는 사촌동생과 하나씩 하나씩 해결되지 못한 소소한 것들을 정리하기 위해 식사를 하면서 동생의 힘을 다소나마 빌리고자 상의했다.

그날 이후 도곡동 임시 거처로 돌아온 나는 미처 생각지도 못한 후유

중에 시달려야만 했다. 느닷없이 쳐들어 채권자들과 한바탕 육탄전까지 치러야 했다. 이미 해결된 것으로 생각했던 일들이 자꾸만 불거져 나왔고, 그들도 평소 거래를 할 때와는 다르게 180도로 바뀌어 있었다. 돈앞에서는 모두가 안면몰수였다.

모든 것을 업과業果 여기고 그들의 요구를 받아들여야만 했다.

그들에 의해 부산까지 끌려 다니다시피했고, 부산의 힐튼호텔에 감금을 당하게 되었다. 힐튼호텔에서 사실과 다른 많은 격론을 벌였지만 돈 뺏긴 죄인이 되어 온갖 좌욕挫辱을 당했다.

부산 미화당백화점에서 강압에 못 이겨 6억 원을 지불하고 풀려나긴 했으나 약 1억 원가량이 더 지불된 것이었다. 당시 미화당백화점 직원이었던 박광수(가명)는 나를 또 다른 사람들에게 팔아 넘기기 위해 흉계를 꾸미고 있었다. 그것을 눈치 챈 나는 아내에게 내가 풀려나게 된 것을 미리 알리고 차량을 대기하도록 했다.

마치 영화의 한 장면을 연상시키는 구출작전이었다.

1986년 10월 13일 호텔에서 뒤쪽 비상계단을 이용해 내려왔다. 그날따라 강한 비바람이 몰아쳤다. 강풍에 폭우가 겹쳐 우산을 쓰고 나오는 나를 그들은 얼른 알아보지 못했다. 그 틈을 잘 이용했던 것이다.

나는 재빠르게 몸을 휘날려 미리 대기하고 있던 승용차에 몸을 싣는데 성공하였다.

천하를 주무르고 싶었던 내가 갑작스럽게 도망을 다녀야 하고 채권자들에게 쫓겨 다니는 신세가 됐다는 그 자체가 처량하기 짝이 없었다.

재산財産은 그것을 가지고 있는 사람의 것이 아니라, 그것을 바르게 쓰는 사람의 것이라고 했다. 재산을 가지고도 그것을 옳게 쓰지 못하는 사람은 황금黃金을 나르면서도 엉겅퀴를 먹는 당나귀나 다름없는 것이다.

새로운 도약

　폭풍이 강하게 휩쓸고 지나간 거리는 온통 폐허로 변해 있었다. 내 작은 몸뚱아리가 휘몰아친 폭풍에 휩싸여 날아가지 않은 것만도 다행이었다. 가슴 깊숙이 파고드는 통증은 아물 줄을 몰랐다.

　나는 부산을 떠나기로 했다. 어딘가 멀리 떠나고 싶었다.

　나는 모든 것을 믿고 맡겼던 김홍기 씨의 조언을 받아들이기로 했다. 나의 분신이라고까지 말할 수 있었던 사람이었다.

　대지는 1만3천 여 평이나 되었다. 곧 쓰러질 것 같은 슬레이트 집이 한 채 있었다. 바람이 조금만 세게 불어도 금방 날아가버릴 것만 같은 집이었다. 귀신들이 히히거리며 튀어나올 것 같은 곳이었다. 천정에는 구멍이 뚫려 하늘이 보이기도 하고, 아마도 3, 4년은 아무도 살지 않았던 것으로 보였다.

　당장 운신할 수 없는 난 여기서 살아야 한다는 것도 운명이라고 생각했다. 미련한사람은 먼 곳에서 행복을 찾고, 현명한 사람은 바로 자기

발 밑에서 행복을 키운다고 했다.

나는 선물을 준비하여 동네 이장^{里長}을 찾아가 인사를 했다. 그 곳은 공주군 유구면 유구리 농기부락 선우영진 이장(실명)님으로 참으로 고마웠던 분으로 기억한다.

공직 생활을 하다가 파직을 당해 농사나 지으며 살려고 한다는 소개하며 이장의 도움을 바란다고 했다. 이장과 유지들에게 인사를 나눈 후에 집 수리를 시작했다. 모두가 친절하고 적극적인 도움을 주어 생각보다 빨리 집을 수리할 수 있었다.

시골 생활에 적응하여 열심히 노력할 각오로 무슨 일이 있어도 이곳에서 3~5년은 머물러야 한다는 생각이었다. 포크레인을 1대 임대하여 집 앞마당과 폐허나 마찬가지인 밭을 정리했다.

밭과 야산에는 각종 과수를 심었다. 그리고 돈사^{豚舍}를 짓고 돼지새끼 50마리를 구입하여 기르기 시작했다. 병아리도 사다 길렀고, 강아지, 오리도 키우는 동물가족들과의 생활이 시작됐다.

돼지는 전문서적도 읽고 이장의 지도를 받았다. 새끼 돼지를 가져와 기른 지 4개월쯤 지나니 90kg이 되었다. 장사꾼들이 소문을 듣고 찾아와 성돈^{成豚}이라면서 팔라고 했다. 그러나 출하해도 이익은커녕 본전도 안 됐다.

돼지 값이 그렇게 형성되어 있기 때문에 그렇단다. 양돈 중에서도 모돈^{母豚}을 구입하여 새끼를 생산하는 것이 훨씬 수입이 좋다는 것이다. 우연히 텔레비전을 보다가 모돈으로 크게 성공한 사례를 보고, 그 사람을 만나기 위해 경북 영덕으로 달려갔다.

현대식 돈사를 지어 대규모 양돈을 하고 있었다. 대부분이 기계식으로 설계되어 인력을 많이 절약할 수 있도록 설계된 전문업체였다.

거기에는 종돈種豚도 많았다. 종돈 한 마리에 700만 원짜리도 있었다. 기왕에 내친 김에 종돈 새끼 한 쌍을 150만 원에 구입해 왔다. 영덕의 돈사처럼 현대식 설비는 갖추진 못했지만 깨끗하게 관리하기 위해 종돈 우리를 새로 지었다.

새로 지은 돈사는 청결제일주의로 관리했다. 온양에서 분양되어 온 돼지는 수의사가 한 달에 한두 번씩 찾아와 검진을 해주었기 때문인지 잘 자라 주었다. 새끼가 새끼를 낳아 종돈의 숫자가 200여 마리로 불어났고, 육돈까지 합하면 400여 마리까지 불어났다. 그 후로는 연간 1천여 마리까지 불어나 제법 큰 돈사를 짓고 수의사 노릇까지 하면서 돼지에게 정성을 기울였다.

호사다마라고 했던가.

한두 마리가 병에 걸리면 곧 전염되어 애지중지하며 보살피던 새끼들이 죽어갈 때면 내 수족이 썩어 문드러지는 것처럼 아팠다.

살아 있는 놈들을 더 많은 정성과 애정으로 보살폈다. 그리고는 또 개를 사육해 보겠다는 계획으로 유구리 뒷산에 올라가 소나무를 베어 끌고 왔다. 100여 마리 이상을 키울 수 있는 큰 축사를 지을 계획이었다.

필요한 쇠파이프와 각목 등을 일부 구입하여 비닐하우스처럼 잘 꾸몄다. 그동안의 경험을 토대로 직접 설계하면서 혼자 힘으로 모든 축사를 지었다. 몇 종류의 개를 키울 요량으로 칸막이도 했다.

유구장, 온양장에서 강아지들을 사들였다. 종류를 구분하여 축사에 나눠 종견도 기르고 잘생긴 불독도 네 마리 사들였다. 10개월 정도 키운 불독은 송아지만 하게 자라 짭짤한 재미를 더해 주었다. 그 놈들로 짝짓기 한 번 시키는 데 10만 원씩을 받았다.

1988년 제24회 서울올림픽의 열기가 들끓기 시작하면서 개값이 폭락하기 시작했다. 전년도까지만해도 불독수종견 한마리에 500~600만원을 호가하던 것이 폭락할 대로 폭락하여 겨우 몇십 만 원에 거래될 정도였다. 사료값은커녕 하루라도 더 가지고 있는 만큼 손해액이 늘어나는실정이었다. 그야말로 개를 헐값으로 모두 처분해 버렸다.

근 3년 동안 돼지며, 개, 닭, 오리 등 각종 가축을 사육했는데 결국은 완전히 손해만 본 것이다.

원성농장이라는 간판을 내걸고 열심히 가꿔온 땅 위에서 축사를 지어 가축을 길렀다. 황무지나 다름없는 땅을 일궈 옥토로 변모시키고 논을 만들어 벼농사도 짓고, 밭에는 고추농사며 표고버섯도 재배하던 원성농장이 박살나게 된 것이다.

유구리에서 동네 주민들과 정성을 다해 친하게 지내려고 노력했다. 그들도 모두 순수한 시골의 향취가 물씬 풍겨나는 사람들이었다. 특히 선우영진 씨, 이동주 씨, 김성환 씨, 김웅이 씨, 문홍철 씨, 이인석 씨, 김봉화 씨 등은 형제처럼 친구같이 가깝게 지냈던 분들이었다. 객지에 내려온 나를 그만큼 따뜻하게 맞아준 그들의 인심에 무한한 감사의 정을 느꼈다.

유구리에서 동네 주민들과 어울려 농사를 짓고 있을 때 현상수배자로 신문에 광고가 났다. 일부 채권자들이 합동으로 500만 원 현상금을 걸고 광고를 냈다는 사실을 알았다. 10월 초순이었다. 물론 그때 동네 주민들은 내가 그 수배자인 줄은 전혀 몰랐다. 가까이 지내던 사람 중에 오토바이 가게를 하던 문홍철 씨가 있었다. 나는 그에게 안전모(하이바)를 하나구입하여 항상 쓰고 다녔다. 내가 안전모를 쓰고 다니는 것을 동네 사람들은 조금도 이상하게 생각하지 않았다. 그것은 여러 가축들을 기르고 있었기 때문에 별로 의심할 행동은 아니었다.

누군가에게 어렴풋이 중앙정보부에 중간간부로 있다가 상사가 정치적 영향으로 그만두는 바람에 파직되었다고 했다. 그랬더니 그 말이 꼬리에 꼬리를 물고 퍼져서 결국엔 김재규의 부하로 있다가 그가 잡혀 들어가자 그만둔 사람이라고까지 소문이 났다.

서울의 김홍기에게 전화를 걸어 도와줄 수 있는 방법을 모색해 보라고 했더니 김홍기는 유구지서에다 경비 전화(경찰청의 전국 연락망)로 연락을 했고 무슨 얘기를 했는지 지서의 차석이 나를 찾아온 것이다.

간이 콩알만 했다고 표현할 정도로 완전히 정신이 나갔다. 그는 그야말로 깍듯이 대접하며 서울의 모 기관에서 나를 잘 보살펴 주라고 연락이 왔다는 것이다.

그 후로는 지서장이나 국방부 직할부대 및 기관장들, 공직에 있는 사람들은 대부분 나에 대한 소문을 듣고 내가 있는 가까운 곳에 나오게 되면 꼭 들러서는 깍듯이 인사를 하고 갔다.

그러던 어느 날 김홍기에게서 갑작스럽게 전화가 걸려왔다.

"형님, 피하세요. 부산의 채권자들이 곧 그곳으로 찾아갈 것이라는 정보가 있습니다. 빨리 서두르는 것이 안전할 겁니다."

"그게 무슨소리야. 나는 평생을 이 농장에서 지내겠다는 마음으로 이처럼 열심히 가꿔 놓았는데 도대체 무슨 청천벽력이란 말인가? 도대체 그들이 어떻게 알았다는 거야?"

김홍기는 몹시 허둥대면서 좌우지간 빨리 피하라는 말만 남긴 채 전화를 끊어 버렸다. 너무나 답답하고 불안하여 전화를 걸었으나 바쁘다는 핑계로 통화가 되지 않았다.

그 무렵 농사뿐 아니라 가축도 대량으로 사육했으며 유실수도 잘 가꾸어 놓은 상태였다. 1989년 3년 동안 피땀을 흘려서 일궈 놓은 것이 곧 결실로 이어지려는 때에 느닷없는 김홍기의 전화는 내 혼을 송두리째 빼놓기에 충분했다.

틈을 내어 테니스 클럽에도 가입하여 동네 사람들과도 사이좋게 지내고 있었는데 이런 느닷없는 연락을 받게 되니 혼란스러웠다. 그동안 온갖 고생을 하며 가꿔 일궈놓은 농장은 당시로서는 3~4억 원쯤 되는 것이었다. 참담한 심정으로 농장을 팔기로 결정했다. 5천만 원에 사겠다는 사람이 나타났는데, 그 이상은 줄 수 없다는 것이었다. 심지어는 그 값도 제대로 받지 못할지도 모른다는 절망적인 말이 나돌기도 했다. 그때 김홍기로부터 다시 전화가 걸려왔다.

"형님, 그 돈이라도 받고 얼른 넘기세요. 너무 미련을 가지면 오히려 해가 될 수 있어요. 임자 나타났을 때 넘기고 피신하시는 게 좋을 듯합니다. 그렇지 않으면 그 후의 책임을 저는 전혀 감당할 재간이 없습니다."

그것이 김홍기의 농간임을 후에 알았다. 그동안 김홍기가 서너 번 찾아온 적이 있었다. 결국 그는 나의 돈으로 호의호식하며 나를 꼼짝달싹 못하게 올가미를 씌웠던 것이다. 나의 자녀들은 물론 아내에게까지 올가미를 씌워 놓았던 것이다.

갑자기 자식들이 눈앞에서 아른거렸다. 어린 6남매의 초롱초롱한 눈망울이 모두 나에게 쏠려 있는 것만 같았다. 한참 건강하게 자라고 열심히 공부해야 할 어린 여섯 아이들이 더욱 안쓰러워 견딜 수가 없었다. 그들은 부모를 잘못 만나 일생 동안 고통을 받아야 하는 것이 아닌가 생각되었다. 그럴 때면 한 많은 내 죄 때문에 그리 되었다는 것 외에는 그 어떤 생각도 떠올릴 수가 없었다.

보고 싶었다. 초롱초롱 빛나는 열 두 개의 동공瞳孔들이 보고 싶어 미칠 지경이었다. 아마도 하나님이 나를 더 이상 고뇌스런 세상에서 고통받으며 살지 말라는 것인가 보다고 생각했다. 아이들에게 보내는 한 장의 유서를 남겼다.

유서 한 통

"애들아, 내가 그동안 겪어 온 모진 비바람을 이제는 더 이상 감당할 기력이 없구나.

나에게 주어진 운명도 이것으로 끝나는가 보다. 어떤 고통이 따르더라도 참고 이겨내려고 온갖 힘을 다 쏟았건만 보람은커녕 자꾸만 나를 못 살게 만들기만 하는구나.

이 못난 애비를 용서하여라. 그리고 자라서 아비가 못다 이룬 수많은 일들을 너희들이 이루길 바란다.

너희들의 길은 착하고 건강하게 잘 자라는 것 뿐이다. 남에게 피해를 주는 일은 눈곱만큼도 하지 말고, 남에게 봉사하는 마음을 항상 지녀 몸소 실천하는 자세로 꿋꿋하게 살아야 하느니라.

어머니 말씀 잘 듣고 이 못난 애비 몫까지 혼자 남은 어머니에게 다 쏟도록 하여라. 그리고 형제간에 우애를 돈독히 하여 인생살이의 제1요건으로 삼아야 할 것이다.

어머니께 효도하고 웃어른을 공경할 것이며 사회에 봉사하는 정신으로 존경받는 사람이 되어 주길 바란다. 이 못난 아비는 너희 6남매의 앞날에 밝고 건강한 정신이 깃들이기를 저승에서 기도할 거야

부디 잘 자라거라"

원성농장 입구의 수십 년 된 참나무에 목을 매었다. 20여 미터의 높이에 큰 가지는 자동차가 매달려도 부러질 리가 없는 생나무였다. 그 나무에 올라가서 목을 매고는 아래로 뛰어내렸다. 내 마지막 생명을 누구에

게도 보이지 않겠다는 마음에서 어둠이 걷어오는 저녁 시간을 택했다. 그날이 1989년 7월 31일 오후 8시, 인적조차 없는 적막한 시간이었다. 그날따라 아랫마을 불빛조차도 가물가물하게 보였다. 그런데 매달려도 부러지지 않을 큰 참나무 가지에 목을 매고 뛰어 내렸더니 찌지직하며 뚝 끊어진 것이다. 그 가지에 그네를 매고 장정들 두 사람이 쌍그네를 탔어도 요동조차 하지 않던 생나무가지가 부러져 휘어진 것이 아니라 도끼로 자른 것처럼 뚝 끊어진 것이다.

이미 나뭇가지에 매달려 있어야 할 나는 멀쩡했고, 죄 없는 굵은 참나무의 생가지만 꺾어졌다. 그 순간 나의 뇌리에 스치는 영감이 있었다.

조물주 하나님이 '너는 아직 죽어서는 안 된다'고 노발대발한 것이라고 느껴졌다.

다시 시작하자! 살아서 할 일을 해야지, 죽는다면 끝이 아닌가! 어린 자식 여섯을 두고 먼저 간다는 생각 자체가 잘못된 것임을 내 스스로 깨달았다.

앞으로 더욱 강하고 철저하게 살아야 한다는 비장한 각오를 하며 새로운 다짐을 스스로 맹세했다.

나에게 씌워진 덫이 어떤 것일지라도 원망하지 않기로 했다.

3억이든 4억이든 다 부질없고 몇 백 억도 엎었는데…… 툴툴 털고 일어섰다.

애써 가꾸고, 사랑을 온통 쏟아부었던 원성농장, 1만 3천여 평의 땅을 미련없이 5천만 원에 넘겼다.

그것도 떳떳하게 정리를 한 것이 아니라 유구리 주민들 몰래 야반도주를 하다시피 도망쳐야 했다. 지금도 그때의 유구리 마을을 생각하면 미안하고 송구스럽다.

선우영진 씨를 비롯하여 몇몇 분들의 은혜를 지금도 잊지 않고 있다.

견딜 수 없는 상황으로 내몰린 나는 어둠이 짙어질 무렵 트럭에 일부의 짐을 실었다. 그 트럭도 서울에서 불러 내린 것이다. 흔적을 남기지 않기 위하여 트럭에 나의 몸도 함께 싣고는 충북 제천으로 거처를 옮겼다. 제천의 김봉대 씨 집에서 칩거하며 은둔생활을 시작하게 됐다.

무심한 하늘이었다.

제천에 도착한 후로 한동안 실의에 빠져 살았다. 얼마간을 꼼짝도 않은 채 많은 것을 생각하면서 무기력하게 지냈다. 지나간 일들이 주마등처럼 펼쳐지는 것이었다.

금호동에서의 납품업을 하다가 곧 큰 부자가 될 수 있는 기회를 잃게 되었고, 알거지가 되었던 나의 모습을 생각하며 피식 웃기도 했다.

서소문에서의 수산물 도매업으로 떼돈 번 일, 그러다가 군납을 하겠다고 덤벼들다 사기 당하여 15억여 원을 송두리째 처 넣었던 일, 태안물산으로 전국에서 수산물 왕국을 만들었다가 수많은 재산을 일시에 털려 버렸던 것도 어쩌면 운명으로 돌려야만 했다.

3년간 사력을 다해 가꾼 원성농장.

김홍기의 농간에 빠져 5천만 원을 쥐고 제천에 도착했으나 그 돈의 처리가 문제였다. 은행에 넣어둘 수 없어 지인인 김봉대 씨에게 사업자금으로 사용하다가 돌려달라며 맡겼다.

김봉대 씨는 그 돈으로 사업을 하여 갚는다고 했다. 영월터미널 뒤편에서 돼지를 구입하고, 일부는 집을 짓기도 했다. 물론 그 돈은 내가 그에게 사용하다가 필요할 때 돌려달라고 한 것이었으므로 임시로 사업자금으로 이용한 것이다.

김봉대 씨는 착하고 예쁜 아들과 딸이 있었으며 그의 처는 낯선 나에게도 매우 친철하게 대해 주셨었다(2013년 3월에 제천을 방문했을 때 그들 부부는 참으로 나를 반갑게 맞이해 주었다. 김봉대 씨는 신사임당 같은 부인과 현재 한우사업으로 크게 성공하고 하여 잘 살고 있다. 사업 자금으로 사용했던 5천만 원도 물론 돌려받았다). 김봉대씨 부인을 지금도 나는 천사라고 생각한다. 그만큼 고마운 사람이다.

제천에서 며칠을 보낸 나는 차츰 안정을 되찾게 되었다.

책과의 씨름을 시작했다. 주로 고서적古書籍을 읽었고, 주역周易에 심취했다. 제천의 이문서점을 비롯, 많은 서점을 돌아다니며 고서적과 주역에 관한 책을 구입해 밤낮 없이 읽었고, 주역을 열심히 공부했다.

다행스럽게도 제천에 향교가 있어서 틈만나면 거길드나들었다. 그 속에서 서예도 배우고, 한학漢學을 공부했다. 거기서 이광옥선생, 김규형 선생을 만나게 되었고, 그분들의 도움을 많이 받았다.

이모님 댁 옥내장터에서 사주를 봐주던 할아버지와의 대면이 내가 주역에 대한 관심을 갖게 된 시초였다. 신비한 감흥을 느꼈고, 그날 이후 온갖 시련과 고통 속에서도 주역에 대한 생각은 버리지 않았다.

제천향교를 매일 찾게 되었고, 거기서 두 분의 선생님을 만나게 되면서 나는 이것이 나에게 주어진 또 한 번의 기회라고 생각했다. 이런 기회를 얻기 위해 엄청난 시련들을 겪으며, 이곳까지 오게 되었나 보다고 생각했다. 이것도 역시 나의 운명일지 모른다고 생각했다.

향교를 전세 내다시피 24시간을 머물 때도 있었다. 식사는 컵라면으로 때우고, 책을 읽다가 졸리면 그 자리에서 잤다. 컵라면으로 두 끼를 먹는 시간도 아까울 정도였다. 잠을 자는 시간도 아까운 건 마찬가지였다. 책을 읽다가 잠이 쏟아지면 향교의 뒷산으로 올라갔다.

향교 뒷산에는 수령이 500여 년 된 엄나무가 있었다. 그 엄나무 아래에 정좌한 채 명상기도를 했다. 피곤하고 졸음이 쏟아질 때 그곳에서 명상기도를 하면 쉽게 잠이 달아나곤 했다. 기도를 한 번 하고 나면 7, 8시간을 거뜬히 견딜 수 있었다. 1주일 내내 잠 한숨 안자는 나를 보고 주위 사람들은 혀를 내둘렀다.

"살아 있는 신神인기라. 1주일씩이나 잠 한숨도 안자고 공부하며 명상기도 한다 안 카나!"

"정말 무섭데이, 나는 저 사람만 보모 겁난다카이. 우째 산사람이 잠도 안 자고 공부만 할끼고! 내사 저런 사람 첨 본다 아이가!"

경북 안동安東에서 이곳으로 이주해 온 두 어른이 한 말이었다. 그때 서예에도 심취했고 주역이나 역학 서적을 독파해 나갔다.

"젊은 사람이 저렇게 글씨를 잘쓰누! 타고난 재능이 비범하구먼. 글씨를 잘 쓰는 것 보면 아마도 영특한 재질을 타고났네 그려!"

나는 사업에 실패한 후로 이름을 바꿨다. 공주에서는 이기욱으로 불리었고, 제천에서는 김봉호로 사용했다. 어릴 때의 이름은 정춘식이었고, 서울로 옮겨 온 후에는 개명한 정재원으로 사용했다.

제천에서도 곧잘 꿈을 꾸곤 했다. 40여 년 꿔온 한결 같은 꿈이었다.

'네가 할 일이 따로 있느니라. 너는 큰 일을 해야 하느니라.'

내가 해야 할 일이 무엇인지를 알 수 없었다. 꼭 할 일이 따로 있다는 지시적 꿈만 꾸었을 뿐 그 해답은 도무지 가르쳐 주질 않았다. 그것이 무엇인지 몰라 답답해 미칠 것만 같았다. 언젠가는 필히 그 해답을 찾을 수 있으리라 생각하며 열심히 공부했고, 특히 주역에 대한 공부를 게을리 하지 않았다.

사람을 보는 순간에 그 사람의 운세가 훤히 나타나는 것이다. 생전 처음 보는 사람도 잠깐만 보면 훤히 알아볼 수 있었다.

연구를 시작하면서 약 1천 명을 실험했다. 그 결과인 임상통변을 세세하게 기록했다. 그것을 비교도 해 보고, 대화 도중 장본인의 말을 참고해 보기도 했다.

생면부지의 사람도 생년월일시와 얼굴만 보면 90% 이상은 맞는 결과로 나타났다. 자신감은 충만했지만 내 스스로 확신이 설 때까지 임상을 해봐야겠다는 마음을 굳게 다졌다.

전국 방방곡곡을 돌아다니며 그 지역에서 소문난 역학자들을 찾아가 운세 감정을 해봤다. 소위 그 지역에서는 대가*라는 사람들을 주로 만나고 다녔다. 당시 전국을 돌아다니며 소문난 역학자 78명에게 감정을 해봤다. 내 눈에 비친 그들은 모두가 나의 생각과는 다르다고 느꼈다.

풍수지리에 관한 서적, 기문둔갑, 육임, 당사주 등 역학과 관련 있는 모든 문헌을 찾아 철저하게 공부했다. 당시 나에게 큰 도움을 주신 분은 철학자 안진수 선생이었다.

1년간 제천 향교에서 공부하며 하루 4시간 이상을 자본 적이 없었다. 화장실에서도, 벽에도, 천장에도 그날 내가 공부해야 할 제목들을 써 붙여 놓고 완전히 해독할 때까지 반복하여 파고 들었다. 옛날, 공자께서는 '가죽끈 3개가 닳도록 주역을 외웠다'고 한 말을 상기하며 촌음도 아낀 것이다. 그 당시 짧았던 기간을 따진다면 나는 공자의 말씀보다 더 많이 공부했다고 자부할 수 있다. 그러면서도 운동을 게을리 하지 않았다.

그때의 내 하루 일과는 잠자는데 4시간, 공부하는데 18시간, 운동이 2시간, 이렇게 정해 놓고 그대로 실천했다. 오전 2시간이 운동시간이었다. 그때 제천시 의림 조기축구회에도 가입했다. 아침에 나가는 조기축구회에 김봉호로 가입, 정회원이 된 것이다. 백제미술대전에도 김봉호로 출품하여 입상했다. 물론 정재원이 아닌 김봉호의 이름으로 낙관도

찍혀 있다. 백제미술대전에 입상을 한 후에는 나에게 서예를 배우겠다고 찾아오는 사람도 많았다.

서예를 하면서 동양화에도 빠져 들었다.

용龍 그림은 황홀하고 찬란하다고까지 극찬 받았을 정도다. 제천에서는 역학뿐 아니라 서예와 그림에까지 소문이 날 정도로 인정해 주었다. 주변의 권유에도 불구하고 사무실을 열지 않았다. 어떤 확신이 설 때까지는 절대로 움직이지 않겠다고 생각했다.

서울의 유명한 풍수를 찾아 나섰다. 내가 확신이 설 때까지 실험을 겸한 경험을 해 볼 작정이었다. 서울에서 내로라하는 지모, 박모 씨를 만나 풍수지리에 관한 대화를 나누기도 했다. 그들의 말이 전부 내가 생각하는 것과는 너무나 달랐다. 또 성명학의 최고라는 박모 씨, 언론에서 국내최고로 대우하며 아침마당에도 출연했던 김모 씨, 자칭 세계 최고의 역학자라고 하던 그런 사람들을 만나 테스트해 보았다. 그러나 똑같은 말만 반복되었다.

신촌 근방에 자리잡고 있는 노인을 찾아갔다. 평생 동안 역학만 했다며 자랑하고 다니는 일흔이 넘은 노인이었다. 그의 말에 의하면 자신이 길러낸 제자가 수백 명이나 된다면서 나에게도 자기의 문하에 들어와 배우라고 했다.

"어르신, 아무리 오래 공부하고, 또 연구를 많이 했어도 핵심을 잘 알아맞혀야 되지 않습니까? 과거도, 현재도 그리고 미래를 잘 알아맞혀야 하는 것이지 제대로 맞지 않으면 그게 무슨 소용입니까?"

내가 따지고 들자 그는 황당한 얼굴을 하며 나에게 말했다.

"젊은이, 공부 제대로 하였는데 무엇 때문에 나더러 가르쳐 달라고 하는가?"

나는 노인에게 핵심을 좀 공부하고 싶다고 했다.

"100년을 공부하면 뭘해요! 단 한 달을 공부하더라도 제대로 배워야지요!"

노인에게 몇 가지 배우고 인사를 정중하게 하고 나와 그 길로 세검정엘 갔다. 주간지 등에 대대적인 광고를 하고 있는 점쟁이를 찾아간 것이다. 그는 세검정에 요란스럽고 거창하게 신당을 차려 놓고 땅땅거리며 사는 40대 무당이었다.

내가 방문을 열고 들어서자 그는 깜짝 놀란듯 하다가 정좌를 하고는 점잖게 말했다.

"대주는 이런 데 올 사람이 아닌데 무엇하러 여길 왔소?"

"운세 좀 보려고 왔소이다. 점을 잘 본다는 소문이 널리 퍼졌더군요. 잘 좀 봐 주십시오."

내가 간절하게 말하자 그는 나를 찬찬히 살펴보더니 벌떡 일어나 큰절을 하는 것이었다.

"대주는 큰 인물입니다. 판검사를 하시는군요. 영감님께서 여길 다 오시다니요."

"여보시오. 나더러 관물 먹는 판검사라 하는데, 그보다 더 큰 일을 하려고 합니다. 어떻습니까? 그렇게 될 것 같습니까?"

그는 다시 큰절을 하며 놀라운 듯한 표정을 지으며 말했다.

"그럼요. 틀림없이 큰 일을 하시겠습니다. 반드시 그 꿈을 이루시겠습니다!"

"꿈만 꾸면 네가 할 일이 있다고 누군가가 알려주는데 무슨 뜻인지 몰라서 이렇게 왔으니 좀 알 길이 없습니까? 나는 수백 억의 부도를 내고 도망 다니고 있습니다" 하고 말하였다. 역시 그곳에서도 별다른 소득을 얻지 못했다.

나는 역학자나 다른 학자, 교수 등 100명만 골라 계속 실험해볼 계획을 세웠다.

그리고는 하남시에 사는 사촌동생을 찾아갔다.

"형님, 하남시에 유명한 점쟁이가 있는데 한 번 만나 보세요."

"얼마나 유명한데?"

"이곳에서는 족집게로 소문 났어요."

"잘 됐구먼. 지금 그런 사람들을 찾아나선 중인데 잘 됐구먼."

그곳에 도착했을 때 한 부녀자가 점을 보고 나오고 있었다.

그는 40대 중반쯤 된 듯한 남자 박수였다.

"대주의 친척 한사람이 장가도 못가고 죽은 이가 있는데 여자에 한이 맺혀 대주에게로 들어왔소이다. 그래서인지 대주는 젊은 여자를 좋아하고, 여자만 보면 사족을 못 쓰고, 닥치는 대로 취하려는 욕심이 그득합니다. 이것을 풀어주지 않으면 큰 낭패를 당하게 되니 풀어주도록 하시오."

뚱딴지 같은 소리였다.

"박수 양반! 어째서 그런 흉측한 말을 함부로 하시오? 나의 사주팔자에 그런 것이 있습니까?"

나는 어이없었으나 다음 말이 궁금하여 조용히 되물었다.

"그다지 어렵지는 않소. 120만 원을 가지고 산꼭대기에 가서 풀면 되니까 어렵게 생각하지 마시오."

하는 꼬라지가 궁금해서 은근히 골탕을 먹이고 싶어졌다.

"박수 양반, 당신 사주나 한번 봅시다. 내가 봐 주리다."

싱긋 웃으며 그에게로 다가가자 깜짝 놀라는 것이었다.

"진작 역학하시는분이라고 말씀을 하시지, 왜 사람을 놀리십니까?"

그는 나에게 핀잔을 주려는 투로 말했다. 그리고는 얼른 그에게서 보이는 사주를 몇 가지 짚어줬더니 깜짝 놀라는 것이었다.

"선생님 같은 실력이면 하남시에서 꽉 잡고, 서울의 돈 많고 권력 있는 사람들 돈을 마음대로 우려 먹을 수 있습니다. 저와 동업하시면 사람들은 제가 불러 모을 테니, 선생님께서…… 그렇게만 되면 돈방석에 앉을 겁니다."

무슨 큰 끈이나 잡은 듯 애걸하다시피 매달렸다. 상당히 불쾌한 생각이 들었다. 기분 같아서는 귀싸대기를 한대 때려주고 싶었다.

"당신 같은 양반이 어떻게 영업을 하시우? 나는 공부하는 사람입니다."

무의미한 대화는 기분만 더 상할 것 같아 자리를 박차고 나와 버렸다. 눈치없는 박수는 곧 뒤따라 나오면서 명함 한 장을 내밀면서 많은 지도를 부탁했다.

나는 사촌동생에게 무지한 박수가 오직 눈치로만 아는 체할 뿐, 아무 근거도 없는 이상한 얘기뿐이라고 했다.

"형님께서 하남시에 오셔서 철학관을 개업하시지요. 여기는 주로 서울 사람들이 들락거리기 때문에 조금만 소문이 나면 손님이 무척 많을텐데요."

"공부를 더 정리하고 난 후 자신이 있어야 되고, 유능한 분에게 지도를 제대로 받고 난 후에 남의 운명을 감정해야 하는 거야. 엉터리라는 소리는 듣지 말아야지."

경험과 실험의 결과를 토대로 확실한 운세 판단을 하기 전에는 사무실을 열지 않을 작정이었다.

그날로 부산에 내려갔다.

부산에 유명한 도사道士가 있다는 소문을 듣고 운명감정을 어떻게 하는지 알아보기 위해서였다. 서너 시간을 헤매다가 겨우 박모 도사라는 사람을 찾아냈다. 허술한 집에 간판의 문을 두드리니 여자손님이 두 명, 중절모를 눌러 쓴 남자가 있었다. 순서를 기다리고 나서 그에게로 가까이가서 말했다.

"도사님, 운세 감정을 받을까 하고 찾아왔습니다."

힐끗 한 번 쳐다보고는 딴전을 피우는 듯하더니, 보던 책을 덮고는 똑바로 쳐다보며 물었다.

"무엇이 궁금한가요? 무엇을 봐 드릴까요?"

"전부 다 봐 주십시오. 내가 알고 싶어하는 모두를요."

대답이 좀 이상했던지 빤히 쳐다보며 가만히 있는 거였다. 그도 조금 이상하다고 느끼는 것 같았다.

이 세상에 도사가 어디 있겠는가. 한 수 배워서 나의 학문을 정리할 생각이었다.

"큰 일을 하려고 하는데, 일이 잘 될 것 같은지 봐 주시겠어요?"

"그럼요, 되고 말고요! 손님은 국회의원도 되고, 장관도 될 분입니다. 척 보면 알 수 있지요. 손님의 운세에는 별이 서너 개가 주렁주렁 달렸어요. 걱정 말고 출마하십시오."

그는 무슨 큰 인물을 만난 것처럼 들떠 있었다.

"손님의 운은 너무 좋습니다. 관직 운이 대단히 좋습니다. 이번에는 반드시 큰 일을 하실 것 같습니다!"

부산의 족집게 도사라고 소문난 이 사람도 역시 그렇다고 생각하니 기가 막힐 지경이었다. 나는 속으로만 끙끙거렸다.

이 가짜도 역시 괘씸하여 골탕을 먹이고 싶어졌다. 제 놈의 사주를 내가 봐주어야겠다고 생각하고 궁리를 시작했다.

길 건너편 여관에 여장을 풀었다. 그리고 그날 오후 5시경 그에게 전화를 걸었다.

"여보시오. 오전에 들렀던 사람이었소. 건너편 평화여관인데 한 번 만나고 싶소. 단 둘이서 조용히 얘기하고 싶은데 좀 나올 수 없을까요? 큰일을 하려고 하니 궁금한게 많습니다. 몇 가지 더 여쭤볼 일이 있어서 그렇습니다."

"선생님이 어떤 분이신데 제가 안가겠습니까! 곧 찾아 뵙겠습니다."

그는 망설임 없이 시원스럽게 대답했다. 큰 봉을 잡은 것 같은 생각을 했는지 모를 일이었다.

"내 좀 기다리지요. 내가 좀 바빠서 그러니 될 수 있는 대로 빨리 와주시면 감사하겠습니다."

"곧 가겠습니다."

무슨 생각에서였는지 음료수며 먹을 것을 잔뜩 싸들고 부리나케 달려왔다. 위스키도 한 병 가지고 와서는 술을 권하면서 최대의 예의를 갖추는 것이었다.

"이렇게 만나는 것도 인연입니다. 옷깃만 스쳐도 인연이라는 불가^{佛家}의 인연설이 있잖습니까? 영광입니다. 의원님을 이런 곳에서 뵙게 되다니요. 하늘의 계시인 듯합니다."

엉터리 박수는 더욱 아첨하는 것이었다. 고관대작들, 그리고 재벌들, 큰 기업가들처럼 돈과 권력이 있는 사람에게 대하는 그들의 술수인 것이다.

"무슨 말을 들으시겠습니까? 무엇이든 말씀해 보시지요?"

"다름이 아니라 사무실에서 국회의원이 된다고 했는데, 그게 확실한건지 궁금해서요. 다시 한 번 자세히 감정해 주시지요."

나는 그 사람이 확신을 가지고 운명 판단을 해주길 바랐다.

"틀림없습니다. 지금까지 빗나간 적이 없었어요. 여기 부산에서 뿐 아니라 수많은 의원님들이 날 찾아와 확인한 분은 한 사람도 당선되지 않은 사람이 없습니다."

"그래서 말인데요. 사무실에서는 다른 손님도 있고 해서 재차 묻기도 그렇고 해서 나왔는데, 아까 한 말만으로는 믿기지가 않아 상세히 알고 싶소. 제 사주를 다시 한 번 봐 주시지요."

"틀림없습니다. 한눈에 알아봤습니다. 분명코 확신합니다. 제 말이 맞지 않으면 그날로 간판을 내립니다."

확신에 찬 목소리에 그가 불쌍해 보이기도 했다. 서글프고 실망스러웠다. 대명천지에 이런 사람들이 활개치고 있다는 것이 몹시도 언짢았다.

이대로 넘어가면 선량한 사람들을 현혹시킬 것이 뻔해서 그냥 넘겨버리기에는 부글부글 끓어올랐다.

"그런 식으로 감정을 하다가 제대로 임자 만나면 살아 남질 못해요. 그러기 전에 공부를 더 하시오."

느닷없는 말에 어리둥절하던 그는 안면이 파르르 떨면서 어쩔 줄을 몰라 했다.

"그게 무슨 말씀입니까, 제가 뭐 잘못했습니까?"

"이 사람 보게! 나를 의원님이라고 하네. 나는 국회의원이 아니라 크게 사업하다가 수백 억 원을 부도 낸 사람이야! 알겠는가? 너무나 어이없는 소리를 해 대니까 그러는 거요! 이런 나를 국회의원에 당선된다구? 어찌 기가 찰 노릇이 아니요, 나도 명리학을 공부하고 있소. 주역을 공부한 지가 오래되었는데 그래도 운명감정을 확실히 하려고 왔단 말이오.

당신이 부산에서 용하다는 소문이기에 대단한 도사인가 싶어서 찾아온 것이오. 미리 예약을 하지 않으면 운수감정을 하지 않는다는 소문입디 다? 나의 운수를 제대로 알기 위해 내려온 것이오. 직접 와 보니 실망이 요. 답답하니 내가 당신의 사주를 봐 주겠소. 나를 알면 당신 생각이 많 이 달라질 것이오."

얼떨떨해 하다가 마음을 가다듬고, 자기의 생년월일시^{生年月日時}를 내놓 았다.

정해년^{丁亥年} 정미월^{丁未月} 무오일^{戊午日} 정사시^{丁巳時}였다.

"이런 사주는 유아독존적이고, 친구가 없으며 부부관계가 삭막하고 생 리사별^{生離死別} 할 사주요. 자녀관계도 형편없이 나쁘고, 부모는 물론 주변 의 덕^德도 얻을 수 없으며, 형제관계의 덕도 없어서 그들을 돌봐야 할 팔 자요. 재물관계도 욕심을 내면 바다에 침몰할 운세며, 부채가 많아 허울 좋고 빛 좋은 개살구 형세로군요. 호객 방문하면서 자칭 도사라 소문 내 어 몰리는 서민들에게 맞으면 다행이고 맞지 않으면 그만이라는 관념으 로 운수감정을 하고 있단 말입니다. 내 감정이 맞나, 안 맞나 확인해 보 시오."

내 말이 끝나자 그는 벌떡 일어나더니 큰절을 하며 감격해 했다. "몰 라뵈서 죄송합니다, 도와주십시오. 선생님."

"내 스스로를 내가 판단하고 있어요. 나는 갑신년^{甲申年} 신미월^{辛未月} 무자 일^{戊子日} 계해시^{癸亥時} 미월생^{未月生}으로 식신^{食神}이 용^用이고 관^官이 체^體이면서 재^財가 또한 용^用입니다. 한강 물이 말랐으면 말랐지 내 주머니의 돈은 마 르지 않는다는 사주팔자를 타고났어요. 관이 체인데 관은 쓰지 못합니 다. 사업가입니다. 사주에 상관이 있고 식생재^{食生財}하니 두뇌를 잘 쓰면 서 활달하게 사업을 할 사주입니다. 한때는 법인업체의 대표이사를 지냈습니다. 자그마치 직원이 450여 명이나 되었고, 부동산만도 수천억 원 대를 갖고 있었어요. 잘 믿기지 않을지 모르지만 이것은 추호도 거짓 없는 사실입니다. 나의 사주에 그대로 나타나 있듯이 재財만 생기면 관官이 짝짝 빨아 먹으면서 날 괴롭히지요. 1986년 9월에 부도처리하고 나서 대충의 정리와 수습을 한 뒤 주역과 육임, 자미두수, 기문둔갑, 월령도 등을 두루두루 연구를 했어요."

도사는 한마디도 놓치지 않고 듣고 나서 한 수 가르쳐 달라고 애걸하다시피 했다. 다음에 기회가 되면 가르쳐 주겠다며 상경해 버렸다.

제천 향교로 다시 들어갔다. 거기서 15일 동안 생각을 가다듬고 어지러운 관념들을 정리했다.

작은 것부터, 내 힘이 닿을 수 있는 것부터 고쳐나가야겠다는 생각을 하게 되어, 신미년辛未年 8월 11일 제천시 명동 명파 뒤의 조그마한 창고방을 임대하여 사무실을 열었다.

어떻게 소문이 퍼졌는지 첫날 많은 사람들이 몰려와 줄을 서서 한참 동안 기다려야 했다. 그날 하루에 150만 원의 감정비를 올렸다.

그 창고방에서 3개월 정도 감정을 했다. 생각 외로 많은 사람들이 몰려와 더 이상 그곳에서는 영업을 할 수 없을 정도였다. 제천 법원 앞에 여남은 평에 감정실, 대기실도 마련하고 제법 규모 있게 확장하여 정식으로 운세 감정이라는 간판을 내걸고 영업을 시작하였다.

소문은 꼬리를 물고 퍼져나갔다. 짧은 기간에 제천 일대에 소문이 퍼져 갑자기 유명인이 되었다. 당시 하루 평균 20여 명씩이나 감정을 했다. 물론 같은 사람이 두세 번씩 다녀가기도 했지만 그런 수치는 상상을 초월하는 예였다.

그때는 운세 감정을 하면서 돈을 벌겠다는 생각은 추호도 없었다. 오로지 내가 공부한 것을 주변의 어려운 사람들에게 가르쳐 주는 것이 목적이었다. 자칭 국내 최고라는 사람 72명을 만났으나 역시 그들도 나의 생각과 달랐다. 많은 역술인과 박수들까지 대부분 나의 학문과는 차이가 있다는 것을 알았기 때문에 나는 무척 근심이 되었다. 그들 스스로가 감정료라며 내놓고 가는 사람이 대부분이었다. 어렵게 사는 사람에게는 한 푼도 받지 않고 감정해 줬다. 지금도 마찬가지다. 그런 사람들에게는 돈을 받지 않았을 뿐 아니라 돈을 주어 보내기도 했다.

운명학이란 핵심이 가장 중요하다. 그동안 공부한 것과 실험에서 보고 느낀 것을 종합하여 그들이 원하는 핵심을 정확하게 파악하여 사실대로 얘기해 주어야 된다고 믿기 때문에 나쁘면 나쁜 대로, 좋으면 좋은 대로 얘기해 주어야 했다. 그래서 중요한 핵심을 파고 들어, 현재의 위치와 대비하여 감정을 해줬다. 그리고 앞으로가 중요하기 때문에 방향을 확실하게 알려주는 것이다. 설사 운세가 나쁘게 나타나더라도 속시원하다는 반응을 보였던 것이다.

이 무렵부터 특별히 공부하고 연구했던 것이 숫자와 우리 인간관계였다. 사람의 운명에 따라 각자에게 부여되는 숫자가 대단한 영향을 미친다는 것을 발견한 것이다. 은행 비밀번호에 대해서도 심도 있게 연구, 분석하였다. 그리고 그에 따라 필요한 인장印章에 대해서도 함께 연구했다.

그와 함께 주민등록번호, 차량번호, 주소에 나타나는 번지의 숫자, 아파트의 동棟 및 층·호 등과 열쇠번호 등 사람과 관련된 모든 숫자를 실험을 곁들여 연구했다.

우리가 살아가는 모든 일상에는 반드시 숫자와 밀접한 관계가 있음을 파악한 것이다. 일상생활과 수치의 불가분의 관계는 앞으로도 영원히 활용될 것이기 때문에 나를 찾아오는 대부분의 사람들에 대한 신상 파악을

10년이고 20년이고 계속하여 임상을 한다는 개념으로 기록하고 실험을 했던 것이다.

이렇듯 특별한 감정법을 터득하고 실험에 옮겨 최대의 정확도를 발휘하도록 운세 감정을 하니, 손님은 계속 늘어나 좀 더 큰 장소가 필요했다. 제천전화국 앞에 장소를 물색하여 '효원철학원'이란 입간판을 내걸었다. 그리고 효원결혼상담소도 곁들여 간판을 붙였다. 수입 중 일부를 사회환원 차원으로 지출하기 시작한 것도 그때부터였다. 제천영아원에 기부금을 내기 시작하면서 불우이웃돕기에도 적극 참여하였다. 물론 익명으로 쾌척한 것이다.

서울로 진출해야겠다고 마음먹은 것은 보다 많은 사람들에게 확실한 운명 감정을 해줘야겠다는 생각 때문이었다. 서울에서 자리를 잡고, 내가 처음 시작한 제천에도 그대로 감정소를 두기로 한 것이다. 서울 진출의 꿈은 오직 더 많은 불행한 사람들을 위한 내 신조에서 비롯된 것이었다.

서울 강남에 10여 평 되는 자그마한 사무실로 임시 운영을 하다가 두달 뒤에 서울 중구 신당동 3층에 간판을 걸고 영업을 시작했다. 얼마간의 시간이 지나면서 서울에서도 차츰 소문이 퍼져 찾아오는 손님이 늘어났다. 서울에서는 5일간, 이틀은 처음 터전을 잡았던 제천으로 가서 활동했다.

제천 사람들과는 아주 순수하게 만나게 되었고, 또한 허물없이 지낼 수 있는 곳이기도 했다. 그들의 하소연을 내가 들어주어야 했고 그들과 인연 지어진 대로 살아야 한다는 사명감이 있었던 것이다.

어느 금요일 밤에 제천으로 향했다. 그러니까 토요일 새벽 2시경이었다. 막 잠에 취해 있는데 전화벨이 울렸다.

"여보세요. 효원……."

상대편에서는 허둥대는 투로 무언가를 애기하고 있었다. 무슨 말인지 도저히 알아들을 수가 없었다.

"아니, 밤중에 무슨 전화를 그렇게 합니까? 누구십⋯⋯?"

"불이 났어요! 불이 났단 말이오!"

서울 신당동의 사무실 건물 주인의 다급한 목소리였다.

"뭐라구요, 불이 났다구요? 그래 어느 정도요?"

청천벽력이었다. 밤중에 불이 났다는 긴급연락을 받고 번뜩 떠오른 것은 사람이었다. 그 사무실에 사람이 자고 있을 것이기 때문이었다.

겁이 덜컹 났다. 온몸이 그제서야 부들부들 떨리기 시작했다. 그 안에서 잠자고 있을 사람이 큰 문제였다.

"여보시오! 불이 얼마나 크게 났소? 그 안에 사람이 있는데, 어떻게 되었는지 확인해 주시오! 그 사람 다치면 안 된다구요!"

그러나 다행이었다. 그런 와중에도 그 사람은 별로 다치지 않았다는 전갈이었다. 마음이 놓이면서 맥이 탁 풀렸다. 사람이 다치지 않았다는 것만으로도 모든 액땜을 했다고 생각하기로 했다. 인간에게 행운^{幸運}과 훌륭한 지각^{知覺}이 한꺼번에 오는 경우는 드물다고 했다. 겨울이 있으면 봄도 있게 마련이고, 오르막이 있으면 내리막길도 나타나기 마련인 것이다. 그래서 우리들의 운명은 뜻이 있는 자를 안내하고 뜻이 없는 자를 질질끌고 다니게 되는 것이다. 모든 일을 긍정적으로 받아들이고 순리에 따라 행해진다는 사실이다. 모든 운명은 인내함으로써 극복해야 하는 것이다.

운명은 슬기로운 사람을 훼방하지 않는다. 최고의 관심사는 이성^{理性}에 의하여 인도되기 때문이다. 불운^{不運} 속에서 용감해지는 것은 성인^{成人}으로서의 가치 있는 것이며, 불운 속에서 현명해지는 것은 운명을 스스로 정복^{征服}하는 것이다. 자기가 무엇을 해야 하나를 많이 생각하기보다는, 자기가 무엇이 되어야 하나를 생각해야 한다. 우리의 업적은 우리를 고상하게 해주지는 못하지만, 우리는 우리의 업적을 고상하게 만들어야 하는 것이다. 그러면서 자기를 계발하고 진전시키며, 사회에 봉사하는 마음을 가져야 하는 것이다.

한참 동안 명상에 잠겨 있을 때 다시 머리를 세차게 때려오는 것은 신당동의 불이었다. 김선도辛有承 그 불구덩이에서 살아 남았다. 불바다 속에서 용케 살아난 것은 하늘이 도왔기 때문이라고 생각한다. 많은 분들의 기氣로 구원을 얻은 것이라고 생각했다.

화재사건 이후에 나는 새로운 계시를 받게 되었다. 인간에는 기氣가 있다는 것을 계시받으면서 실험을 했다. 새로운 사실을 확인하게 된 것이다.

40여 년을 내용이 비슷한 꿈을 꾸었다. 그 꿈의 내용은 한결같이 '너는 할 일이 따로 있다. 더 큰 일을 해야 한다'는 것이었다.

나는 꿈에 대해서 깊이 생각했다. 어릴 때부터 꿈에 나타나던 그 일을 예사롭게 여기지 않고 숙고하기 시작한 것이다. 심취하고 연구한 끝에 결국 찾아낼 수 있었던 것이 '인간에게는 기가 있다'는 계시였다.

우리가 살고 있는 이 지구상에는 60억 명의 인간이 생존한다. 태어나고 죽고 또 태어난다. 2030년에는 이 지구상의 인구가 70억이나 될 거리는 예측기사가 나오기도 한다. 그런데 그토록 급증하는 인간에 대한 연구소가 없다는 것이다. 인간 삶에 대한 종합연구소가 없다는 것이다. 물론 의학연구소, 인간복제연구소 등도 인간에 대한 연구소라 할 수는 있지만 종합적이고 복합적인 인간연구소가 없는 것이다.

우주만물이 생성되는 데는 많은 변화가 주어지고, 그에 따라 많은 재앙이 나타나기도 한다. 그것은 곧바로 우리들 인간에게 미치는 영향이 지대한 것이다. 언제 어디서 무엇 때문에 어떤 사고가 발생하는지, 또는 그 사고들이 발생할 시기가 언제이며 어떤 곳에서 나타났을 때 미리 막을 수 있는 방법이 있는지 없는지를 연구하는 기관이 없었다는 것이다. 이것은 개인적인 차원이 아니라 범국가적, 범인류적 기관이 있어야 한다는 것이다. 그러한 기관도, 학자도 없는 것이다. 있다면 다만 역학자나 무속신앙이 가지고 있는 일부 사람들의 어불성설일 뿐이다. 그래서 나는 나에게 주어진 계시라는 것이 바로 이 인간의 기를 불러일으키는 것으로 받아들여 지금도 끊임없이 연구에 연구를 거듭하고 있는 것이다.

신당동 화재시 인재가 발생하지 않은 것은 천우신조라고 밖에 달리 표현할 말이 없다. 그 당시 불이 난 사무실 출입구에 걸려 있던 칠성부(북두칠성에서 기를 발사하는 부적)라는 부적 덕택에 사람은 죽거나 다치지 않은 것이 아닌가 하고 생각한다.

불길이 치솟아 액자에도 불이 붙었는데 액자 겉면이 좀 타기는 했지만 그림은 전혀 손상되지 않은 희귀한 일이 발생한 것이다. 그래서 이렇게 효험이 좋은 칠성부를 독자 모든 분들에게 행운이 가길 바라는 마음에 이 책에 수록하였다.

수시로 보고 이 부적을 향해 기도를 하면 좋을 것이다.

음양오행陰陽五行에 따른 특수 영재교육을 반드시 실시해야 한다. 영재교육은 선천적으로 우수한 소질과 재능을 타고난 아동이나 청소년을 조기에 판별하여 그 능력이 최대한 계발될 수 있도록 돕는 특수화된 교육의 영역을 말한다. 지체부자유아 · 정신박약아 등의 특수교육과 마찬가지로 영재교육도 특수한 방법으로 이루어져야 효율적이다.

선진국일수록 과학이나 예능뿐 아니라 다방면의 영재들을 모아 특수교육을 시행하는데, 우리나라의 영재교육은 아직 미흡한 데가 많으므로 보다 차원 높은 교육프로그램이 절대 필요하다. 대개 연령별로 상위 2% 정도가 영재라고 한다. 이들은 학습 속도가 빠르고 지적 수준이 높으며 흥미영역이 다양하고 독자적으로 학습해 나가려는 특성을 지닌다. 따라서 이들의 특성과 요구에 맞는 수준 높고 다양한 교육을 제공하고, 능력에 따른 빠른 학습 진도를 허용하며, 현저하게 뛰어난 경우 개인지도나 특별지도를 병행해 성장속도에 맞게 수준을 끌어올릴 필요가 있다.

우리나라에 특수 영재교육기관과 제도적 장치가 없는 것은 아니지만, 그간의 보편화 · 대중화 · 평준화 교육시스템이 영재들의 성장에 장애요인으로 작용한 경우가 많았다. 이제부터라도 수준 높은 영재 선발 및 교육 프로그램을 고민해야 한다. 각 분야 전문가가 특수교육을 실현하고 이에 따른 재원은 모두 국비로 충당, 교육자나 교육생 모두가 생활이 안정되도록 할 필요도 있다.

한편 영재를 선별함에 있어 음양오행에 따라 木 火 土 金 水의 체질로 분류하여 가장 잘 조화될 분야를 집중 교육시킬 필요가 있다고 본다. 체질과 전문분야가 맞지 않을 경우 재능은 있으나 제대로 활용되지 않아 중도에서 좌절하거나 해당 분야에 싫증을 느껴 도태될 수 있기 때문이다.

오행적 체질에 대한 상세한 내용은 필자의 독창적 발견이므로 여기서 기술하지 않지만 국가적 차원에서 전문기관을 통해 의뢰해 온다면 국가 백년대계를 위해 기꺼이 참여하겠다. 오행에 따른 영재 선별은 1차로 400명 하는데 木 체질 100명, 火 체질 100명, 金 체질 100명, 水 체질 100명 등 400명으로 하고 土 체질은 화합적 중간이므로 따로 선별하지 않는다.

선별된 영재들은 국가로부터 평생토록 모든 보장과 보상을 받게 되므로 오직 국가와 민족을 위해 헌신한다는 동의와 서약을 해야 한다. 교육이 끝나고 연구 과정에 들어가면 세계 명문대학이나 관련단체에 유학하고 각 분야의 재능을 한층 더 업그레이드할 수 있도록 국가는 최선의 방법을 강구해야 한다. 성과에 따른 인센티브도 주어져야 한다.

1차 선별된 영재교육이 완성단계에 이르면 자연스럽게 체질별로 분류해 모든 분야에서 맡은 바 임무를 차질 없이 수행하게 될 것이다. 木과 金 체질은 모든 일에 대해 기초과학의 설계에서부터 완성까지 한 치의 오차도 없는 기획을 세워나갈 것이고, 火와 水 체질은 정치 · 경제 · 사회 · 문화 등 모든 분야를 관장하는 인재 풀이 될 것이다.

영재는 1차 400명, 2차 2천 명, 3차 3만 명으로 늘리고, 10년 내에 영재교육 및 연구 인력을 20만 명 수준으로 늘려, 결원이나 낙오 · 도태하는 경우 보충하고 그 후에도 계속하여 오행의 체질에 맞는 영재를 선별해 교육시켜야 한다. 2050년이 되면 세계 초강대국인 미국을 앞서게 되고, 2061년에는 세계를 통치할 세계의 대통령이 우리 대한민국에서 나오게 된다.

힌편 영재를 선별함에 있어서 부모의 체질과 사주팔자도 비교 · 분석하여 합치시켜야 할 것이다. 金 체질과 水 체질은 음陰, 木 체질과 火 체질은 양陽이므로, 음양의 조화가 정확하게 합치되었을 때 영재적 두뇌를 가진 아이가 태어나고 그 영재는 훌륭하게 성장하게 된다. 또 국가가 건강을 보살피게 되므로 100세 이상 건강하게 연구와 실천에 이바지하게 될 것이다.

영재의 선별은 남녀 누구나 가능하다. 사회적 문화적 분야는 오히려 여성이 유리할 것으로 보이는데, 이는 남성보다 더 섬세하고 주도면밀한 체질을 가졌기 때문이다. 이들에게는 거주의 자유를 절대 보장해야 한다. 다만 세계 어느 곳에 거주하든 대한민국의 국위선양이 삶의 제1모토가 될 수 있도록 투철한 사명의식을 가져야 한다.

오늘날 중국의 영재교육생은 대략 50만 명이라고 한다. 중국 전체 인구(17억 명)를 생각하면 그리 많다고 할 수 없다. 선별 과정이나 방법도 우리와 차이가 있을 것이다. 실제적인 교육방법이나 내용도 베일에 가려 있다고 보아야 한다.

필자가 계획하는 방법은 대상자와 부모에 대한 대운大運과 세운歲運까지도 면밀히 분석하기 때문에 중국 영재들과는 모든 면에서 비교될 수 없다. 주도면밀하게 선별된 대한민국의 영재 1명이 중국 영재 1,000명의 두뇌 수준과 맞먹는다고 보면 되겠다. 중국 영재 50만 명이 특수교육을 받는다 하더라도 우리나라 영재 250명 정도 수준이라는 의미다.

부디 이번 정부에는 성공하는 대통령이 나오기를 간절히 바란다. 넓은 아량으로 임한다면 반드시 성공할 것이다. 세계적 위대한 대한민국을 만들어주시기 바란다.

개명으로 운이 열린 사례

필자가 개운과 개명에 대해 감정했던 명사들과 그밖에 몇 명의 사주 변화를 원문 그대로 수록한다. 본명은 밝히지 않는다.

현재 좋은 이름

이름 : 정○○				생년월일시 : 1945年 8月 1日 午時									
사주팔자				대 운									
戊	戊	甲	乙	甲	乙	丙	丁	戊	己	庚	辛	壬	癸
午	寅	申	戌	戌	亥	子	丑	寅	卯	辰	巳	午	未
時	日	月	年	100	90	80	70	60	50	40	30	20	10

정모 장관은 금상첨화의 사주를 타고났다.

대운이 40세부터 100세까지 계속되는 개운開運으로 백수百壽의 장명長命이다. 年上 月上 투관透官으로 백성을 보호하는 것이 임무다. 관은 법으로써 백성을 보호하며 재산과 생명을 지키고 보살피며, 의식주를 마련해서 부양하고 보호하는 것이 명맥命脈이다. 위 사주는 만인을 다스리는 대운이 40세부터 60년간 이어진다.

일간^{日干} 무토^{戊土}요, 月의 年干 관이 극^웬으로서 生으로 변하니 마을 성곽에 나타난 황호^{黃虎}의 형국이다. 기골이 장대하고 위인풍이 서려 있으나 마음은 소심하다. 따라서 겉으로는 둔한 듯하지만 신경이 과민한 편으로 명예를 중히 여기는 사주다. 오행상으로 戊寅은 月上 年上 甲乙木이며, 木극 土다. 天干 戊土가 지지^{支地} 寅木으로 충을 당하는 관계이므로 항상 마음속으로 우열의 싸움이 그치지 않아 마음에 갈등을 일으켜 안정되지 않을 때도 간혹 있다. 그리고 반항심을 불러일으켜 중용의 도를 잃고 쟁론이 있을 때도 많다. 살아가면서 타인과 화합하기 어려울 때도 있어 결국에는 배신을 당하고 따돌림을 당하는 경우도 생긴다.

日干 戊土는 관 용신으로 천지가 뒤바뀌어 대망의 결실이 있는 사주다. 정치적으로 대성하는 격이니 2004년부터 대관^{大官}의 운으로 변한다. 권위와 명예를 상징하고, 신용, 자비, 덕성, 품위, 재지, 발전 등이 따른다. 50세 이후 30년간 대성관^{大成官}으로서 큰 벼슬을 하고 녹을 먹으며, 산전수전을 다 겪는다.

그러나 동고동락한 동지는 잊어버리지 않고 항상 마음속에 간직하며, 처세가 능소능대하여 제왕의 자리에 앉는 운으로 변한다. 2004년부터는 일생일대의 전성기요, 천하의 왕자로 군림하며, 대업을 꿈꾸는 사주가 필연적이다. 수완과 역량이 뛰어나고 백절불굴의 의지로 어떠한 간섭이나 지배도 받지 않고 자력으로 대사를 벌여 성취하게 되는 사주다.

| 1942년 4월 8일 | 金省材 |
| 1947년 5월 15일 | 李采姸 |

삼합인장三合印章과 개명으로 개운이 된 경우

정동진鄭東鎭을 鄭同軫으로 개명하니 유광명지의有光明之意하며 천심월광天心月光하고 정조만리正照萬里하는 운세로 1947년 1월 16일 辰時生이다. 상서로운 일이 연속적으로 일어나니 하늘의 뜻과 달빛이 고루 만리에 비친다.

삼합인장은 기를 증폭시켜 뜻하는 일이 대통하며 소원을 성취한다. 선빈후부先貧後富하고 심광체비心廣體肥라 처음에는 힘겨울 수도 있으나 나중에는 풍요로우니 마음이 넓어지고 몸은 살찌리라. 기회를 잘 포착하여 움직이니 그 공로가 갑절이요, 귀인이 와서 도와주니 재물을 크게 얻는다. 이름과 인장이 안성맞춤으로 운세를 상승시키고, 운수가 더욱 대길하니 바른 마음 바른 자세로 가다듬으면 뜻밖의 공명을 얻으며, 그 이름을 사방팔방에 떨치게 된다.

삼합인장과 고친 이름은 인인성사因人成事하고 만인유정萬人有情이라 세상 사람이 모두 형제요, 귀인이로다. 친구와 더불어 높은 자리에 오르게 되니 칭송이 자자하다. 하는 일마다 뜻대로 이루어지니 신수가 대길하다. 가산이 넉넉해지고 신록이 무성하여 원만한 가운데 복락이 깃드니 어찌 기쁘지 않겠는가.

지난 6년간은 하락한 운세지만 금년 5월부터 운이 상승한다. 사업가는 약하고 녹봉은 대길하다. 삼합인장은 막혔던 길이 확 풀리는 형상이다.

은행비밀번호는 고기와 용이 물을 만난 듯 의기양양이다. 일신이 안락하게 되고 모든 일이 순조롭게 진행되므로 천만금을 얻는다. 재물이 풍만하니 사업이나 일이 잘 이루어지고 순풍에 돛을 단 듯 천리를 행한다. 액운이 전혀 없으므로 모든 일이 순조롭게 번창하리라.

교통정리하는 음양대가陰陽大家의 조언을 받으면 산야에 풍년이 들고 만인이 스스로 도우리라. 계속 대길하므로 말년이 부귀영달하여 79세까지 계속 이어진다.

개명과 상호 변경으로 개운이 된 경우

상호는 서흥瑞興이다. 유광명지의有光明之意하며 천심월광天心月光 정조만리正照萬里라. 상서로운 일이 연속적으로 일어나 하늘의 뜻과 달빛이 만리를 비춘다. 운수 대통하는 상호로 경영하는 일이 뜻대로 잘 이루어지리라.

평상시에 늘 덕을 쌓아라. 그리하면 많은 일이 성취되리라. 선빈후부先貧後富하고 심광체비心廣體肥니 처음에는 힘에 겨울 수도 있으나 나중에는 풍요로우며, 마음이 넓어지고 몸도 살찌리라. 기회를 잘 포착하여 움직이니 그 공로가 갑절이다. 귀인이 와서 도와주니 재물을 크게 얻는다.

가끔 상호와 운세가 상승하여 기가 증폭하기도 하므로 운수가 더욱 대길하다. 바른 마음, 바른 자세로 가다듬으면 뜻밖의 공명을 얻게 되고 이름을 사방에 떨치리라.

김성재金省材, 이채연李采妍으로 개명하니 인인성사因人成事하고 만인유정萬人有情이라. 세상 사람이 모두 형제요, 귀인이로다. 친구와 더불어 높은 자리에 오르게 되니 칭송이 자자하다. 하는 일마다 뜻대로 이루어지고 신수가 대길하다. 가산이 넉넉해지고 신록이 무성하니 원만한 가운데 복락이 깃든다.

이름에 쓰지 않는 한자 136가지

아래, 가급적이면 이름에 쓰지 말아야 할 글자들을 가나다 순으로 정리해 놓았다. 물론 불용문자라 해도 사주, 용신과 맞으면 오히려 길할 수도 있다. 그러나 사주와 작명의 기초를 모르는 일반인이 자녀의 이름 등을 지어줄 때에는 일단 피하는 것이 좋다.

예로부터 우리 조상들은 귀한 자식일수록 천한 이름으로 부르는 경우가 많았다. '모난 돌이 정 맞는다'는 말처럼 어딘가 특출나고 귀하면 조금 더 타인의 관심을 받게 되고, 구설이나 경계의 대상이 되기 쉽다. 그러므로 가능하면 남들 눈에 띄지 않는 평범한 이름으로 불러 불필요한 해악을 피하고자 하는 마음이 컸던 것이다.

복福이나 보寶처럼 좋은 뜻의 글자를 이름에 쓰지 않는 데에는 이러한 정서가 밑바탕에 깔려 있다고 할 수 있다. 또한 아무리 좋은 것도 적절한 자리에 배치되지 않으면 오히려 화가 될 수 있다. 너무 좋은 뜻을 가진 글자들은 그에 걸맞는 자격을 가진 사람이 써야 빛을 발할 수 있는 것이다.

원칙적으로 모든 이름은 사주에 맞춰 그것을 보완하는 방향으로 짓는 것이 좋다. 그것이 어려울 때에는 아래 불용문자를 참고하여 불길한 문자는 피해 가기를 바란다.

불용문자표

江 강	풍파가 많으며, 고독·불화·부부이별이 많아 쓸쓸한 삶을 살게 되며 불치병수가 있다.
介 개	성격이 과격하며 부부이별 또는 질병·사고 등으로 인해 고통과 고생이 심하고 조난 등이 빈번하다.
卿 경	사업파산 등 풍파가 많다. 부부이별하고 고독하며, 건강이 좋지 않아 단명한다.
庚 경	부모형제의 덕이 없고 실패가 많으며 질병·사고·고독으로 고통을 받는다. 과부·홀아비 신세가 많다.
桂 계	부부운이 크게 불길하여 생리사별하며, 고독하고 인덕이 없다.
坤 곤	실패와 불운이 따르며 질병과 사고, 단명 등 고통이 따른다.
光 광	성격이 포악해지고 주색으로 몸을 망친다 단명·불치병수가 있다. 특히 시력이 약해지며, 몸에 큰 상처를 입는다.
九 구	고독·질병이 따르는 운수이며 단명·횡액과 조난을 당하기 쉽다.
菊琴錦 국금금	부부운이 박하고 질병·사고 등으로 많은 고통이 따른다. 천박하다.
國 국	관재·구설이 많으며, 교통사고 등 횡액이 빈번하여 불행하고 단명한다.
貴 귀	만사 불통이며, 가정불화가 끊이지 않아 과부나 홀아비가 되기 쉽다. 교통사고수가 있다.
極 극	부모형제의 덕이 없고, 병약하고 허약하여 고통을 받는다. 부부 생리사별과 관재수가 있다.
根 근	단명·불치병·건강을 해치며 부모형제와 자녀의 덕이 박하다.
今 금	하는 일이 실패가 많고, 이사와 직장의 이동이 많으며 부부와 자녀운이 박하다. 불치병 등이 있다.
吉 길	풍파가 많으며, 인덕이 없고 주색으로 인해 망신을 당한다. 교통사고수와 관재수가 있다.
南 남	질병으로 고통이 심하며, 특히 여성에겐 부모형제의 인덕이 없고 불행하다. 과부·홀아비가 많다. 장애자 운이 있다.

男 남	미천한 상으로 인덕이 없고 부부이별 등 고통이 심하다. 여성에겐 더욱 심하다. 관재 · 모함 · 시기 · 질투가 많다.
女 녀	고통이 심하고 고독하고 인덕이 없으며, 무당 · 과부 · 화류계 여성이 많으며 파산운이 있다.
乞 돌	의리는 있으나 고난과 고통이 따르며 재산이 흩어진다. 독신운과 파산운이 있다.
童 동	관재 · 구설 시기 등이 많다. 비천하고 실패가 많으며, 어리석은 사람이 많다.
東 동	고집이 세고 실패하기 쉬우며, 고독하고 질병이 많다. 교통사고 등이 잦다.
蘭 란	부부 생리사별이 많고, 질병 · 고통이 많으며, 쇠퇴하는 형국이다. 단명운이 있다.
蓮連 련	고독하며 과부 · 무당 화류계 여성이 많다. 가정운도 불길하다. 이기심이 많고 파멸운이 있다.
禮 례	사고를 잘 당하며 자만심이 강해 실패가 많다. 과부 · 무당 · 화류계 여자가 많다. 부도 · 교통사고 등이 있다.
魯 로	우둔하고 질병 · 재난이 많으며 주색에 빠진다. 시기 · 질투로 평생 고달프다.
了 료	모든 것이 끝나는 형상으로 피하는 것이 좋다. 단명운이 있다.
龍 룡	허망한 꿈을 꾸며, 주색에 빠지기 쉽고, 관재구설을 잘 당하며 고독하다. 불치병이 유발되고 단명한다.
馬 마	천박 · 빈천하고 실패가 많으며 고통이 따른다.
滿 만	부부인연이 박하고 인덕이 없으며, 흉이 많고 단명운이 있다.
萬 만	인덕이 없고 고난과 고통이 많으며, 자녀운도 박하다. 시기 · 질투 등이 자자하다.
末 말	부부인연이 박하고 인덕도 없으며, 빈천하게 산다. 단명한다.
梅 매	고독하고 부부이별하며, 파괴 · 재난이 많다. 무당 · 과부 · 화류계 여성이 많다.
命 명	사업실패 등의 흉, 신체허약하여 단명하며, 자녀운도 나쁘다.
武 무	부부운이 박하며, 가정운도 좋지 않지만 사주가 왕성하면 무관하다.
默 묵	삶의 기복이 심하고 고통이 따른다. 허약한 체질이 많고 단명운이 있다.
炳柄丙秉 병	고난과 고통이 많으며, 교통사고 등 불의의 재난을 잘 당한다. 단명운이 있다.

223

寶 보	부부이별수가 있으며, 애정의 번뇌가 심하다. 파산 · 시기 · 질투가 많다.
福 복	신체가 허약하고 욕심이 많은 상이다. 파괴 · 실의 등의 운이 있다. 무당 과부 · 화류계 여성이 많다.
奉 봉	고난 · 고독 · 고통이 많이 따르고 과부나 중이 많다. 단명한다.
鳳 봉	고집이 세고 고독하며 과부 · 화류계 여성이 많다. 파산 · 재앙이 많다.
富 부	고집과 욕심이 많고 천박하다. 실패가 많고 단명한다.
分粉 분	부부 생리사별 하기 쉽고 질병으로 고통을 받으며 고독하거나 과부가 많다. 사업에 실패하는 경우가 많다.
四 사	조난 · 단명 · 고독한 수리다. 파산 등의 대흉으로 운이 좋지 않다.
山 산	파산 · 재앙 · 고독 · 질병으로 고통이 따르고 과부나 중이 많다.
三 삼	분열이 심하고 구설수가 많다. 이별 · 질투 · 단명 등의 운이 있다.
生 생	고독 · 질병 · 고통이 따르며 부부운도 좋지 않다. 교통사고 등으로 몸에 큰 흠집이 생긴다.
石 석	고집이 세고 하는 일에 실패가 많다. 부부운이 대단히 불길하다. 빈번한 이적과 시기 · 질투가 많다.
星 성	박복하고 사업 실패와 고통이 많으며, 과부 · 홀아비가 되기 쉽다.
壽 수	단명하고 고통과 질병이 많으며 천박하게 산다. 실패운이 있다.
洙 수	질병이 많고 좌절과 고통이 많이 따른다. 관재수가 있고 질투 · 시기가 많으며 교통사고 수가 있다.
淑 숙	조숙하고 이성관계가 복잡하며, 고독 · 고통 · 지변이 많다.
順 순	남편과 이별하거나 불화하며, 과부 · 화류계 여성이 많다. 고난과 고통이 따르며 단명하는 수다.
錫 석	부부불화가 심하고 재물의 낭비가 많으며 질병과 사고 등이 많다. 이기적인 경우가 많아 시기 · 질투가 끊이지 않는다.
時 시	하는 일에 실패가 많다. 파괴 · 흉상 · 고독 · 질병 · 사고가 많다.
植 식	패배와 망신을 반복하는 등 성공과 실패가 기복이 심하며 고독 · 질병 등이 많다.
實 실	질병으로 고통이 심하며, 인덕이 없고 자식 · 부모운이 박하다. 횡액을 잘 당하며 파산 등 큰 재앙이 많다.
心 심	신체가 허약하며 질병도 잦다. 고독하고 과부 · 화류계 여성이 많다.
岩 암	불치병 · 단명수, 평생 고난과 실패가 많고 부부간의 불화도 있다.

愛 애	부부이별하며, 과부나 화류계 여성이 많다. 시기·질투 등이 많다.
烈 열/렬	부모덕이 없고 고통스럽다. 허약·고독하다. 단명한다.
英 영	고집이 세고 부부간의 불화 등으로 고통이 많으며, 특히 여성에게 그러하다. 교통사고 등 불의의 사고가 많다.
泳 영	실패와 좌절이 많고 인덕이 없다. 시기·질투 등 고난이 많고 교통사고 등 단명수가 있다.
五 오	주위에 적이 많으며, 고독·고통·실패가 많다.
沃 옥	파산 등 재운이 없으며 질병으로 고통을 받거나 고독하다.
玉任 옥임	두뇌회전은 빠르나 부부간의 갈등이 심하고 단명한다.
外 외	인덕이 없고 하는 일에 실패가 많다. 재물의 낭비가 대단히 심하다.
雨 우	구설수가 많으며 평생 고난과 고통이 따른다. 단명수가 있다.
雲 운	불치병이 유발되거나 단명한다. 매사가 어려우며 실패가 많다. 중이나 무당이 많다.
遠 원	평생 고난과 고통이 따르며, 고독하다. 관재·구설이 많다.
月 월	파산·부부운이 특히 나쁘다. 과부·무당·화류계 여성이 많다.
銀 은	고통과 고난이 많으며 질병과 교통사고·파산 등이 일어난다.
二伊 이	부모형제의 덕이 없다. 허약하며, 질병이 많고 사고수가 있다.
日 일	인덕이 없고 가정불화나 이별·파산 등으로 고통이 많다.
子 자	병약하고 부부운이 불길하며, 고통이 많다. 단명한다.
宰 재	신체가 허약하여 고통이 심하고 파산·시기·질투·관재수가 많다.
載栽哉 재	신체허약하고 파산·고난·고통이 많으며, 이직 등 변동이 많다.
在 재	신체허약하고 부부간의 갈등이 심하다. 관재수가 많고 실패가 잦으며 파산 등 고통이 많다.
占 점	부부갈등이 심하고 자녀운이 나쁘며, 건강을 해친다. 무당 등 천박한 성품이 많다.
點 점	부모자녀의 덕이 없으며 고독하고 고통이 많다. 시기·질투 등으로 망신을 당한다.
珠 주	신체의 질병으로 고통이 심하고 애정의 번뇌가 많다. 과부·홀아비가 많다.
仲中 중	중도 좌절하거나 실패가 많으며 부부운도 불길하지만 사주가 왕성하면 무관하다.

鎭 진	인덕이 없고 하는 일에 실패가 많다. 관재수가 있고 단명한다.
昌 창	부부운이 불길하며 고독과 구설수가 있고 색정의 번뇌가 많다. 파산수가 있다.
天 천	부모덕이 없고 부부간의 인연도 박하며 단명하는 수도 있다.
春秋 춘추	부부운이 불길하며 주색으로 고통이 많다. 중상 등 우여곡절을 겪고 실패한다.
七 칠	성격이 거칠고 고독하다. 구설수가 많으며 단명한다.
兌 태	고독과 고난이 많으며 부부이별 등 고통이 따른다. 교통사고 등 대형사고를 겪는다.
八 팔	사업 실패가 많으며, 부부갈등으로 이혼하거나 별거하기 쉽다.
夏 하	실패가 많다. 주색을 좋아하고 과부·무당·화류계 여성이 많다.
海 해	고통이 심하고 하는 일에 실패가 많다. 고독·고통이 많이 따른다. 단명수가 있다.
夏 하	실패가 많다. 주색을 좋아하고 과부·무당·화류계 여성이 많다.
海 해	고통이 심하고 하는 일에 실패가 많다. 고독·고통이 많이 따른다.
幸 행	고통이 많고 실패가 많으며, 주색으로 건강을 해친다. 불치병으로 고통을 받는다.
香紅 향홍	이혼 등 부부운이 나쁘며, 고독하거나 고통이 많다.
好 호	부모형제의 덕이 없고 고독하며 고통이 많다. 색정 등으로 번뇌를 하게 되고 실패한다.
虎 호	성격이 급하고 사업 실패가 많으며 부부운이 불길하다.
鎬 호	인덕이 없고 주색 등으로 부부간의 갈등이 있다. 교통사고 등으로 실패한다.
華 화	부부·자녀운이 없으며, 고독하다. 과부·화류계 여성이 많다. 실패수가 있고 외국으로 가게 된다.
花 화	고독하고 고통스러우며, 부부간의 갈등이 심하다. 과부·화류계 여성이 많다. 실패가 많다.
勳 훈	하는 일에 실패와 고통이 많으며 부부운이 불길하다. 색정 등에 고난을 겪고 단명한다.
熙 희	인덕이 없고 부부이별하거나 고통·단명·관재수가 많다.
嬉熹僖 희	인덕이 없으며 질병으로 고생하고 단명한다.

一甲孟昆元宗先胤大長太泰弘德碩奭甫

모두 첫째·맏·으뜸·크다는 뜻으로 장남이나 장녀에게 사용한다. 만일 차남이나 차녀 이하의 사람이 쓰게 되면 하극상이 일어날 수가 있는 나쁜 수리다. 부부간의 이별이나 고독. 고통 등이 올 수 있다. 특히 교통사고와 사업 파산. 불치병이 많다.

기증폭대회 및 사례

일상생활에서 가장 중요한 것은 두말 할 것도 없이 이름과 행운번호 그리고 삼합인장이다. 그러나 이것이 자신의 운세와 맞아야 강한 기가 증폭될 수 있다. 서정범 교수의 소개로 버트링 연구가에게 실험한 결과 인장에도 기가 있다는 것이 판명되었다.

또한 편안한 마음, 훌륭한 생각, 남을 사랑하고 공경하는 자세로 기를 증폭하면 반드시 건강해지고, 하고자 하는 일이 순조로워진다. 모든 사람이 자신에게 긍정적 반응 작용이 일어나 비판적이던 사람이 호의적으로 바뀌기도 한다.

손자에게 기를 증폭시켜 준 케이스

신정음양연구회 정회원인 K씨(60)의 경우다. 1998년 어느 날 그가 필자에게 전화상담을 해왔다. 세 살짜리 손자가 매일 울기만 하고 1년 내

내 코를 흘리는 증세를 보인다고 했다. 밤이 되면 더욱 심하다는 것이었다. 병원에 가도 별다른 진단을 내리지 못한다며 하소연을 늘어놓았다. 필자는 우선 아이를 데리고 사무실로 나오라고 했다.

이상한 것은 병원 문 앞에만 가면 소스라치게 울던 아이가 필자의 연구실에 들어서면서는 전혀 울지 않았다는 사실이다. 오히려 아주 편안한 모습이었다. 필자는 아이를 쓰다듬고 기 증폭을 해주는 글자로 경면주사를 사용하여 처방을 내렸다.

그렇게 1년이 지나고 들은 바에 따르면 아무런 장애도 없고 건강하게 잘 지내고 있다는 것이었다.

그 소문에 김영숙(60)이라는 여인이 가슴이 답답하고 머리가 아프다면서 필자를 찾아왔다. 병원에 다녀도 소용없고, 아무 이상을 발견하지 못했다고 했다. 필자는 그 부인을 유심히 관찰하고 사주를 풀어보았다.

"부인의 연세는 60입니다. 좀 늦은 경우지만 개명을 하십시오. 그리고 새 이름으로 삼합인장을 만들고 행운의 번호를 가지세요."

그리고 기 증폭까지 해주었다. 그날 이후 부인은 본래대로 건강을 되찾아 농사일도 잘 하고 있다고 한다.

손자를 데리고 왔던 K씨의 둘째 딸이 어느 날 갑자기 쓰러졌는데, 병원에서 정밀진단을 받았으나 아무런 이상을 발견하지 못했다고 한다. 몇몇 큰 병원을 다녀도 마찬가지였다. 그들 부부는 결국 딸을 데리고 필자를 찾아왔다.

1999년 1월 그들의 딸은 고개도 들지 못하고 사지가 축 늘어진 상태였다. 필자가 보기에 그녀는 기가 완전히 빠져 있었다. 우선 기 증폭이 급선무였다. 그리고 개명을 하고 삼합인장을 만들어주었다. 그리고 3일 이내에 차도가 없으면 다시 오라고 했다.

다음날 K씨로부터 전화가 왔는데, 딸아이가 밥을 먹기 시작했고, 힘을 얻어 걸어 다니며 말도 잘한다며 기뻐했다. 그리고 며칠 후 다시 전화가 왔다. 3일이 지나면서 예전으로 돌아왔으며, 전보다 더 활기차게 생활을 한다는 것이었다.

K씨의 부인은 손자나 딸의 경우를 지켜보며 그동안 가졌던 기에 대한 불신을 누그러뜨릴 수 있었다. 그래서 그녀는 자신도 기 증폭을 받겠다며 전화를 통해 이름과 생년월일시, 신장, 체중, 혈액형 등을 알려왔다. 필자는 사주를 분석한 후 처방을 내렸다.

한 달이 지났을 무렵 K씨가 전화를 해왔다. 평소 불평불만이 많았고, 신경질적인 사람이던 아내가 완전히 달라졌다는 것이다. 일을 하면서도 콧노래를 흥얼거리고 삶의 보람이 가득한 사람으로 변했다고 했다.

수맥차단으로 사업을 번창시키다

어느 날 절친한 선배 한 분이 누군지도 모를 생년월일시를 주며 사주를 풀어달라는 것이었다. 필자가 풀어보니 많이 살아야 5, 6개월 이상은 살 수 없는 것으로 나왔다.

"이제 60세밖에 안됐지만 이 사람은 5, 6개월밖에 못 삽니다. 사업은 말기 현상에 이르렀고, 부도 위기에 몰렸습니다. 사업도 그렇지만 불치병이 문젭니다. 지금 이 사람의 몸에는 나쁜 기가 흐르고 있는데, 조상의 묘에도 나쁜 기가 흐르고 있습니다. 묘터가 대단히 좋지 않네요. 더 볼 필요도 없겠습니다. 그런데 이분이 누굽니까?"

그러자 선배는 벌컥 화를 내는 것이었다.

"야, 임마! 그런 엉터리 같은 소리가 어딨어? 이 분 조상의 무덤은 왕릉 터보다 더 좋은 곳이라고 했어. 그리고 집도 아주 오랫동안 살아오면서 어디 하나 고친 곳 없는데 무슨 잠꼬대 같은 소리냐!"

"그럼, 우리 한번 확인해 볼까요? 내 말이 틀림없습니다."

필자는 그 길로 그 집을 찾아가 보았다. 그 집은 강남에서도 요지로 정평이 나 있는 대단히 잘 지은 주택이었다. 하지만 이미 나쁜 기가 흐르고 있었다. 수맥이 대주大主와 맞지 않았다. 집이 주인과 맞지 않으니 불치병 환자가 생겼던 것이다. 그리고 내친 김에 조상의 묘를 보러 갔다. 묘를 만들 당시에는 나름대로 명당이라고 했겠지만 그렇지 않았다. 화려하게 치장은 했지만 필자가 보기에 그 자리는 묘를 쓰면 안 되는 자리였다. 살고 있는 집보다 더욱 강하게 나쁜 수맥이 흐르고 있었다. 필자는 집 주인과 상의한 후 바로 고치는 작업을 시작했다.

그 산에도 명당이 있었다. 그래서 그곳 흙 다섯 섬을 파다 분묘에 골고루 덮고 주변에 뿌리면서 수맥의 방향을 돌리는 의식을 치렀다. 그 작업은 이틀에 걸쳐 진행되었다.

한 달이 지났을 무렵, 집 주인이 필자를 찾아와 다짜고짜 큰절을 하는 것이었다. 자신의 몸이 언제 그랬냐는 듯 말끔히 나았다며 기뻐했다. 그러면서 살고 있는 집에도 수맥을 차단시켜 달라고 했다. 필자는 그의 소원대로 수맥을 바꿔주었는데, 그 이후로 사업도 번창한다며 감사를 표했다.

기 증폭과 삼합인장의 복합효과

1998년 여름, 30여 년 공직생활을 하다 건강이 악화되어 명예퇴임을 앞둔 한 남자가 필자를 찾아왔다. 필자는 그의 가족 생년월일시를 대입해서 사주를 풀어 숫자의 배열과 행운번호, 그리고 기 증폭에 삼합인장을 해서 주었다. 그는 5일 후에 큰 수술을 하기로 되어 있었는데 어떻게 해야 할지 망설이던 중이었다.

"그날은 선생의 사주팔자에 천지충天地沖이 있습니다. 그런 날은 신상에 불길한 일이 생기는 날이니 다음으로 연기하십시오. 명상을 한 후 다시 봐 드릴 테니 내일 다시 오십시오."

다음 날 찾아온 그에게 필자는 전신을 가볍게 지압하고 통증이 심한 부위에 집중하여 기를 불어넣었다. 시간이 조금 지나자 그는 기분이 상쾌해지며 통증이 가라앉는다고 말했다. 그리고는 수술을 미루고 매일 필자를 찾아와 30분씩 집중 치료를 받았다.

그의 병은 수술을 하지 않으면 복부 팽창으로 죽을 수도 있는 것이었다. 수술을 해도 50%를 자신할 수 없다는 것이 의사의 진단이었다. 의사가 그렇게 말했기 때문에 그의 아내는 수술을 연기한 남편을 걱정하지 않을 수 없었다. 결국 그의 아내가 필자를 찾아와 기 치료를 받는 것을 못 믿어 하며 걱정을 털어놓았다.

"물론 현대의학적 측면으로 보자면 이해하지 못할 겁니다. 하지만 현대과학이나 의학으로도 해결하지 못하는 부분이 상당히 많습니다. 그것을 음양에서 풀어내고 있습니다. 또한 기는 과학적으로 증명되지는 않았지만 의학은 기에서 비롯된 것입니다. 기는 바로 힘입니다. 저는 이 기의 원리를 이용해서 난치를 극복시키는 겁니다."

한참 동안 필자는 그녀에게 기에 대한 설명을 했고, 그녀는 조금씩 이해하는 듯했다. 어쨌거나 그는 결국 수술을 하지 않고 지속적으로 기 증폭을 받아 완쾌되었다.

기가 증폭되는 자리에 세운 위령탑

    천택이天澤履와 지천태地天泰이니라. 연파만리에 금잉어가 뛰논다. 공정무하면 부귀가 유구하리. 명리가 같이 흥하니 일신이 화기에 찼다.

    덕을 쌓은 가정에는 반드시 많은 경사가 있으리라. 한 번 뛰어 용문에 오르니 의기가 양양하여 기쁘게 가인을 만나 노력하여 얻을 것이요, 하는 일은 하늘을 통한다. 좋은 운이 와서 이르니 만사여의하도다.

    대한민국은 세계중심국가로서 55숫자에 있다. 특히 지리산 자락 서부 경남 산청 · 함양사건 추모공원 위령탑이 중심이 되어 있다. 21m 높이로 솟은 탑 앞에 2시간 10분 정좌하여 무상으로 기 증폭을 해보라.

    용을 타고 범을 타니 부귀를 길게 누리고 상상력이 발생한다. 재앙을 막으니 길이 보인다. 의식이 유여하니 복록이 면면하리. 벼슬을 만나니 금관조복 입으리. 묵은 재앙이 가고 장차 새로운 복이 이른다. 관직자는 명예와 권력을 잡으면서 생각하는 대로 뜻이 이루어진다. 부부애와 자녀애가 좋으며 건강하여 소망성취하고 천재적인 재능으로 만인의 존경과 신망을 받는다.

위로 봉안각에서 억울하게 희생당한 705위의 위패 앞에 조의를 표하고 기도하면 덕을 크게 쌓을 것이다. 계속 기도하면 이상적인 명상이 떠오를 것이다.

추모공원에서 뒷산행로로 3km 정도 맨발 등산을 하라. 705위의 영령들이 통행하는 산행로이기 때문에 만인의 건강과 목적하는 바가 이루어질 것이다. 향과 초를 올려놓고 기도하라.

매일 기도하는 것이 좋고 그렇지 않으면 일주일에 3번, 한 달에 3번 이상이 아주 좋을 것이다. 강한 의지로 심취하면 필히 소망성취할 수 있다.

명상을 통해 미래를 엿보다

2030년, 한국에 위대한 도인이 출현한다

앞에서도 여러 번 기술한 바 있듯이 필자는 곧잘 명상을 하게 된다. 그 명상으로 얻어진 영감은 지금까지 한 번도 어긋남이 없었다. 여기서 명상으로 영감을 받은 예언을 몇 가지 소개하기로 한다.

서기 2030년이 되면 우리나라에 엄청난 기氣를 발산하게 될 도인이 나타난다. 조선 중기 선조 때 탁월한 지력과 높은 혜안으로 나라의 위기를 구해 크나큰 공훈을 세운 서산대사西山大師 : 1520~1604와 그의 제자 사명당四溟堂 : 1544~1610보다도 열 배 스무 배 탁월한 지혜와 깊은 혜안을 가졌으며, 엄청난 기를 가진 도인이 나타나 과거나 현재의 잘못에 대해 준엄한 심판을 내리고 응당한 벌을 가하게 된다.

특히 임진왜란을 비롯하여 현재까지 왜국倭國이 저지른 과오에 대해 정확한 판단으로 시비를 가려 준엄한 심판을 내릴 것이다. 왜국이 저지른 만행 중에서도 민황후 시해사건과 함께 금수강산에 박아 놓은 30여 만 개의 쇠말뚝에 대한 과오를 더욱 준엄하게 벌할 것이다. 그리고 2030년 에는 우리나라 산하에 박혀 있는 쇠말뚝은 모두 사라지게 될 것이다. 현 재도 그 쇠말뚝의 기맥 차단 효력은 이미 상실된 지 오래라고 볼 수 있 다.

곧 우리나라의 국운이 왕성하게 열릴 것이다. 세계를 향한 대한의 기 가 넓고 왕성하게 뻗쳐 갈 것이다. 왕성한 기의 시대가 오고 있다. 머지 않아 핵전쟁시대는 사라지고 기의 시대가 도래하는데, 이것은 우리 대 한민국에서 시작되어 전 세계로 퍼져나가 온 세상이 왕성한 대한의 기로 움직이게 된다.

2030년에 한국의 위대한 도인이 출현하게 되면 세계의 난제들을 쉽게 풀어갈 것이다. 아무리 신출귀몰한 행동을 할지라도 이 도인 앞에서는 주눅이 들어 꼼짝할 수가 없게 된다. 세계의 초강대국 미국에서도 지금 찾아내지 못하는 중동의 빈 라덴과 같은 인물일지라도 그때에 이런 일이 있게 된다면 숨어 살기에 어림 반 푼어치도 없게 된다.

그의 강한 기 앞에서는 꼼짝달싹할 수 없게 되므로 스스로 걸어나와 무릎을 꿇을 수밖에 없다. 드넓은 사막에 숨겨진 바늘 하나도 불과 며칠 이면 찾아내게 된다. 엄청난 신통력과 더불어 강한 기를 가졌으므로 그 앞에서는 어느 것 하나 거짓과 부정과 흉계 따위는 범접할 수가 없게 될 것이다.

그리고 21세기 중반에는 엄청난 세계적 변화가 있게 된다. 2030년에 서 2061년까지 31년 동안 이 지구는 큰 재앙을 맞게 된다. 세계적 전쟁 이 한 번 있게 된다. 제3차 세계대전이 될 것이다. 또 천재지변으로 엄청난 사람이 생명을 잃게 된다.

물*로 인한 큰 재앙이 있게 되는데 세계 곳곳에서 산발적으로 발생하게 되고, 특히 미주 지역이 더욱 심하게 나타난다.

아시아에서는 일본열도를 따라 펼쳐져 있는 화산대가 큰 문제로 대두되는데 화산이 폭발하거나 큰 지진이 일어나더라도 불에 의한 재난보다는 바닷물이 생명을 앗아가게 된다.

그리고 바다 밑의 지진대가 움직이면서 지표가 균열되어 쓰나미 현상을 일으키게 되는데 동남아 일대와 대양주 주변의 섬나라들은 특히 주의해야 한다. 물론 우리나라도 완전 예외일 수는 없으며 중국 동남부에까지 영향을 미칠 수 있겠다.

2030년 10월 18일, 대재앙의 날

앞에서 2030년에 우리 대한민국에서 탁월한 지혜와 깊은 혜안을 가졌으며 왕성한 기의 전도사가 될 도인이 출현하여 세계 모든 분야에서 큰 영향력을 행사하게 된다고 했다. 그런데 2030년 10월 18일은 세계 곳곳에서 큰 재앙이 일어나게 되어 있으니 큰 걱정이 아닐 수 없다. 그날의 세계적 운세는 이러하다.

경술년 병술월 병술일 임진시인데, 이것을 알기 쉽게 풀어보면 2030년 10월 18일 7~8시 사이를 말한다. 이 때 세계 각 지역에서 정치적 내란과 전쟁이 일어나며 인종 폭동까지 일어나게 된다. 대도시에서는 가스폭발, 지하철 가스폭발, 자살테러와 폭동 등이 인위적 원인으로 발생하게 되는데 특히 종교적 의미가 합세된 인종차별 폭동이 거세게 일어나많은 인명피해가 속출하게 된다.

특히 이런 재앙적 큰 사건은 세계 큰 도시 10여 군데에서 동시다발 형태로 일어나 도시의 파괴, 시설물 폭파와 더불어 수많은 인명사상자가 발생하게 된다.

이날의 대재앙으로 세계 인구 10억 명 이상이 목숨을 잃을 것이다. 그리고 지금으로부터 700년 후, 그러니까 2706년 7월에 엄청난 지각변동이 일어나 완전히 가라앉게 된다. 그와 함께 다른 곳에 새로운 큰 섬이 솟아나게 되는데 그 위치는 지금의 일본 열도와 하와이섬 중간 해역이 될 것이다. 새로 솟아오르게 될 큰 섬은 한반도의 9.4배 정도 되는 큰 땅이 된다.

그리고 이때 우리나라 제주도와 일본의 오키나와 사이에도 큰 섬이 하나 솟아나게 되는데 이 섬은 앞으로 홍콩이나 싱가포르를 능가하는 대무역 도시국가로 발전하게 된다.

우리나라 국운에 대한 역사적 고찰과 전망

하나, 대한민국은 축인丑寅 간艮에 의한다

축丑은 북방수北方水요 황우黃牛이며, 인寅은 동방목東方木이요 백호白虎다. 축丑은 동토凍土요 묵墨으로 암묵暗墨을 의미한다.

과거 우리나라는 중국에 오랜 세월 동안 예속되듯 이어져 왔고, 일본에 36년 간 종속된 것도 우연이 아니다. 축丑을 극極하는 것은 말로末路를 나타낸다. 축은 지배와 독재를 상징한다. 1919년 기미년에 일제의 지배로부터 독립하기 위하여 만세를 부르고 모든 백성이 분연히 일어나 대한 독립을 외치며 일제와 목숨 걸고 싸운 것도 우연이 아니다. 1979년 기미년에 박정희 대통령이 최측근의 흉탄에 쓰러진 것도 우연이 아니라고 필

237

자는 보고 있다.

이러한 일련의 사건들은 절대 우연으로 빚어진 것이 아니다. 반드시 천지조화가 내재된 상생상극의 특출한 의미로 운명화된 것이다.

둘, 대한민국은 동방목東方木이다. 정치와 경제와 군사軍事는 상극相極 : 약육강식 위주로 형성된다. 여기서의 극極은 경신금庚申金이다.

경술년에 한일합방이 있었다. 1910년 경술년 8월 29일, 이날은 한국의 통치권을 빼앗긴 국치를 당한 날이다. 이것을 우리는 경술국치라 이름붙었다. 경자년에 4 · 19가 일어났고, 경인년에 6 · 25가 발발하였다.

또 경신년에 5 · 17이 발생하였고 신축년에 5 · 16이 발생한 것도 우연이 아니다. 금극목金剋木하기 때문이다.

셋, 북방수北方水는 군軍과 전쟁과 도적을 상징한다

조선시대에 남대문과 동대문, 서대문을 세우면서도 북대문(숙청문)은 없앴는데 이는 풍수지리학자 최양선이 지맥을 손상시킨다는 상소를 올린 다음부터였다. 북대문을 폐쇄한 가장 큰 이유는 난리를 피하기 위해서인데 특히 왜군의 잦은 침입을 막고자 했다.

이 나라 국운國運은 신자진申子辰 수운水運에서 발생한다.

경신년 660년에 백제가 망하고, 무진년 668년에 고구려가 망하고, 임신년 1392년에 고려가 망하고, 임진년 1592에 임진왜란이 발생했으며, 경자년에 4 · 19가 발생한 것은 북방수北方水의 생생한 실증이라고 본다.

넷, 상생相生은 자연의 변화법칙이고 상극相極은 약육강식이다.

2010년 4월, 그러니까 경인년 경진월에 남북 관계에 불미스러운 일이 일어나게 된다. 이 일은 심상치 않은 사건으로 확대되고, 그에 따라 큰

불화를 일으켰다.

　대한민국은 통일한국으로 세계 강대국 대열에 우뚝 설 것이고, 세계인이 우러러보는 나라로 변모할 것이다. 그것은 강인한 정신력과 투철한 국가관, 그리고 명석한 판단력, 근면·검소의 민족성이 되살아나 초일류 국가 대열에 합류하게 되는 것이다.

　또 이 무렵에는 지진 등 지구의 지각변동, 그리고 각종 재난과 재앙으로 인한 과잉소비 등의 원인으로 석유에너지는 차츰 고갈되어 갈 것이고, 그에 따라 새로운 에너지가 개발된다. 특히 바닷물을 주원료로 하는 대체에너지가 개발되고 그에 따른 각종 새로운 기계가 만들어지는 일대 에너지 혁명이 있게 될 것이다. 그에 대한 기술적 연구와 혁신적 개발은 대한민국에서 완성하게 된다.

　그리고 차츰 우주 개발에도 박차를 가하게 되고 무진장한 대체에너지가 우주에 잠재해 있음을 확인하게 된다. 이때가 2050년경이다. 이 우주에서 얻어지는 에너지의 위력은 현재 지구의 석유 대비 10만 배 이상의 강력한 힘을 가진 것으로 분석·확인될 것이다.

　이 엄청난 힘을 발휘할 천혜의 우주 에너지는 대한민국의 도인으로부터 개발될 것이므로 대부분 대한민국의 소유권이 되고, 대한민국은 세계 평화의 선도자로서 그 힘을 세계인에게 베푸는 차원으로 저렴하게 공급할 것이다. 이것은 곧 세계 초일류 국가가 됨을 의미하는 것이다.

　지금은 세계의 경제대국, 그리고 핵무기를 많이 보유한 몇몇 나라가 강대국으로 자리잡고 있다. 그러나 이것의 힘도 차츰 그 위력이 감소될 것이다. 그보다 더 강한 에너지가 개발되기 때문이다. 우주에서 개발된 에너지의 힘은 지구상의 에너지에 비해 최소한 10만 배 이상 강력한 힘을 발휘하게 될 것이기 때문이다.

앞에서도 영재교육에 대해 기술한 바 있지만 대한민국에서 길러낸 2만 명 영재들의 두뇌와 손手에 의해 엄청난 파워를 내보일 신 에너지가 개발될 것이기 때문이다. 그것은 곧 세계 평화를 위해 사용될 것이고 인류의 평화를 보장하는 핵심적이고 신개념적, 신물질적 힘의 원천이 될 것이다.

그래서 이때부터는 세계에 갈등과 전쟁의 개념이나 사상적 이념은 완전히 소멸될 것이고, 전 세계는 하나가 될 것이며 진한 형제애를 나누게 될 것이다.

2030년이면 우주 경쟁시대가 될 것이다. 그러나 싸우거나 다투는 형태가 아니라 개발에 박차를 가하는 선의의 치열한 경쟁이 이루어질 것이다.

2061년 한국은 세계 제일의 부자 나라가 된다

2000년 7월 4일, 경진년庚辰年 임오월壬午月 계해일癸亥日 임자시壬子時 경상남도 산청군 금서면 왕산王山 정상에서 산청·함양사건 추모공원을 내려다보며 명상을 하기 시작하였다.

10년간의 명상으로 추모공원에 억울하게 묻힌 705명 영령(국가가 인정한 공식 확인된 숫자만 총 386명에 이른다)들의 자자손손이 '2061년 이후 세계 대통령이 탄생한다' 라는 영감을 명확히 내렸다.

자시子時에서 인시寅時까지 혼자서 정좌하여 명상하는 가운데 떠오르는 한결같은 생각은 우리나라가 현재 국가경쟁력 면에서 세계 10위권에 들지만 머지않아 세계 제일의 부자 나라가 된다는 것이다. 어떻게 세계 제일의 부자 나라가 될까 하는 생각은 명상 책에 이미 밝힌 바 있다.

앞으로 얼마 안 가서 분명히 지상에 빛을 밝히는 사람이 생긴다.

한국은 에너지 매장량이 세계 최대인 나라가 된다. 100년 이상 쓸 수 있을 것이다. 또한 금은보석이 3, 4백만 톤이 매장되어 있다. 첫 발견자가 세계 제일 부자가 된다. 확실하다. 명상에서 나타난 것이다.

특히 지리산 산청군을 위시하여 일대의 모든 식물 등 약초는 개발만 하면 세계 최정상의 의약품이 될 것이고, 모든 풀뿌리와 인삼 등은 세계 최고의 명약이 된다. 이는 돈으로 환산할 수 없을 만큼 어마어마한 천문학적인 숫자의 수익을 낼 것이다.

산청군 금서면의 약초는 세계 제일의 명약으로 널리 알려져 세계인이 찾아오고, 특히 산청군 금서면 방곡마을에 피부병이나 불치병 걸린 환자가 와서 살면 공기와 물—방곡 가현 오봉리 물은 약수물이다—등으로 몇 개월이면 완치된다. 필자가 명상으로 영감을 얻은 것이다.

한반도는 셀 수 없이 많은 외침外侵을 당했지만 한 번도 나라를 잃은 적은 없었다. 그만큼 탐이 나는 금싸라기 땅이다. 나라는 작지만 세계 제일의 명당 중의 명당이기에 그렇다.

희망이 크다. 국가관이 뚜렷한 위정자爲政者가 정치만 잘하면 빠른 속도로 세계 제일이 된다. 정치인은 정직해야 하며, 항상 국민을 생각해야 하고, 억울한 사람을 보호해야 할 의무가 있다. 힘없는 국민들의 대변자가 되어 희망을 노래할 수 있게끔 이끌어야 한다.

풀리지 않은 매듭은 풀고 묶어야 할 매듭은 과감히 묶어버려 악습을 떨쳐내야 한다. 일례로 1951년 2월 양민학살사건에 연루되어 국군들 손에 무자비하게 죽은 사람의 유족에게 하루빨리 배상을 하여 국민 화합의 방향으로 가야 한다.

범국민적으로 생각해야 하며, 없는 자도 보호해 가면서 화합으로 정치를 하여 평등한 사회를 만들어야 한다. 보복은 또 다른 보복을 부르듯이 스스로에게 반드시 돌아오는 게 하늘의 섭리이다.

제 2 장

운명을 개척한

사람들

나는 운명을 바꿨다

80여 년의 필자 인생을 돌이켜보았을 때 온갖 수모와 멸시, 핍박을 받아오면서도 엄청난 고통의 소용돌이를 이겨낼 수 있었던 것은 여러 직업과 많은 사람들을 겪고 보게 됨으로써 희망을 잃지 않고 좌절의 질곡을 넘어 다시 용기를 냈기 때문이라고 생각한다.

필자의 책에는 그동안 겪어온 직업의 종류가 다 소개되지 않았지만, 실제 경험한 직업은 헤아리기조차 어려울 정도로 다양하고 많은 직업을 가졌었다.

그러다보니 다양한 직업을 가진 사람들이 찾아와 상담을 해도 그에 대한 해박한 지식과 경험을 토대로 진심을 담아 전해드리기 때문에 많은 공감대를 형성해온 것이 사실이다.다. 장애성 시비지

더군다나 필자의 운명적 자전소설을 읽으신 분들은 다음에 밝힌 분들의 사례에서도 느낄 수 있듯이 가슴 깊이 느끼는 동질감과 안타까움 등이 더해 오랜 세월 알아온 분들 같은 친밀함을 느끼는 경우가 많았다. 그리고 필자보다 더 드라마틱한 삶을 살아오시다 성공하신 분들이 많다보니 더 다양하고 폭넓은 인생 경험과 상담을 할 수 있었던 좋은 시간들이었음을 밝히면서 몇 분만 정리하여 상담 사례를 전하고자 한다.

사채시장의 큰손 김천식 회장

2006년 6월 3일 필자가 잘 아는 거물급 정치인이 "김천식 회장은 수조 원이 있는 큰 손인데 수천억 원을 투자하려고 합니다. 김천식 회장이 갈 테니 투자시기와 상대와의 관계를 잘 좀 봐 주십시오"라고 전화를 했다.

필자는 김천식 회장에게 투자하는 상대방의 생년월일시를 가르쳐 달라고 말했다.

"열 길 물 속은 알아도 한 길 사람 속은 모른다고 했습니다. 하물며 1조원이 넘는 큰 돈을 쏟아 붓는데 거듭 신중하게 많은 조사를 거치는 것쯤이야 말할 나위가 없겠죠. 확실하다고해도 매우 중요한 것은 상대와 장소 그리고 나와 합☆이 되어야 합니다. 김천식 회장님께서는 사채 시장에서 큰 손인 것을 압니다만, 대개 많은 사람들이 제대로 확인하지 않고 계약을 하여 한 방에 쓰러지는 경우를 많이 보았습니다. 투자할 장소가 안맞으면 건강이 잘못되는 경우도 종종 있지요. 그리고 계약할 상대 분이어떤 마음을 가지고 있는지 잘 파악해야 합니다. 그 사람의 생년월일시와 주민등록번호를 가르쳐 주세요."

김천식 회장은 1시간만에 내가 요청한 것을 알려 주었다.

"안맞습니다. 알아서 하십시오. 김천식 회장님과 상대방의 사주를 맞추어 본 결과, 상극이고 또한 투자할 주소의 번지(28수)수가 실패로 나옵니다."

필자는 자신있게 말씀드렸다.

김천식 회장은 김길동 씨에게 전화를 하였다.

"정재원 씨가 투자하면 안 된다고 하네. 어떡하지? 투자자 쪽에서는

100% 믿고 있는데 큰일 났네. 투자해야 하는데, 참 난감하네."

"김천식 회장, 정재원 씨의 말을 믿어도 되네. 그 사람은 믿을 만한 사람이네. 보통 사람의 경지를 초월한 사람이고, 내가 많은 정재계 사람들을 소개해줬는데 실수한 적이 없었네."

"그럼 어떻게 하지? 그쪽에서는 난리가 날 텐데…. 자네가 알아서 하게."

김천식 회장은 그 사업에서 포기하기로 결심한 듯 필자에게 말하였다. "앞으로 내가 열흘 후 다시 올 테니 약소하지만 조금 놓고 가겠습니다. 거부하지 말고 받아주세요."

그의 비서가 급히 내려가서 조그만 가방을 가져와 내게 주었다. 회장님이 가신 후 가방을 열어 보니 큰 손답게 엄청난 금액이 들어 있었다.

열흘 후 김천식 회장에게 전화가 왔다.

"명동 롯데호텔 OOO호로 오실 수 있습니까?"

"네, 지금은 못가고 저녁 8시경에 가겠습니다" 하고 전화를 끊었다.

상담을 끝내고 8시 10분경 롯데호텔에 도착했다. 안내해 준 방으로 가니 이렇게 큰 방도 호텔에 있나 싶었다. 약 100여 평 이상 되는 것 같아 놀랐다.

"회장님은 산청·함양사건 희생자 유족회 회장이라고 들었습니다. 매우 훌륭하신 분입니다. 나는 까마득하게 모르고 있었어요. 국군11사단 9연대 3대대 그놈들 사람을, 아니 순진무구한 양민을 잔인하게 학살했더군요. 앞으로 도움이 필요하면 언제든 말씀하세요. 기꺼이 도와드리겠습니다. 그리고 열흘 전 상담한 것 모두가 맞았습니다. 거기다 투자했으면 모두 날릴 뻔 했어요 상대방의 어음이 모두 부도처리 되었어요. 만약에 정재원 회장님을 만나지 않았으면 그쪽에 100% 투자했을 겁니다. 그래서 제가 그 비용의 10%을 드리고 싶습니다."

"아닙니다. 저는 그런 대가로 돈을 받지는 않습니다. 지난번에 주신 감정비도 너무 많았습니다. 그걸로 만족합니다."

"그래도 도와드리고 싶습니다."

필자는 지금 생각해도 꿈을 꾼 것만 같다. 현재까지도 수시로 김천식 회장님이 도와주고 계신다. 필자도 크게 도와줄 날이 또 있을 것이다.

노점 상인이 부자된 사연

2007년 9월 부산에서 50대 부부가 찾아왔다.

"저는 노점상을 평생토록 하면서 집 하나 마련하지 못하고 있습니다. 달동네에 손바닥만한 방 한 칸에서 우리 여섯 식구가 월세 20만 원에 보증금 없이 살고 있습니다. 우연한 기회에 신문에 난 광고를 보고 〈신운명〉 책을 사서 다섯 번이나 읽어 봤습니다. 제 도장은 깨져 있었고 은행 계좌 비밀번호와 전화번호 등 모든 것이 맞는 게 없었어요. 노점상을 하면서 30만 원을 주고 산 자동차번호도 흉한 번호였고, 휴대폰은 5545(19수), 자동차번호 2828(20수), 집 전화번호 8480(20수), 은행계좌 비밀번호 2288(20수), 주민등록 앞번호 19수, 뒷번호 30수인데, 어쩌면 이렇게도 맞는 것이 하나도 없는지……… 기가 막히더군요.

책을 읽고 또 읽고 무려 다섯 번이나 읽었습니다. 무엇을 바라고 온 것은 아니지만 저희에게 모든 것을 운명에 맞게끔 해주세요. 선생님을 만나고 싶어서 며칠째 잠을 못 잤어요. 하늘이 도와주는 것 같습니다. 회장님을 만나 뵈니 이제야 살 거 같아요. 어찌 그렇게 저에게 맞는 것이 하나도 없을까요? 귀신이 곡할 노릇이네요."

그 부부는 한숨을 푹푹 쉬면서 속내를 털어 놓았다. 이내 신세 한탄조로 얘기를 쏟아 부었다.

"주변에 제가 아는 사람들은 모두 형편이 나쁜 사람들뿐이고 끼니도 제대로 못 먹고 사는 사람들이 많습니다. 조금씩 모아서 전셋집이라도장만할라치면 주변에서 그냥 놔두질 않았어요. 수단과 방법을 가리지 않고 빌려 달라고 막무가내로 떼를 쓰곤 해요. 아닌 거 알면서도 마음이 약해져서 또 빌려주고 못 받고 그런 식으로 평생을 살았어요. 그래서 지금이 모양 이 꼴로 살고 있습니다. 모든 것이 숫자가 안 맞아서 그런 것 같다는 생각이 듭니다. 선생님, 우리 여섯 식구 모두 맞는 숫자로 저희들 좀 구제해 주세요."

간곡히 부탁하는 모습이 처연해서 마음이 쓰라렸다.

"네, 알겠습니다. 사주팔자와 운명, 즉 이름과 숫자, 삼합인장 등은 계절에 맞추어 사용하는 방법을 알아야 합니다. 약 30일 정도, 한 달이 걸립니다. 명상을 해야 합니다. 자子시에서 인寅시, 하루 5시간씩 30일, 150시간을 명상해주세요. 그렇게 한다고 해서 당장 무슨 개벽이 일어나는 것은 아닙니다. 차츰차츰 더는 불행은 없을 것이라고 마음을 다잡으면서 명상을 하세요. 이것은 내 삶 속에 서서히 스며들 듯이 평생을 보고 하는 것입니다. 우선 긍정적인 사고와 완벽한 정신으로 임하면 큰 도움이 됩니다"라고 말해 주며 여섯 식구의 운명을 감정해 드렸다.

요즘 그 부부는 미안할정도로 마치 홍보하는 사람처럼 고객을 직접 차로 모시고 온다.

"생각이 완전 바뀌어서 살 만합니다. 꼭 큰 부자가 된 것 같아요. 걱정

없습니다. 이제 큰 부자도 부럽지 않아요. 자식들도 만족해하고 있고요. 요즘은 선생님이 쓰신 20여 종의 책을 모두 사서 읽고 있습니다. 참 그리고 10여 년 전에 1,500만 원을 빌려갔던 처남이 느닷없이 돈을 가지고 왔습니다. 제겐 1,500만 원이 다른 사람 1억 5,000만 원보다 큰돈입니다. 처남은 이제야 하는 일이 잘 된다고 하면서 늦게 갚게 되어 미안하다고 했습니다. 그리고 처남이 조경회사에 취직하여 열심히 일을 했더니 이사로 승진을 했다고 합니다. 그 조경회사는 우리나라에서 가장 크고 알아주는 회사로 보유한 자산이 엄청나며 외국에도 투자하고 각종 기업체도 20개를 가지고 있는 큰 기업이라고 했습니다. 그리고 도와주고 싶다고 하더군요. 하지만 전 노점이 잘 되고 있고 여기저기서 배달요청이 끊이질 않고 요즘은 백화점에 납품까지 결정되어 있어서 지금 생활에 아주 만족한다고 처남에게 생각해줘서 고맙다고 말했습니다. 정재원 회장님을 만나고 난 후 처갓집도 주위 사람들도 걱정이 없어졌습니다. 선생님, 평생 이 은혜 잊지 않겠습니다"라며 고마워했다.

지금도 그 부부와의 인연은 계속되고 있으며, 현재까지 그 부부가 내게 소개해준 고객만도 100여 명이나 된다.

강남 큰 부자 80세 노인

2007년 11월 어느 날 80세 노령의 여자분이 필자를 찾아왔다.

우연한 기회에 신문에 난 광고를 보고 산청·함양사건에 대한 만행이 언급되어 있기에 당장 〈운명〉 책을 구입하여 읽어 보았다고 했다.

"밤이 새도록 한숨도 자지 않고 몇 번이나 읽었어요. 그 죽일 놈들이 어찌 사람들을 그렇게 무자비하게 죽였단 말인가요. 일일이 말로 다 표현을 못하겠습니다. 처음 읽을 때는 울기만 하고 두 번째 읽을 때는 화가 나고 세 번째 읽을 땐 입에서 욕이 저절로 나왔습니다. 선생님께선 그 험난한 역경 속에서도 의지와 인내로 크게 성공하셨네요. 아무나 못하는 영령들 추모사업하시는 것, 국회를 통과시켜 성역화 사업도 마쳤고, 이제 개별 보상만 남아 있네요. 잘될 겁니다. 총회 거부는 왜 거부인가요? 형평성에 맞지 않아요. 잘될 겁니다. 나쁜 사람들 같으니라구. 유족들을 두번 죽인 거나 마찬가지입니다. 용기를 내시고 힘내세요. 제 80평생 살아오면서 선생님의 책을 보고 너무 많은 것을 느꼈어요.

우리 자식들 7남매 중 내 나이 15살에 난 막내 늦둥이가 K대학을 수석으로 졸업해서 지금 집에서 놀고 있어요. 아무리 재산이 많아도 직업은 가져야 하지 않나요? 그래서 아무데나 취직을 시키려고 해도 시험만 보면 낙방입니다. 위로 형, 누나들은 승승장구합니다. 경제적으로는 집에서 놀아도 되지만 직업이 없어 할 수 없이 놀고 있으니 우울증도 생기는 것 같아 큰 걱정입니다. 그래서 녀석의 이름을 풀어보니 14수로 〈운명〉 책에 단명한다고 되어 있어 깜짝 놀라 선생님을 찾아온 겁니다. 이 녀석은 죽어버리겠다는 소리를 늘 입에 달고 다닙니다. 선생님, 이 녀석 삼합인장과 숫자와 이름 등 모두 해주세요. 주민번호 또한 20, 22, 28, 도장은 학교에서 선물을 받았는데 깨져 있더군요. 그래서 그런지 이상하게도 이놈만 잘 안 풀립니다. 이 녀석의 장래를 위해서라도 해주는 것이 어미의 도리인 것 같습니다.

"사모님, 우선 윗물이 맑아야 아랫물도 맑다는 속담을 들어보셨지요? 음양의 순리가 있듯 먼저 순서가 있어요. 부모형제 모두 다 해야하고

100수 이상 되는 집안 어른이 계시면 우선 먼저 해드리고 다음에 하는 것이 순리입니다. 사모님께서 잘 판단하세요."

"네, 맞습니다. 그렇게 하지요. 식구 모두 32명입니다. 외손자, 사돈까지 모두 다 최고 좋은 것으로 해주세요."

필자는 팔순 노인의 간곡한 부탁으로 전 식구를 개명하고 칠성부적, 백사대통부적, 오복부적 등을 해주었다.

개명한 막내 김유성은 책을 수십 차례 읽어보고 필자를 찾아왔다.

"선생님은 사람이 아니라 신적인 존재로 표현하고 싶습니다. 저는 부모덕으로 세상 물정을 너무 모르고 어리광 부리면서 호의호식했습니다. 선생님 뵙는 것도 부끄럽습니다. 저는 명문 K대학에서 학생회장까지 했는데, 지금까지 돈이면 다 된다는 생각으로 살았습니다. 거의 폐인까지 될 뻔 했을 때 선생님 책을 보고 정말 많은 걸 깨달았습니다. 다시 태어나 새로운 인생을 사는 느낌이 듭니다. 감사합니다"라며 인사를 하였다.

80세 노인한테 지금도 전화가 자주 온다.

"제가 선생님을 도와드리고 싶은데 무엇을 어떻게 도와드려야 할까요?"

"충분히 도와주셨습니다. 제일 큰 부적도 하시고 32명의 삼합인장과 각종 숫자를 다하지 않으셨습니까?"

"저희 막내가 정신을 차려서 제대로 된 생활을 하는 것을 제일 감사하게 생각합니다. 갖고 있는 재산 일부를 기부할 테니 장학회 등을 설립하셔서 어려운 아이들을 도와주시면 좋겠습니다. 장학회는 정재원 선생님과 상의해서 하고 싶습니다. 오히려 정재원 선생님께서 더욱 건강하시고 많은 고객 관리 차원에서 오래오래 사셔야 합니다."

팔순 노인의 간곡한 부탁은 필자에게 진심으로 다가왔다.

필자는 팔순 노인의 뜻을 운명적으로 받들어 어렵고 힘든 가정의 아이들을 돕는 데 최선을 다할 것이다.

이 노인은 우리나라에서 이름만 대면 알 수 있는 대재벌가 분이시다.

85세 김흥식(가명)씨 1,000억 원 또는 700억 원을 기증하겠다는 자산가

2005년 8월 5일 수요일 2시경 서울 효자동에서 85세의 건장한 노인이 필자의 사무실을 찾아왔다. 상담시간을 1시간으로 정하였는데 노인은 3시간만 달라고 간청했다. 필자는 노인에게 그렇게 하자고 정중히 예의를 갖추어 말하였다.

필자가 말하기 전에 노인은 먼저 말을 꺼내기 시작했다. 며칠 전에 조선일보를 보고 당장 〈운명〉이란 책을 구입하여 5번이나 읽어 보았지요. 저는 평생 책을 잘 보지 않는 사람인데 운명 책을 읽어보니 내가 살아온 것과 똑같더군요. 한 치도 틀리지 않더군요. 틀리다면 총 3발 맞은 것만 틀립니다. 산청·함양사건과 거창사건은 내가 잘 압니다.”

이 정도 이야기를 듣고는 필자가 노인에게 운명 감정을 하자고 했더니 노인은 운명감정을 하러 온 사람이 아니니 계속해서 이야기를 들어 달라는 것이었다.

“세상에 이런 일이 있었어요. 내 재산이 천억대가 되어 자식들에게 절반을 주었는데 이놈들이 모두 다 넘겨달라고 하기에 화가 나서 30%만 주고 사회에 기증할 작정으로 Y대학에 가서 총장 면담 좀 하자니까 비서가 내 아래위를 훑어보더니 총장님은 바빠서 못 만난다는 것입니다. 면담을 거절당한 뒤 K대학교로 갔는데 똑같이 총장 면담을 거절당했어요. 세상에 내 재산 천억 원을 기증하겠다고 하는 데도 총장 면담을 거부하더란 말예요."

노인은 필자에게 계속해 말했다.

"내가 학교에 천억 원 상당의 부동산, 현금 등을 기증하면 학생들에게 장학금으로 줄 것이 아닌가 하는 생각을 하면서 갔는데 문전박대를 당했어요. 나는 한 달간 곰곰이 생각하다가 정재원 저자에게 기증하겠다고결심을 하였어요. 선생님, 제가 평생 살아오면서 모은 재산이 천억 원 가량됩니다. 자식들에게 현금 등 300억 원 이상을 주었더니 자식들이 별짓을다해 눈꼴이 사나워 소송을 걸어 모두 빼앗았어요. 법적으로도 그렇게 되더군요. 자식에게 주었다가 하는 짓을 보아하니 도저히 안 되겠다 싶어변호사를 찾아가 상의했더니 되돌려 올 수 있다고 하여 소송을 했지요. 그러니 정재원 선생님께서 좋은 일에 써달라고 간청을 하는 것이에요."

필자는 노인의 사주팔자를 풀어보니 보통 사람이 아니라 산전수전 다겪고 세상만사 믿을만한 사람 하나 없어 고민하고 있는 사람이었다. 필자는 노인에게 "어르신 이렇게 많은 재산을 제게 어떤 식으로 기증을 하시겠습니까?" 했더니 노인은 "좋은 곳에 써주십시면 됩니다" 하였다.

필자는 노인의 재산목록을 보았다. 거제도에 땅 30만 평으로 이것은대지와 금싸라기 땅 5만평, 남대문에 빌딩 10층짜리 1개, 대지가 200평건평이 15,000평인 성남시 완전 노른자 땅 1,000평, 기타 지역 땅과 현금등 대충 짐작으로도 1,000억 원 정도 되었다.

필자가 혹시나 만일을 대비해 노인의 자식들에 대해 알아보았더니 만만한 아들들이 아니었다. 그래서 노인에게 법적인 문제에 대해 몇 마디

하였다. 노인은 변호사를 통해 확실한 답을 받고 결심을 하였다고 했다. 필자는 6개월간 고민을 하고 설계를 해보았다. 김홍식 재단법인을 만들어 불우청소년을 돕는데, 장학생을 배출하는데, 기념관을 짓는데 등등에 쓰면 되겠다고 했더니 노인은 쾌히 승낙을 하였다.

필자는 큰일이나 어려운 일이 있을 때는 필자의 처에게 항상 상의하고 있다. 필자의 처가 하지 말라고 했다.

"노인이 보통 사람이 아니고 자식들이 3형제나 있어요. 그의 자식들이 어떻게 그냥 놓아둘 리가 있겠어요? 그리고 당신은 지금 유족회 일이 산적해 있어요. 절대 그 노인의 재산을 맡아 관리하는 일이 쉽지 않아요. 남의 돈을 관리하다 잘못하면 형사문제에 휘말릴 수도 있고요. 당신이 돈 욕심으로 하는 일이 아닌 것은 알지만 그냥 두는 것이 백번 옳아요. 노인에게 즉시 연락하세요" 하는 것이었다.

필자는 10일간 숙고 끝에 "박서현 당신 말이 맞아" 하고 김홍식 노인에게 전화로 정중히 사과했다.

"저는 거액의 재산을 기증받아 관리할 능력이 안 됩니다. 그동안 제게 신뢰를 보내주신 데 대해 깊이 감사드립니다. 아마도 대학에 다시 찾아가셔서 진정성을 보이시면 이를 가납해 주리라 믿습니다."

그 후 몇 년 뒤 노인께서 돌아가셨다는 소식을 노인을 보좌했던 사람으로부터 직접 전해 들었다.

그러나 필자는 사후의 유산 관리가 어떻게 되고 있는지는 알 수가 없다. 좋은 방향에서 노인의 뜻이 잘 실현될 수 있기를 바라는 마음 간절하다. 분명한 것은 재산도 운명에 따라 성장 소멸한다는 것이다. 운명이 어디로 스쳐 지나가는 것일까? 필자는 그에 대해 고민하는 사람들 곁에 늘 있을 것이다.

숫자를 진작 보았으면 이런 흉악한 일은 당하지 않았을 어느 자산가

2012년 어느 날 지인이 소개한 분이 전화로 만나자는 연락을 해왔다. 평소에 잘 알려진 재벌가는 아니고 알부자인 분이다. 현금을 1,000억원대 이상 보유한 분이다.

"정회장님이 알아서 시키는 대로 하겠어요. 후배에게 배신을 당했어요. 평소에 잘 도와주었고 절친하여 허물없이 지내는 사람인데 믿고 2억원을 주고 국회의원 당선만 되게 힘써 달라고 했는데, 이 사람이 잠시 눈이 어두웠는지 그만 고발 사건에 연루되어 옥살이를 하다가 〈운명〉 책을 보았습니다. 책을 보고 분석해보니 현재 쓰고 있는 각종 번호 등 인감도장과 은행도장이 깨져 있어요. 이름은 관재를 당하는 이름이고 불용문자가 있더군요. 늦게 책을 보았지만 책이 100% 맞습니다. 은행번호가 14번이고 전화는 27번, 집 전화는 20번이 되더군요. 나 잘났다고 평생 절에가본 적도 없고 교회에 가본 적도 없고 무속이나 철학관에 가본 적도 없습니다. 구치소 안에서 정회장님 책을 3일 만에 3번 읽고 출소하면서 바로 정 회장님을 만나러 왔어요. 진작 책을 보았으면 조심하고 감옥에는가지 않았을 터인데 당하고 보니 알겠습니다."

필자는 "그럼 식구는 몇 명입니까?"고 물었다.

"직원은 150명이고 직계가족은 7명입니다. 7명의 모든 것을 다 해주세요. 150명 직원 것도 다 해주세요. 돈은 알아서 드리겠습니다. 정 회장님이 좋은 일 하시는데 또 산청·함양사건을 끌고 가시는데 돈이 많이 필요하실 겁니다. 제 나이 66세이고 사업으로는 크게 성공했습니다. 그놈의 국회의원을 출마하여 잘해 보려고 했는데 팔자가 안 되나 봅니다."

필자는 "정치는 아무나 돈이 있다고 하는 것이 아닙니다. 사회에 봉사하시면서 당신을 모함한 사람은 용서하시고 마음을 비우시고 하시는 일만 그대로 하시면 좋은 결과가 나오겠습니다."

"정 회장님 신문광고 많이 하시던데 일년에 비용이 얼마나 되는지요?"

"묻지 마세요. 신문광고비는 부담해 주는 사람이 있습니다."

"그럼 지금 내는 사람은 언제까지 냅니까?"

"그것은 몰라요. 사업이 되는 날까지 내주신다고 합니다. 비서에게 지시만 한 상태로 그렇게 알고 있습니다."

"참 별 사람 다 있네요. 내가 정 회장님께서 우리 가족 평생 운세와 삼합인장 등 모든 것을 잘되게 해주시는데 그까짓 돈 몇 푼 주면 안 되지요. 내가 성의껏 드리겠습니다. 얼마 드리면 되겠습니까?"

필자는 "신문광고비를 내주신다고 했는데 얼마라고 말씀드릴 수는 있지만 회장님께서 생각대로 주십시오"라고 하자, "그럼 장학재단 설립자금으로나 쓰세요. 통장 1개와 인장, 비밀번호를 적어 두었습니다."

요즘 그분과는 매일 전화 통화를 하고 한 달에 한 번씩 만나 우정을 돈독히 쌓아가는 사이가 되었다.

장학회 자금은 사회의 어두운 곳에서 헐벗는 불우아이 등을 돕는 데 사용할 것이다.

별명 용팔이 전과 7범 쌍칼 김만식

2009년 어느날 "정재원 선생님 계십니까? 저는 동아일보를 보고 책을 사서 읽었어요. 책을 3번 읽은 사람에게 상담해 주신다는 이야기를 듣고 왔습니다."

김金 만萬 식植	생년월일시 : 1967년 5월 8일 자시생子時生			
	사주팔자			
	年	月	日	時
	丁	丙	庚	丙
	未	午	戌	子

이 사주팔자는 정미년 병오월 경술일 병자시로 관 3개가 있어 토끼가 호랑이굴에 들어가 싸우자고 덤비는 격인 무모한 사주이다. 은행번호는 9981, 전화번호도 9972로 합이 27로서 공파허실망이다. 무슨 일을 하여도 악운을 피할 수 없고 깨지고 허망하게 사기당하고 허물어져 1원도 못 찾고 망하여 남에게 잘해주고도 원망만 당하는 운명이다. 관재구설, 시기, 질투, 암흑천지에서 헤매다가 감옥이나 가는 평생 고통과 멸망의 운이 된다.

이름金(8) 萬(15) 植(12)은 불용문자이고 27 숫자는 흉악한 병약으로 환난이 잦으며 파괴와 고통, 자멸로 이어지는 흉중의 흉한 운명이다.

김만식 씨는 필자에게 "선생님 제가 이야기 좀 하겠습니다. 들어주시면 영광이겠습니다. 저는 조직의 한 대원입니다. 우리 조직은 전국 대규모업체로 손 안 닿는 데가 없습니다. 대기업 등 국가 공권력에도 들어가 있어요. 국회에도 있습니다. 심지어 큰 사건이 일어나면 대장이 지시를 합니다. 저희 대원들은 대장이 지시만 하면 서로 행동하려고 경쟁이 치열하지요. 대장의 지시대로 하면 진급이 되고 가족 생계비와 평생을 책임져줍니다. 저에게는 가족이 없으니 저만 책임지고 감옥에서 7년쯤 살고 나오면 부장급 연봉으로 3.4억 원을 준다고 했습니다. 그래서 서로 앞다퉈 대장 지시를 따르려고 합니다. 대장의 말 한마디면 죽음을 각오하고 행동에 이릅니다. 저도 그런 식으로 부장까지 진급이 되었어요. 지금 출소해서 놀고 있어도 월급은 부장급 대우를 받습니다.

그동안 7년이나 감옥살이를 하고 사회에서 못된 짓은 다한 사람입니다. 저 같은 사람은 사회에서 아무 쓸모없는 인간이라는 것을 잘 알고 있습니다. 사회에는 어떻게든 돈만 가지고 별짓을 다해도 떵떵거리며 사는 사람이 많잖아요? 그러나 저의 대장은 워낙 거물급입니다. 이들 이름을 죽음 앞에서도 말하지 않는 것이 조직사회인 것입니다. 만약 이름을 대면 쥐도 새도 모르게 없애 버립니다. 나도 그때 옆에서 보았으니까요. 저한테 한 번 실험해 보세요. 혹시나 살다가 감정이 있다든가 억울한 일을 당했다던가 하는 일이 있으면 말해 보세요."

그의 말에 필자는 "그런 것이 제게는 없어요. 평생을 살다가 억울한 일이 있으면 내가 잘못했구나, 하고 반성을 하지요"라고 답했다.

김만식 씨는 "저는 감옥 갔다 오면 한 밑천 단단히 만지고 결혼하여 살고 싶지만 그것이 맘대로 안돼요. 저는 강원랜드가 저의 안방입니다. VIP 손님으로 대접이 대단해요. 몇억 원은 며칠이면 탕진하고 가불까지 하면서 여기에다 돈을 더 끌어 쓰다보니 신용불량자까지 되었습니다. 저의 삶이 이러하니 내내 인간 구실도 못하고 세상을 사는 것 같습니다. 돈 떨어지면 대장에게 가서 큰절을 하면서 큰 것 한 건 달라고 사정을 합니다. 그러나 이제 나이가 많다보니 은퇴할 나이라고 핀잔만 듣습니다.

저는 착실히 그 돈을 모았으면 수십억 원이 되고도 남았을 거액을 받았습니다. 저와 같은 동류 친구(황윤식 가명)는 큰일을 한 번하고 10년 감옥살이하고 받은 돈 15억 원으로 강남에 아파트를 구입하여 결혼까지 하고 2남매를 두고 잘 살고 있습니다. 20년 전 구입한 15억 원 아파트는 지금 어림잡아 백억 원대가 될 것입니다. 그 친구가 저에게 하는 말이 이제 다 털어버리고 갈길 가라고 하면서 5천만 원을 주었습니다. 당시 나보다 못했던 놈이 이리 잘 되어 있을 줄 누가 알았겠어요?" 하는 것이었다. 그러면서 그때 그 김만식 씨의 친구는 정재원 회장님을 찾았고 정 회장님이 시키는 대로 하여 오늘을 이룬 것이라 고백했다.

필자는 김만식 씨의 손금을 보고 다음과 같이 일러 주었다.

1) 자신을 돌이켜 생각해 보자.
2) 무엇이든지 긍정적으로 받아들이자.
3) 어떤 일을 하여도 주인의식을 갖고 최선을 다하자.
4) 솔선수범하고 항상 남을 배려하자.
5) 맡은 바 임무는 안전하게 처리하라.

그러면 힘차게 솟아오르는 아침 해처럼 용약하며 발전할 것이다. 이름을 개명하고 삼합인장을 해주었다. 현재 강남에서 대형음식점을 하며 바쁘게 살아가고 있다. 앞으로 필자가 원하는 것은 무엇이든 도와주겠다는 약속을 하였다.

외환위기 때 은행원으로 거부가 된 임만춘 씨

외환위기가 휘몰아쳤다.

우리나라 금융위기 때 은행원의 명예퇴직이 제일 많을 때였다. 평생을 몸담아 있던 직장을 퇴직하면 무엇을 할까하고 40대 말에서 50대 초로 보이는 5명이 필자를 찾아왔다. 임만춘林萬春씨 등 5명은 명예퇴직금등 5억 원 정도로 무엇을 하면 좋을지 문의하였다. 그래서 우선 이름을 바꾸고 삼합인장과 숫자 정비 등을 완전하게 해놓고 일을 시작해야 된다고했다. 임만춘씨는 임주성林柱成으로 이름을 바꾸고 식구와 4인 가족모두 바꾸었다.

임주성林柱成씨에게는 "판교 근처 그린벨트 지역에 30만 평 정도 되는 땅이 있는데 1평당 3만 원으로, 90억 원 정도 됩니다. 이것을 사면 5년 ~10년 후에는 아파트 단지가 될 예정이라 막대한 금액이 될 터이니 5억 원을 투자하십시오."라고 하였더니 5억 원을 내놓으며 "정재원 선생님께서 책임지고 해주세요. 사기단에 휘말리면 저는 평생을 근무해서 받은 퇴직금을 날리고 알거지가 됩니다" 하였다.

5명 중 1명은 필자의 말을 따랐고 다른 4명은 주식을 몽땅 매입하였다. 그린벨트 땅을 상속받은 자가 필자에게 처분해 달라고 왔던 확실한 땅이었다.

땅 주인의 부모는 9남매에게 상속할 때 다른 형제는 건물 등 돈이 잘 되는 것을 주고 막내는 미움을 샀는지 당시 평당 10원도 안 되는 집안 대대로 상속되어 내려오는 땅을 주었다.

땅 주인은 60대 김영자 씨로 삼남매를 두고 남편은 질병으로 사망하여 살기가 곤궁하여 호소 겸 어떻게 살아가야 하는가를 물으러 왔었다.

생년월일시 : 1954년 10월 21일
사주팔자
年 月 日 時 甲 乙 丙 癸 午 亥 子 巳

김영자金英子씨의 사주를 보고 필자는 우선 개명할 것과 삼합인장을 식구 모두가 하면 좋은 일이 있을 것이라고 이야기하고 김영자씨에게 주민등록증을 가지고 국세청에 가서 조회를 해보라고 하였다.

"김영자씨 사주에 진용신이 있고 대운이 60세 이후 대길로 나옵니다."

"선생님 무슨소리 하십니까? 제 나이 몇살인데요."

"어디에 숨어 있는 땅이 있는 것 같습니다."

"땅요, 나는 9남매의 막내딸이기 때문에 우리 아버지가 갖다 버렸데요.그런데 죽지 않고 지금까지 살아 있는 거에요."

혹시나 해서 국세청에 조회를 하니 국세청 직원이 "고수부지에 시가없는 땅 30만평이 김영자 씨 소유로 되어 있습니다" 하였다.

김영자 씨는 깜짝 놀라면서 "아닐 겁니다. 이름이 같은 사람이 있겠지요."

"주민번호는 541021-0000000 김영자金英子, 현주소와 동일합니다.이사는 평생 38번이나 하셨네요. 현재는 별 가치가 없습니다만, 앞으로 괜찮겠네요."

"그린벨트인 고수부지는 비만 오면 물이 잠겨 아무 쓸모없는 땅이잖아요? 개도 안 물고 가는 아무 가치가 없는 땅이네요. 팔려고 해도 쳐다보지 않는 사람이 많겠네요. 100년 200년이 가도 별 볼일 없는 땅인 것 같습니다."

필자를 100% 믿고 있는 그 아주머니는 필자에게 "정재원 회장님 알아서 처리해 주세요." 하였다.

필자는 "아주머니 현재는 팔려고 해도 팔 수 없을 것입니다. 그러나 앞으로 넉넉잡고 5년에서 10년이면 틀림없이 아파트촌 형성이 명상에 나옵니다. 아파트촌이 되면 큰돈이 될 것 같은데요."

김영자 씨는 그동안 밥도 한 끼 제대로 먹지도 못하고 굶고 살았다면서 지금 당장 팔아달라고 하였다.

필자는 "아주머니 10년 후에 전액 지불하기로 하고 우선 5억 원을 드리겠습니다." 했다.

그래서 은행에 가서 임주성 지점장에게 5억 원을 내놓고 5~10년을 기다릴 수 있는지 먼저 설득을 해보았다. 전체 금액 90억원 중 필자가 우선 5억 원을 지불하고 잔금을 10년 후 지불하겠다는 변호사 공중까지 해주었다.

이후 사기꾼들이 몰려들기 시작했고 그 중에서 한 사람은 자기에게 넘기면 당장 100억 원을 주겠다고 했다.

"그 땅 내 땅 아니요. 김영자 씨와 임주성 씨 간에 계약이 이미 체결되었어요. 귀찮게 하지 마시오." 하였다.

그럭저럭 5년이 지나 KBS 9시 뉴스에 신도시가 확정되었다기에 알아보니 230만 평 모두 그 안에 포함되어 있었다. 필자는 소개만 해주고 아무런 대가는 바라지 않았으며 오히려 앞으로 잘못되어 손해를 보게 되면 모든 것을 책임을 진다는 약속까지 했었다.

결국 그린벨트가 해제되고 아파트 단지로 확정되면서 주택공사에서 평당 10만 원으로 전체를 수용하기로 되어 300억 원의 이득을 보게 되었다. 그 중 세금을 빼고도 200억 원이 남는 장사로 지점장은 5억 원을 투자하여 3년 만에 20배의 이익을 남기게 된 것이다. 김영자 씨에게도 1원도 요구하지 않았다. 김영자 씨는 선생님 명상에서 아파트단지가 생긴다더니 딱 맞아 떨어졌다면서 감사의 표시로 노후 자금으로 쓰라고 쇼핑백에 사례금을 놓고 갔다. 나중에그 쇼핑백을 열어보니 생각지도 않은 큰 돈이 들어 있었고 그 인연으로 오늘까지 그녀와는 잘 지내고 있다.

그 외 은행원 4명은 주식 실패로 결국 신용불량자까지 되었다. 반면 필자를 믿고 5억 원을 투자하여 100억 이상 큰돈을 거머쥔 임주성 씨에게는 아무것도 하지 말고 그 돈만 잘 지키라고 하였다. 그는 지금도 필자에게 자문을 요청해 오고 있다. 여행이나 다니고 건강이나 잘 유지하면서 어려운 사람이나 도와주라고 하였다.

사람이 자신을 알고 사는 사람이 얼마나 될까? 자신을 잘 아는 사람은 절대로 실패하지 않는다.

국경을 초월한 운명

일본편

필자의 책을 열세 번 읽은 재일교포 사업가 박일환 씨

한 재일교포 사업가는 우연히 보게 된 신문광고에서 엄청난 사건과 함께 소개된 신묘한 숫자의 얘기 그리고 행운의 인장에 관한 내용을 접하고는 곧바로 책을 의뢰하여 읽어보았다고 한다. 그는 그 책을 열세 번이나 읽은 후 도저히 이대로 있을 수가 없다며 급히 비행기에 올랐다는 것이다. 그가 필자의 사무실에 도착한 것이 2002년 3월 3일 오전 11시경이었다.

재일교포 사업가 박일환 씨였다. 일본에 가서 그 어떤 고난이나 역경 속에서도 울지 않았던 자신이, 그리고 지금까지 70 평생을 살아오면서 단 한번도 흘리지 않았던 눈물을 이 책을 보면서 한꺼번에 쏟아낸 것 같다고 한다.

그는 해방 후 열여섯 살 때 일본에 건너가 오사카에서 60여 년을 살면서 안해 본 일이 없을 정도로 엄청난 고생을 했다고 한다. 돈이 되는 일이라면 온갖 잡다한 일까지 무엇이든 마다하지 않았는데, 실패도 수없이 반복하면서 오직 돈을 모으는 일에만 최선을 다하여 몸이 으스러지도록 일을 했다면서 자신의 지나온 과거에 대해 두 시간이 넘도록 이야기했다. 그러면서 자신이 현재 하는 일에 대해서도 추호의 거짓도 없이 다 털어놓는다며 이야기를 시작했다.

"저는 게임랜드 회사를 비롯하여 부동산컨설팅 회사, 자동차정비 회사, 대규모의 아파트, 오사카에서 가장 크고 호화롭다고 소문난 레스토랑등 열일곱 개의 계열사를 운영하고 있습니다. 회사의 직원만 해도 5,000명, 일용직까지 하면 6,000~7,000명이 됩니다. 나는 결혼을 세 번이나 했으며 그들 사이에서 태어난 자식이 8남매입니다. 자식들은 모두 출가를 했고 그 사이에서 태어난 친손자손녀가 17명, 외손자손녀가 12명, 증손자손녀도 벌써 7명이나 태어났으니 직계만 해도 52명이나 됩니다. 내가 소유하고 있는 회사를 돈으로 환산한다면 아마도 1조 억엔 정도는 될 것으로 짐작합니다. 그러나 지나온 60여 년의 세월 동안 내가 겪어야 했던 엄청난 질곡의 삶은 무엇으로도 다 표현할 수가 없습니다. 결혼을 세 번이나 했다는 것, 자손이 50여 명이나 된다는 것만봐도 짐작이 될 것입니다.

그동안 내가 이룩한 일들도 많지만 그로 인해 다른 사람들에게 원망과 질타를 받았던 일들도 많이 있었습니다. 이제 내 나이 여든이 훨씬 넘었으므로 앞으로 살 날이 얼마나 되겠습니까. 저지른 일이 많다 보니 거둬들이고 정리해야 할 일도 많습니다. 우리 속담에 '가지 많은 나무 바람 잘날 없다'고 지금 내 처지가 그렇습니다. 일본에서는 기업이 내 것이라도내 마음대로 할 수가 없습니다. 자손에 대한 상속 문제 뿐만 아니라 그동안 나를 믿고 평생을 함께 해온 많은 직원들까지도 보상이 되도록 일을 처리해야 합니다. 이럴 즈음 선생님의 책을 접하게 되었고, 그 내용을 꼼꼼히 살펴보았더니 그 안에 해답이 있을 거라는 확신이 들었습니다. 특히 숫자에 대한 함수관계와 삼합인장에 대해 많은 관심이 가게 되어 이렇게 직접 찾아뵙게 된 것입니다.

그리고 산청·함양 양민 학살사건에 대해서도 제법 소상히 알고 있었다. 한국전쟁에 대한 책을 많이 읽었다고 한다. 6·25전쟁에 대해서는 한국보다 일본에 더 상세하게 소개된 책들이 많다고 한다. 특히 그는 한국전쟁에 대해 관심이 많았기 때문에 일본에서 발행된 한국전쟁사에 관한 책은 다 구해 읽었다며 산청·함양사건에 얽힌 필자의 어린 시절과 더불어 지나온 온갖 시련에 대해 연민의 정을 느낀다고 했다. 그렇기에 이 책을 읽으면서 눈물을 많이 흘렸다는 것이다.

그는 모든 것을 필자가 알아서 해주고 50여 명의 가족 모두의 삼합인장 등 필요한 것을 부탁한다는 말을 남기고 홀연히 가버렸다. 당시 나는 어리둥절하기도 하고 다소 황당한 느낌도 들어서 인사만 받고 그냥 돌려보낼 수밖에 없었다.

그가 다녀가고 난 3일 후 잘생긴 젊은이와 태어난 미모의 젊은 여자가 찾아와서 3일 전 그의 얘기를 꺼내며 밀봉된 봉투를 건네주고 정중하게 인사를 하고 자리를 떠났다. 나는 그것을 서랍에 넣고 2~3일이 지난 후 개봉했더니 자신과 자신 가족의 삼합인장과 필요한 모두를 부탁한다는 간단한 설명과 함께 거액의 수표가 들어 있었다. 그 후 전화가 자주 오면서 "정재원 선생님 산청·함양사건 사업과 후속 사업을 한다고 하는데 시작하면 힘껏 도와드릴 것을 약속합니다." 하며 언제 사업을 하실거냐고 독촉을 한다.

불운한 과정을 딛고 크게 성공하여 재벌이 된 장혜진 씨

2004년 3월 1일 전화가 울려댔다.
"정재원 회장님, 저에요."

"누구십니까?"

"저, 장혜진이에요."

"1991년 5월(23년 전)에 제천에서 효원철학원을 하셨지요?"

"네, 그런데요?"

"선생님께서 저보고 큰사람이 될 인물인데 유흥업소에 있어서 안타깝다고 하시면서 이름이 상극하니 상생의 이름과 행운숫자와 부적을 해주셨어요. 그것도 외상으로…… 성공하면 갚으라고 하시면서요. 돈으로 따지면 큰돈이라고 금액도 안 가르쳐주셨어요. 그때 제 나이가 21살이었는데 선생님께서 저의 키와 혈액형, 몸무게를 물으셨어요. 저는 그때 철학원에서 이런 걸 왜 묻는지 이상하게 생각했지만 다른 생각은 없으신 것 같아서 알려드렸지요."

필자는 그때 당시의 기억을 떠올리며 잠자코 듣고 있었다.

"나이는 21세, 키 170cm, 몸무게 48kg, 혈액형 A형, K대학 휴학 중이고 학비 때문에 서울에서 1,000만 원을 받고 이곳 제천으로 아르바이트를 왔지요. 1,000만 원을 갚으면 다시 학교에 갈 것입니다."

그녀는 그때 했던 말을 재차 상기시켜 주려는 듯 계속해서 말을 이어나갔다.

"선생님께서는 다 듣고 나신 후에 지금 사용하고 있는 이름을 쓰라고 알려 주셨습니다. 그날 이후 제주도 관광호텔 유흥업소로 근무지를 옮기게 되었습니다. 어느 날 저녁시간쯤 호텔에서 음악을 들으며 커피 한 잔을 마시고 있는데 50세쯤 되어 보이는 어떤 신사분이 저를 힐끗힐끗 쳐다보며 내 앞으로 오더니 조심스럽게 의자에 앉아도 되겠냐며 물었어요. 저는 유흥업소에서 일하면서 그런 사람을 자주 보아왔기에 그러시라고 대답했어요. 그때 저는 짧은 미니스커트와 흰 보랏빛이 나는 윗옷을 입었고 머리는 긴 생머리를 하고 있었어요."

그녀는 상념에 젖은 듯 예전 일을 간단하게 설명해주었다.

"그 신사분은 일본에서 온 어느 회장님을 모시는 수행 비서였고 저를 보자 마음에 들어 이것저것 상세히 물어보셨습니다. 그리고나서 자신을 일본인 회장님께 소개해주었고 그 회장님은 자신이 진 빚 천만 원에 그들이 요구한 4천만 원을 더한 5천만 원을 그들에게 건네면서 자신을 자유롭게 해주었습니다.

거기다 자신에게 일본으로 함께 가 살자는 솔깃한 제안까지 하였습니다. 저는 여기에서 이렇게 살 바에는 차라리 낫겠다 싶어 흔쾌히 응하면서 집에 보내줄 얼마간의 돈을 요구하였더니 한시간도 안되어 자신의 통장에 15억 원이라는 거금을 입금해 주었습니다.

저는 그런 거액을 바란 것이 아니었으므로 조용히 그 돈을 돌려드렸습니다. 오히려 그 부분이 더 좋은 인상을 주어 저는 회장님을 따라 일본으로 건너가 함께 살게 되었습니다.

그 분은 상처를 하신 분이었고 슬하에 아들 3명과 딸 2명이 모두 출가하여 살고 있었고 저와 정식 혼인신고까지 해주며 잘 대해주셨습니다. 더군다나 장성한 자식들도 자신을 정식 어머니로 인정해주었고 깍듯이 대해주었습니다.

그러나 이미 그 분은 중병을 앓고 계신 상태로 자신과 남은 여생을 함께 하고자 데리고 오신 것이었습니다.

회장님은 돌아가시기 직전에 제주도에 호텔을 하나 지어주셨고, 자신의 유산을 전부 물려주시고 가셨습니다. 자식들도 이미 유산을 상속받은 상태라면서 저의 유산에 대해 일절 관여를 하지 않았습니다."

끝으로 "자신은 일본에 어마어마한 재산이 있는데 한국에 함부로 가지고 올 수 없다고 하면서 자신이 일본에 가기 전 처음으로 회장님께 받은 15억 원을 23년 전에 빚을 대신 갚는다고 하면서 필자에게 돌려드리고 싶다."고 하였다.

필자는 감사한 마음과 함께 장혜진 씨에게 복을 기원해 주었다. 그리고 최근에 와서는 "정재원 선생님 무슨 일을 하실 때 자금이 필요하시면 꼭 연락을 달라"고 하였다. 박물관을 세울 계획이라고 했더니 "얼마가 들어도 필요한 금액을 말씀해주시면 기꺼이 참여하겠습니다"라고 했다.

수년치의 광고비용을 부담해주시는 회장 사모님

2000년 2월 3일 필자는 동대문 사무실에서 손님과 상담 중에 있었다. 그때 일본 도쿄라고 하면서 한 여인의 전화가 걸려왔다. 그녀는 일본에 사는데 신문광고에서 〈운명〉이라는 책을 보고 당장 주문하여 하루 만에 탐독하였다고 한다. 그녀는 책을 읽고 나니 가슴속까지 감동이 밀려와 눈물을 멈출 수 없었다고 하면서 한국으로 갈 테니 시간을 내어달라고 부탁하였다.

그로부터 세 달 뒤인 6월 3일 오후 4시에 사무실에 찾아온 그녀는 그동안 뜬눈으로 지새우며 필자를 만나기 위해 이날만을 기다렸다고 하였다. 그녀는 필자를 보자마자 마치 친정아버지를 만난 것처럼 반가워하며 말을 하였다.

"〈운명〉 책을 쓰신 선생님 맞습니까? 죽기 전에 한 번이라도 만났으면 하는 것이 소원이었는데 이렇게 만날 수 있게 되다니 …… 수십 년 만에 친정아버지를 만난 것보다 더 반갑습니다. 선생님 소설을 무려 10번을 읽었습니다. 어찌 그리 못된 인간들이 많은지, 국군들이 어떻게 무자비하게 사람을 마구잡이로 죽일 수 있단 말입니까."

그녀는 말문을 잇지 못하고 통곡을 하면서 10분간 구슬 같은 눈물을 뚝뚝 흘리더니 필자의 손을 꼭 잡고 놓지 않으며 울먹이면서 말문을 열었다.

그녀는 40년 전에 일본으로 건너가 필자만큼은 아니지만 그에 버금가는 고생을 하면서 일본인을 만나 5남매를 두었고 이제는 자녀들도 성장하고 사회에 진출하여 열심히 살고 있다고 하였다. 그녀의 남편은 큰 회사의 회장이고 필자에게 일부분이라도 도움을 주려고 한국에 왔다고 하였다.

필자는 그녀의 따뜻한 말 한마디만으로도 감사하고 고맙다고 하였다. 그녀는 연신 흐느끼며 말을 이어갔다.

"저의 운세에 관해 말씀 안해주셔도 됩니다. 선생님이 저술하신 책을 보니 저에 관해 모든 것을 꿰뚫고 마치 현미경으로 제 속을 확대하여 보는 것처럼 정확하고 선명하게 모든 것이 맞아떨어졌습니다. 저는 돈도 있을 만큼 있으니 더 이상 재물 따위는 필요 없습니다. 단지 우리 가족의 건강과 행복을 바랄 뿐입니다. 그러니 우리 식구의 삼합인장, 숫자 등을 모두 해주세요. 그리고 건강하게 여생을 마치게 해주세요."

그녀는 사무실 문을 나서면서 필자의 손을 다시 한번 따뜻하게 잡아주었다.

"선생님, 오래도록 건강하게 목적 달성을 위해 나아가세요. 그래서 선생님과 죽은 사람들의 영혼이 편안할 수 있도록 해주세요."

그녀와 그렇게 1시간 동안 상담하고 아쉽게 헤어졌다. 그런데 3일 후에낯선 사람이 사무실에 찾아왔다.

그는 느닷없이 "3일 전에 일본에서 회장님의 사모님이 다녀가셨지요. 이 봉투를 정 선생님께 드리라고 했습니다" 하고는 필자에게 봉투를 건네주었다.

필자는 봉투를 여는 순간 깜짝 놀라고 말았다. 봉투 안에는 다년간 광고비용을 지출할 수 있는 어마어마한 돈이 들어 있었다.

그리고 앞으로 정재원 선생님이 사업을 그만두는 날까지 광고비용을 전액 부담한다고 하였다.

실타래처럼 얽혀 있는 운명이 해결된 김지후 씨

2007년 6월 3일 일본에서 60대 여인이 예약 없이 찾아왔다.

"선생님 저는 일본에서 온 교포 김길자金吉子입니다. 일본에서 한국 신문을 보고 책을 신청하여 읽어 보았더니, 제 이름이 불용문자이고 은행 계좌번호, 전화번호, 자동차번호와 도장 등을 맞춰 보았더니 좋은 것이 아무것도 없더군요. 저희 전화번호는 20번, 집 주소는 14번, 은행통장 비밀번호는 19번, 자동차번호 28번, 주민등록번호는 30, 12, 20 모두 안좋아요. 이름도 14, 4, 19 어쩌면 모두가 그렇게 안 좋은지 60 평생 살아오면서 교회와 불교, 일본 천도교, 철학관, 무속인 등 수없이 다녀도 하나같이 말도 안 되는 말만 하고 교회는 십일조만 잘 내면 된다기에 집을 판돈 일부를 내놓아도 헛것이었고 절에 가서 불사하면 잘된다고 하였으나 그것도 마찬가지였어요. 무속인이 빙의가 들었다고 해서 여러 차례 굿도 해 보았지만 그것도 믿을 것이 못 되더군요. 나중에 알고 보니 위의 각종 숫자와 인장 도장은 깡통이라고 나오더라고요. 100% 맞아요. 저는 부모님 유산을 많이 받았지만 모두 탕진하고 남편 사망 후 남편의 재산까지도 모두 탕진하게 되어 이제 죽어야 한다는 생각을 할 때쯤 우연한 기회에 선생님의 책을 읽게 되었어요. 읽어보니 눈이 번쩍 떠지면서 이제는 살았구나 하는 생각이 들더군요. 그래서 선생님을 찾게 되었어요. 선생님, 살려주세요."

그녀는 다급하고 애절한 목소리로 하소연했다.

"우선 사모님 손금과 모든 것을 감정해야 합니다. 조상님으로부터 받은 유산을 탕진한 것은 우연이 아닌 운명적인 것입니다. 모든 숫자를 바꾸어 쓰면 문제가 해결될 것입니다. 사주팔자와 숫자(운명), 즉 이름이 상생으로 합이 되어야겠지요. 우리나라의 반만년 역사를 보면 이름은 운명이라는 것이지요. 이름과 숫자와 삼합인장을 상생의 원리로 갖추어야 일생을 잘살 수 있는 겁니다. 김길자씨는 여름 태생입니다. 춘하추동^{春夏秋冬}이라고 한다면 이름은 반드시 사주팔자와 맞아야 합니다. 먼저 춘하면 싹이 나고 하하면 성장, 추하면 수학, 동하면 저장하고 갈무리하듯이 이런 방식으로 운명, 즉 이름을 짓는 방법입니다.

대개 우리나라 역학자들은 사주팔자를 써놓고 계절을 구분하여 원칙을 정하지 않고 발음 오행으로 짓는 경우가 가장 많습니다.

예를 들면 木은 ㄱ, ㅋ이고, 는 ㄴ, ㄷ, ㄹ, ㅌ이고 그는 ㅇ, ㅎ이고, 金은 ㅅ, ㅈ, ㅊ이고 水는 ㅁ, ㅂ, ㅍ이라는 것이지요. 이렇게 각 한글 자음들은 목, 화, 금속, 수의 오행 중 어느 하나에 해당되므로 그 오행들이 상생되는지, 상극되는지에 따라 이름자풀이의 길흉을 추론하는 것입니다. 이런식은 맞지 않습니다. 또한 한글 이름을 불렀을 때 소리나는 대

272

로 운명이 결정지어진다는 주장도 많지만 잘못된 것입니다. 물론 전혀
맞지 않다는 건 아닙니다."

김길자씨의 이름을 풀이하자면,

김金 8 ┐	수水	생년월일시 : 1947년 6월 24일 사시생巳時生
길吉 6 ├ 14 화火		사주팔자
자子 3 ┘ 9	수水	年 月 日 時
계 17		丁 丙 戊 丁
		亥 午 戌 子

金은 8획이다. 하지만 1을 더하면 수로 변한다.
필자는 김지후金知厚로 개명해 주었다.

김金 8 ┐	16	水	천격天格
지知 8 ├		土	인격人格
후厚 9 ┘	17	金	지격地格

　손금을 잘 관찰하여 사주팔자와 운명, 즉 이름을 감정한다. 그리고 이
름을 지을 때 가족 모두의 사주팔자와 운명을 같이 보아야 한다. 상극이
되면 안 되고 오행이 맞아야 한다. 즉, 음양 홀수와 짝수를 봐야하며 각
종 숫자가 사주와 맞는 것을 사용하는가를 판별해야 한다.
　어느 일간지 신문에서 우연히 박朴(수水)과 이李(토土)는 서로 상극이니
대단히 좋지 않다고 하는 광고를 본 일이 있다. 이것은 헛웃음만 나오는
말장난이다. 이런 식의 이름은 맞지 않다. 간혹 맞을 수도 있겠지만 비

중이 약하다.

이 아주머니는 한국에 와서 전국 곳곳을 다니면서 영험하다고 소문 난 곳이면 가리지 않고 다녔다고 한다. 한글 이름, 소리 이름 등 할 수 있는건 다 해보았지만 소용이 없어서 포기하였다. 그러던 중 필자가 쓴 《운명》 책을 무려 11번 읽었는데, 읽을 때마다 눈물을 흘렸다고 했다.

"저의 아버지께서 제 몫으로 주시기로 한 땅이 있는데, 또 누구한테 사기를 당하지 않을까 싶어 아버지가 아직 주시지 않고 있어요. 김포의 3,000평은 대략 시가로 30억 이상 된대요. 그 땅이 언제쯤 제게로 올 수 있을까요? 빠른시일에 받게 되면 선생님께 투자하겠습니다. 부탁합니다."

"그것은 아주머니의 재산이니 받게 되면 아주머니의 안정과 노후를 준비하는 데 잘 활용하십시오. 저는 그런 대가성은 바라지 않습니다. 아주머니의 바람은 곧 이루어질 것입니다. 여하튼 이름은 사주와 잘 맞으니 법적으로 개명하는 것은 나중에 하시고 우선 각종 번호와 신정삼합인장을 작성해 드릴 것이니 잘 간직하고 계십시오. 이것은 사용하는 방법이 가장 중요합니다. 방향이 상생하여야 하는데, 즉 용신이 되는 오행 날짜와 시간을 가르쳐드릴 테니 은행 첫 거래 시 2,900원을 은행 인장으로 사용하세요."

"100% 믿고 사용하겠습니다. 감사합니다. 이 은혜 꼭 갚겠습니다."

그녀는 거듭 감사하다는 인사를 하며 자리를 떠났다.

한국에서 고관대작을 지낸 아흔을 넘긴 초로의 큰손

2001년 1월 1일 필자가 동대문사무실에서 숙박을 할 때였다. 새벽 4시
경 전화벨이 요란스럽게 울렸다. 잠에 취해 무시하려고 했지만 요란한 벨
소리는 그칠 줄 모르고 울려댔다. 겨우 수화기를 집어 들었더니, "여보
시오. 왜 그렇게 전화를 늦게 받소"라며 오히려 전화를 건 쪽에서 다짜
고짜 화를 내는 것이었다.

잠결에 전화를 받았다가 고함소리에 정신이 번쩍 들었다.

"지금 새벽 4시입니다. 전화를 안받으면 끊으시면 될 것을 받을 때까
지 들고 있는 선생님은 누구십니까?"

상대방의 목소리는 대략 70~80세 노인으로 추측되었다.

"제가 무슨 잘못을 했습니까? 좌우지간에 전화를 늦게 받아 죄송합니
다. 지금은 새벽 4시이니 아침 9시쯤 다시 전화를 걸어 주십시오" 하고
정중히 말하였으나 노인은 끊지 않고 말을 이어갔다.

"내 말을 좀 들어봐요."

"나는 미국에 온 지 30년이 넘었소이다. 한국에서는 고관대작을 지냈
고 현재는 사채업을 하는 큰손이요. 한국에 있는 정·재계 사람들 중 내
돈을 안쓴 사람이 없을 정도라오. 미국에서도 금융업 등 국제시장에서 내
이름을 대면 모두가 알 정도이오. 내 나이 90이 넘었고 내 손으로 직접
전화를 건 것은 처음일 정도라오. 나는 조선일보 구독자로 신문에서 당
신의 ≪운명≫이란 책 광고를 보고 호기심에 책을 구입하여 읽어 보았
소. 이 책을 보면서 한 열 번은 넘게 운 것 같소. 살아 평생 수만 권이 넘
는 책을 보았지만 이렇게 볼 때마다 눈물이 나온 책은 처음이오. 책에

나온 산청·함양 사건에 대해 익히 알고는 있었소만 이렇게 소상히 정리된 책은 처음 보는 것 같소. 6·25 한국전쟁에 관련된 책도 수없이 보았소만 이렇게 산청·함양 사건이 끔찍한 사건인지는 정말 몰랐소."

노인은 천인공로할 만행을 저지른 한국 국군에 대해 가슴을 치며 원망했다고 한다. 아무 죄도 없는 순진무구한 우리나라 백성을 이렇게 잔인하게 죽이고도 정부에서 아무런 배상도 하지 않고 최고 책임자 그 누구도 아직까지 진정한 사과 한마디 없었다는 현실에 우리나라 정부를 원망하는 이야기로 두 시간이 넘게 이야기를 나누었다. 노인은 조만간 한국에 갈 터이니 가기 전에 연락하고 꼭 만나자고 하였다.

그 후 1개월이 지나서 노인은 필자 사무실을 방문하였다.

노인은 마치 50년 만에 이산가족을 찾은 것인 양 마냥 반가워하며 눈물을 펑펑 흘리셨다.

노인은 필자를 보고 하늘이 내려준 분이라고 칭찬을 아끼지 않으셨다. 아흔이 넘은 연세에 보좌관 겸 경호원을 12명이나 대동하면서 정정하게 여행을 다닌다며 자신의 건강함도 과시하였다.

자식도 많고 부인도 여럿이라고 하였고, 자산은 상상을 초월할 정도라고 하셨다. 노인은 세계적으로 정평이 나 있는 자산가이며 사업가셨다.

필자가 운영하는 운영비를 생명이 붙어 있는 한 무기한 다 대주시겠다고 하시면서 돌아가셨다. 필자는 그 분께 129살까지 건강하게 사신다고 했더니 "내가 그것밖에 못사나"하시면서 껄껄 웃으셨다. 그리고는 "정재원 선생 큰 부자 되게 해줄까" 하는 농담까지 하시고 가셨다. 지금도 전화가 자주 오가며 인연을 이어가고 있다.

삼합인장으로 목숨을 건진 K씨

2001년 9월 23일 뉴욕에서 전화가 왔다. 그는 전화를 통해 자신의 이야기를 털어 놓았다.

K씨는 한국에서 사업을 하다가 부도를 내고 미국으로 도피생활을 한지 30년이 되었으며, 이제는 안정을 찾아 신앙생활 지도자를 하고 있었다.

K씨는 필자의 저서에 기록된 이름과 숫자, 삼합인장 내용들이 자신의 과거를 훤하게 꿰뚫어 보는 듯해서 소름이 돋았다고 하였다. 그리고 한 치의 오차도 없이 다 맞아 떨어져 책을 여덟 번이나 탐독하였다고 한다.

그리고 2개월 후에 동대문사무실에서 K씨를 만났다.

그는 필자를 보자마자 대뜸 "선생님을 하늘님이라고 칭해도 되겠습니까" 하였다.

필자는 어안이 벙벙하여 그에게 되물었다.

"무슨 말씀입니까? 저는 평범한 사람입니다. 저를 그렇게 존귀한 사람으로 칭하시면 안 됩니다."

하지만 K씨는 확신에 찬 듯이 말을 이어나갔다.

"선생님은 돌아가신 후에도 세계만방에 그 훌륭한 이름과 업적이 넓고 높이 퍼지게 될 것입니다. 확신합니다. 선생님 저에게 모든 것을 만들어 주세요. 비용은 요구하는 대로 드리겠습니다."

그리고 15일 후에 K씨는 다시 필자에게 왔다. 대구가 고향이라 한국에 온 김에 그 곳에 가서 봉사활동을 하였더니 상상도 못한 큰돈이 들어왔다고 하였다.

K씨는 그 돈을 필자에게 다 주겠다고 하였다. 선생님의 도움으로 생각도 못한 돈이 들어왔으니 그 돈은 자신의 돈이 아니라고 하였다. 필자는 극구 사양하며 그 돈은 K씨의 노력에 의해 번 돈이니 받을 수 없다고 하면서 받지 않았다.

K씨는 아쉬운 듯 다시 미국 땅으로 돌아갔다. 미국으로 다시 돌아가는 그에게 희망의 말을 해주고 싶었다.

"안녕히 가십시오. 한국인이라는 자부심으로 외국에서 열심히 살기 바랍니다. 오래오래 건강하시고 목적하시는 바를 반드시 이루게 될 것입니다."

그리고 6개월 후에 K씨로부터 다시 전화가 왔다. 슈퍼에서 무장강도에 의한 총기사고가 났는데 7명이 현장에서 사망하고 10여 명이 부상당했다고 하였다. K씨 역시 그 현장에서 총격 사건을 당했다고 한다.

"선생님 총알이 제 왼쪽 가슴으로 날아들었습니다. 그런데 저는 아무런 상처 없이 이렇게 살아 있습니다. 다 선생님 덕분입니다. 선생님은 제 생명의 은인이십니다. 선생님이 새겨주신 삼합인장을 호주머니에 넣고 다녔는데 총알이 그곳으로 날아왔습니다. 도장만 깨지고 전 무사할 수 있었습니다."

K씨는 삼합인장에 의해 목숨을 건졌고, 그 소문이 퍼지기 시작하여 도장을 쓰지 않는 미국인들도 삼합인장을 가지면 좋다는 소문이 퍼져 한때 미국에서 주문이 쇄도하기도 하였다.

큰 기업가로 변신한 런던의 정지원 씨

그는 런던에서도 이름난 기업가로 알려진 경상도 사나이였다.

"거기가 ≪운명≫ 저자 사무실인가요? 정재원 선생님 좀 바꿔 주이소."

크고 우렁찬 그의 음성은 악센트로 보아 경상도 출신임이 틀림없었다.

전화를 받자, 그는 대뜸 "나도 산청 출신인데, 아홉 살에 6·25를 겪어서 산청·함양 사건을 대충은 알고 있다카이. 내가 오늘 이 책을 읽고 가슴이 벌렁거려서 견딜 수가 없다 아이가. 자세한 것은 나중에 이야기하기로 하고 얼른 날짜나 잡으소, 내랑 만날 수 있는 날짜와 시간을 퍼뜩 말하이소. 내 빨리 갈라고 한다카이."

그렇게 약속을 잡고 통화 후 12일이 지나서 그는 한국에 왔고 필자의 사무실을 방문하자마자 이산가족을 만난 듯 필자를 붙잡고 엉엉 소리를 내며 울기부터 하는 것이었다.

"아니, 무슨 사연이길래 들어오자마자 이렇게 울기부터 하십니까? 멀리서 오시느라 피곤하실텐데 그만 앉아서 좀 쉬시지요."

"이 사람아, 내가 정지원이 아이가 나도 산청 구덕에서 태어나 양민학살사건 때 거기 살았다 아이자 가만히 있어보자. 내 모르것제? 나도 니 모르겠다. 와서 만나보면 알 것 같았는데… 그래, 아무튼 너무 반가워서 그랬다 아이가."

"정신 가다듬고 차근차근 이야기하세요. 오늘은 정회장님을 위해 시간을 좀 넉넉하게 비워놓았습니다."

"그라입시다. 실례했습니다. 너무 반가워서 그만, 용서하이소." 이성을 잃은 듯하던 그는 이내 정신을 가다듬고 자신의 이야기를 간략하게 하였다.

그는 산청·함양 양민 학살 사건 때 아홉 살이었고, 그가 살았던 동네에는 국군이 밀어닥쳤으나 방곡·서주·가현 등지처럼은 하지 않았다고 한다. 방곡이나 가현, 서주 등지에서 벌어지고 있는 사건을 미리 알았기 때문에 마을 사람 거의가 도망을 갔거나 깊이 숨어버려서 엄청나게 끔찍한 사건은 벌어지지 않았다고 했다. 그러나 그곳에서도 살아남았다는 사실은 요행이었고 극적인 것이나 진배없는 시절이었다.

그는 성장하면서 한국이 싫어져 부산으로 가서 공부를 하다가 우연한 기회에 영국으로 건너가서 공부를 계속하게 되었다고 한다. 그리고 주변의 도움이 큰 밑천이 되어 일찍이 사업에 눈을 뜨게 되었단다. 물론 초기에 많은 시행착오를 일으켜 실패도 거듭했지만 그럴 때마다 주변에서 주는 용기와 도움으로 오뚝이처럼 다시 일어나곤 했단다.

지금은 영국뿐만 아니라 해외 현지공장도 설립하여 10여만 명이 넘는 직원을 거느린 대기업 회장이 되어 있었다. 그리고 가족사항 등 개인적인 일까지 다 이야기 한 후 자신의 가족 뿐만 아니라 모든 사람들이 건강하고 행복하게 살 수 있는 사회가 지속되기를 바란다는 소원을 피력하였다.

그해 65세였던 그는 영국에 정착한 지가 45년 되었다고 했으니 20살에 건너가 줄곧 그곳에서 생활해온 셈이다. 그 사이에 국제 무역뿐만 아니라 크고 작은 41개의 계열사를 거느리게 되었다고 한다.

그는 특히 산청·함양 양민 학살 사건에 대해서 관심이 많았다. 책을 읽으면서 산전수전 다 겪으며, 이렇게 살아남은 필자를 존경한다면서 산청·함양 사건의 진상을 밝히는 일에 적극 협력하겠다고 다짐했다.

그는 그동안 서울에 있는 여러 감정원을 다니면서 감정을 하는 사람을 많이 만나봤는데, 한 사람도 자신의 마음에 드는 사람이 없었다고 한다.

그런데 필자를 만나보고 신뢰가 가고 동질감도 더해져 믿고 투자를 할 결심을 굳혔다고 했다.

그는 장담하듯 몇 번이고 다짐하여 기약을 하고 영국으로 돌아갔다. 그 후로 자주 전화를 걸어와 사업의 구상에 대해 묻곤 한다. 그리고 필자에게도 여의치 않으면 영국으로 오라고 하였다. 그럴 때마다 필자는 내가 해야 할 일에 대한 계획을 그에게 전했다.

"나는 아직 여기서 할 일이 많이 남아 있습니다. 여기서 더 큰 일을 해야만 합니다. 지금까지 한 일은 계획의 시작일 뿐입니다. 아마도 앞으로 3년 정도 지나면 큰 계획을 실행에 옮길 것입니다. 그때는 확실하게 도와주십시오. 국가적 차원에서 사업을 해야 하지만 국가가 하지 않으니 개인적으로라도 기필코 해야 하는 일입니다.

산청·함양 사건에 대한 큰 사건을 할 것입니다. 서울 한복판에 기념관을 세우고 기념탑도 건립하여 세계인을 상대로 공개하고 후세들에게까지 산 교육장이 되도록 만들 것입니다. 아마도 지금 계획으로는 약 3,000억원이 들 것으로 추산됩니다. 이 사건에 대해 정부나 관계기관에서는 반성이 없습니다.

몇 년 전 국회에서 여야 합의로 통과된 보상법을 당시 대통령 권한 대행으로 있던 고건 국무총리가 거부권을 행사했습니다. 함께 통과된 광주 사건 등의 문건은 그대로 실행하면서 유독 이 사건만 거부를 하다니요. 말도 안 되는 처사가 아니고 무엇입니까? 결국 유족들을 두 번 죽인 꼴이 되었고 구천을 헤매는 1,500여 영령들은 아직도 영면하지 못하고 있습니다."

기필코 이 일을 이루겠다는 필자에게 그는 큰 용기를 주었다. 빨리 실행에 옮기라고 하면서 그때는 반드시 협력하겠다고 했다.

호주에서 사업에 성공한 김동길 씨

2003년 9월 19일 금요일 느닷없이 호주에서 왔다는 김동길 씨가 사무실을 찾아왔다.

두어 시간 전에 호주라면서 전화가 왔었다기에 비서가 미리 예약을 하고 그 날짜에 맞춰 방문하시라고 하였더니 알았다고 하면서 전화를 끊더라는 것이다. 그런데 그는 이미 서울에 도착해 있었고 예약이고 뭐고 필요없이 무조건 사무실로 찾아온 것이다. 그는 들어서자마자 큰절을 올리겠다면서 넙죽 엎드려 절을 하는 바람에 필자도 같이 반절을 하였다.

그는 자리에 앉자마자 자신의 이야기를 숨가쁘게 털어놓기 시작했다. 필자가 태안물산(주)을 경영할 때 주요 품목이 수산물이었듯이 그도 노량진 수산시장과 중부시장에서 각종 수산물을 제공하고 수산물 가공업까지 곁들인 제법 큰 회사를 운영하다가 1970년도에 300억 원의 부도를 맞아 도산하고 뉴질랜드로 피신하게 되었다는 것, 그 후 여러 나라를 왕래하며 피신 겸 새로운 사업의 기틀을 마련하려고 온갖 수모와 고통을 받은 일, 그 와중에 가족 일부가 교통사고를 당해 죽음에 이르고 이를 견디지 못한 아내는 자살을 해버린 일, 결국 자신의 사업실패가 원인이 되어 모든 가족을 잃어버리고 혈혈단신이 된 자신의 처지를 비관하여 자살을 시도하였으나 자신은 살아남은 일, 결국 호주로 다시 돌아와 여러 직업을 전전하다가 우연한 기회로 축산물 가공업을 하시는 교포 어른을 만나게 되었고 제2의 인생을 시작했다는 이야기를 늘어놓았다.

그리고 그는 20세 연하의 교포 여성을 만나 재혼을 하게 되었는데, 그 교포 어른의 따님이었다. 그러다 보니 장인 어른의 많은 지원을 전폭적으로 받으면서 하는 일마다 승승장구하게 되어 오늘에 이르렀다고 한다.

그 후 30여 년을 열심히 일하면서 '최선을 다한다. 최고가 된다'라는 좌우명으로 한순간도 허튼 일을 하지 않고 오직 앞만 보며 오다보니 지금은목축농장과 축산물가공업, 축산물 수출회사 등 열두 개의 계열사를 경영하는 제법 성공한 기업가라고 뿌듯해했다. 자신의 잘못으로 본래 가족을모두 잃고 실의에 빠져 마음을 다잡지 못하고 있었을 때 이해와 사랑으로 자신을 대해준 지금의 아내가 항상 고맙기 그지없다는 말도 덧붙였다.

그는 필자의 ≪운명≫을 열다섯 번이나 정독했고 수산물 가공납품 등으로 부도를 내고 도피한 자신과 태안물산을 부도내고 잠시 도피한 필자의 삶이 유사한 데가 많다고 느껴 처음 만난 사람이지만 더욱 친밀감을 가지게 되고 친형제를 만난듯한 반가움이 들었다고 한다.

또한 이제 제법 많은 재산을 모은 자산가가 되었고 이만하면 더 큰 욕심이 없으므로 그동안 노력하여 모은 재산을 일부 환원하는 차원에서 자신의 모국인 한국에 투자를 하려고 생각한다는 것이다.

그래서 필자를 찾아온 목적은 한국에 투자하는 방식으로 고국에 환원하는 방식에 대해 의논하기 위함이며 꼭 필자를 통해 답을 얻고 싶기 때문이라고 하였다. 그것은 부도를 내고 홀연히 떠나버린 고국에 대한 자신의 값을 일부나마갚는 계기도 마련하고 노후에 자신의 명예도 회복하고 싶은 소망도 담겨 있다고 했다.

그의 말은 끝이 없이 계속 이루어져 밤새워 꼬박 해도 시간이 부족할 것 같았다.

그쯤에서 말을 끊고 필자는 그에게 다음과 같이 말하였다.

"해외투자란 함부로 할 수 있는 것이 아니므로 신중에 신중을 더하여 결정을 하셔야 할 것이고, 절차도 제대로 밟아야 하는 것임은 잘 아실 것입니다. 우선 김선생님께서 어떤 부류에 투자를 하고 싶어하시는지 알려주시면 제가 잘 알아보겠습니다. 그래서 김선생님의 운세에 맞춰서 업종을 선정하도록 하겠습니다. 우선 호주로 돌아가셔서 투자에 대한 마음을 신중하게 다시 검토하시고 확신이 서면 다시 연락을 주십시오. 김선생님께 잘 맞는 각종 번호들을 산출하고 또 삼합인장, 82령 부적 등 여기서 할 수 있는 모든 조치를 취하여 한 달 이내에 특수우편물로 우송해 드리겠습니다."

그는 그러겠다고 하면서 한 가지 더 부탁을 하였다.

"지금은 내 건강이 양호한 편이라고 하지만 과연 내가 언제까지 건강하게 사업을 할 수 있는지, 앞으로 어떻게 하면 좀 더 건강하게 오래 사업을 할 수 있는지도 아울러 의견을 주시기 바랍니다. 오래 살고 싶다는 욕심보다는 건강하게 오래 일해서 사회봉사 차원에서 열심히 투자를 늘려가고 싶어서 그러합니다."

"알겠습니다. 그 부분도 상세히 산출하여 이해하기 쉽도록 풀이하여보내드리겠습니다. 아마도 백수 이상 오래 장수하실 것 같습니다. 그러면 좋으시겠지요?"

하면서 긴장을 풀어주기 위해 웃으면서 덕담을 했더니 그도 기분좋게 따라웃으면서 희망찬 설계를 부탁한다며 기분좋게 헤어졌다.

지금도 그는 일주일에 두 번 이상 전화를 해서 투자를 빨리 할 수 있도록 해달라고 종용하고 있다.

필자에게 운명을 맡기고 떠난 여성 CEO

어느 날 50세 가량의 아름답고 초롱초롱한 눈망울을 가진 당찬 기운의 여성이 북경에서 서울에 도착하자마자 필자의 사무실로 찾아왔다.

동대문에서 섬유 수출입을 하는 이 여사장은 세계 각지에서 매출 100억 달러를 벌어들이는 아주 큰 사업가였다. 북경에서 필자의 책을 읽고 나니 필자를 만나지 않으면 안 되겠다는 생각으로 무작정 찾아왔다는 것이다.

"선생님의 책을 5번이나 읽어보고 또 읽어보았습니다. 구구절절 옳으신 말씀과 산전수전 다 겪으신 선생님의 삶에 잠을 이룰 수가 없었습니다. 선생님 절 받으세요."

그녀는 무작정 필자에게 절을 하려고 하였다.

"아이구, 절은요. 악수나 합시다."

필자는 그녀를 만류해야만 하였다. 그녀는 중국이 세계에서 숫자를 가장 중시하는 민족인데 그런 중국인들보다 더 훌륭한 사상체계를 발견한데 대해 감탄을 금할 수 없었다고 하였다.

"선생님 좁은 한국 땅을 벗어나 중국에도 오셔서 감정을 부탁드립니다. 그리고 선생님의 저서를 중국 번역판으로 출판하세요. 아마 중국인들도 감탄을 금치 못할 것입니다."

그녀는 필자를 신처럼 표현하며 존경을 표하기에 그저 송구스러워 몸둘 바를 몰랐다. 그녀는 인장과 이름, 숫자로 자신의 과거를 돌이켜 본 결과 한 치의 오차도 없이 맞아 떨어져 이렇게 먼 곳까지 한달음에 달려왔던 것이다.

"선생님께 저의 운명을 맡기고 갈 테니까 선생님이 알아서 해주세요.제 운명에 관한 설명은 해주시지 않아도 됩니다. 이미 제 이름과 은행번호, 전화번호 등 각종 번호를 책에 나온 것에 대입해 보니 너무도 정확해선생님을 귀찮게 할 필요가 없을 것 같네요."

이렇게 한달음에 달려왔는데 금방 헤어지는 것이 아쉽다 하여 식사를 한 후 그녀는 인장을 100여 벌 부탁하고 떠났다.

그 후로도 그녀와 수시로 연락을 하고 있으며 삼합인장과 각종 숫자 때문에 사업이 더욱 번창한다는 소식을 전하고 있다.

그럴 때마다 필자 역시 기분이 흐뭇하며 여성의 몸으로 낯선 타국에서 고생하는 그녀가 안쓰러워 그녀의 길흉화복을 위해 더욱 열심히 정진하고 있다.

그후로도 필자에게 큰 사업을 하실 때면 투자하겠다고 종용을 하였다.

싱가포르에서 대기업을 일으킨 고아출신 사업가 여경봉 씨

싱가포르에서 무역업을 하여 큰 성공을 일으킨 여경봉 씨가 필자의 사무실로 찾아온 것은 2003년 10월 20일이었다. 예약 이후 필자와 만남을 갖기까지 제대로 잠을 이룰 수 없을 정도로 가슴이 설레었고 또 이렇게 유사한 운명을 짊어지고 태어난 사람이 있다는 것에도 큰 관심이 생겼다고 한다.

필자의 책을 읽은 후 그는 매일 바쁜 일정 중에도 한시도 필자를 잊은 적이 없을 정도였기 때문에 오래 전부터 잘 알고 지내왔던 친분이 두터운 사람으로 착각이 들 정도라서 필자를 만나자마자 대뜸 큰절을 하는 것이었다. 다소 겸연쩍기도 하고 민망스럽기도 하여 얼떨결에 같이 맞절을 하는 시늉을 했지만 의외의 행동에 처음에는 당황스러웠다.

그는 현재 싱가포르에서 1만여 명의 직원을 거느리고 있는 교포 사업가로 필자의 저서 ≪운명≫을 신문광고를 보고 알게 되었다고 한다.

그는 한국과의 무역을 위해 서울에 오는 경우가 많아 싱가포르에서도 한국 신문 5~6가지는 항상 구독을 하고 있다고 했다.

처음 몇 번은 흔히 있는 책광고이겠거니 하고 관심을 두지 않았는데, 지속적으로 광고가 나오고 필자의 프로필에 '산청 · 함양 양민 학살사건 유족회 회장'이라는 타이틀을 보면서 관심이 쏠렸다고 한다.

"그래서 이 책을 꼭 읽어보아야겠다고 생각하고 책을 구입하여 서울

출장에서 돌아가는 기내에서부터 당장 읽기 시작했습니다. 선생님의 인생살이가 저와 너무 유사한 점이 많아 책을 놓을 수가 없었으며 책을 읽어 나갈수록 자신보다 더 기구한 운명에 처했던 사람도 있었구나 싶어 애잔한 마음과 함께 감복이 되었습니다.

원래 아버지 고향이 경남 산청이시고 저는 마산에서 태어났습니다. 그런데 초등학교 4학년 때 부모님을 한꺼번에 여의고 혈혈단신 고아로 살게 되었습니다. 가까운 친척도 없었고 부모님도 뺑소니 교통사고로 돌아가셔서 아무런 피해보상도 받지 못했으며, 원체 집이 가난했기 때문에 부모님이 남겨주신 재산이라고는 아무것도 없었습니다. 그렇게 부모님이 돌아가시고 난 뒤로는 학교는커녕 하루하루를 구걸하다시피 하면서 연명하였고, 넝마주이들과 어울려다니면서 나쁜 놈들한테 걸려 흠씬 두들겨 맞기를 예사로 여기면서 살았습니다. 그러다보니 이 책을 읽으면서 흡사 저 자신이 살아온 내용이 아닌가 싶을 정도로 기구한 운명적인 삶에 동질감이 느껴졌습니다.

그래서 이 책을 읽을 때마다 자신도 모르게 전율을 느꼈고 때로는 제자신이 당하는 듯한 분함에 분노가 치밀어 올라와 온몸을 사시나무 떨듯 부들부들 떨기도 했습니다. 6.25전쟁 당시 총을 맞은 것만 빼고는 저의 인생과 선생님의 기구한 인생이 흡사 같다고 생각합니다.

저는 창원 진전이라는 곳에서 6.25를 겪었습니다. 그때 인민위원장이니 뭐니 하는 사람들에 의해 봉변을 당한 사람들이 많았습니다. 그들에게 조금만 잘못하거나 동조하지 않으면 그 자리에서 죽창에 찔려 죽였습니다. 개죽음을 당하는 것이지요. 어릴 때 기억인데 아마도 즉결심판인가 하는 것을 행했던 것 같습니다."

엄청난 고통 속에서 겨우 살아오다가 우연한 기회에 호주에서 제법 성공한 좋은 분을 만나 그를 따라 호주로 건너가서 제2의 새 인생을 시작했다고 한다. 천성이 착했던 그는 그곳에서의 생활에 빠르게 적응해 목동으로, 때로는 축산업에 필요한 잔심부름뿐만 아니라 닥치는 대로 맡겨진 일을 열심히 해나갔고, 그에 따른 정당한 보수를 받아 저축도 열심히 하였다.

특히 자신을 데려간 사업가의 따뜻한 배려로 각종 기술도 터득하였다고 한다. 그곳에서 20년 가까운 세월을 살아오면서 모은 돈과 지식을 토대로 사업가로서의 변신을 꾀하는데 성공하였다. 처음에는 조그마한 무역을 시작으로 호주와 싱가포르를 내왕하다가 훌륭한 축산업자의 도움으로 싱가포르지사장 겸 현지 사장을 역임했는가하면 결국 독립하여 막대한 재산을 축적하게 되었다고 한다.

슬하에 3남매를 두었으나 모두 출가를 하여 분가를 시켰기 때문에 자신에게는 아무런 걸림돌이 없으며, 10여 개의 기업체에 1만여 명의 직원을 거느린 연간 500억 달러 이상의 매출을 올리는 탄탄한 기업가로 자리매김하고 있다고 했다.

그가 필자를 찾아온 것은 인장이나 행운의 숫자를 갖기 위해서가 아니라 그동안 자신이 모은 재산 중에서 500억 원 정도를 고국인 한국에 투자를 하기 위해서 자문을 구하고자 온 것이라고 한다. 자신이 잘 아는 사람도 없고 믿을 수 있는 사람도 없어서 고민하던 차에 이 책을 접하게 되었고 필자가 도와주면 안심할 수 있을 것 같다고 했다.

그래서 필자는 그의 진솔한 마음을 전해듣고 국가기관의 잘 아는 사람에게 알아봤더니, 국가가 보증을 서고 투자할 경우는 1,000억 원 이상이라고 하기에 그에게 전달하여 그 후 구체적인 합의가 이루어져 곧 부가가치가 높은 업종에 투자하기로 결정되었다.

일이 잘 진행되면 싱가포르의 기업은 그대로 두고 한국에서의 투자를 차츰 늘려 자신도 한국에서 남은 인생을 살고 싶다는 뜻도 전해왔다. 그래서인지 측근들에게 선물하기 위해 삼합인장과 각종 행운의 번호를 많이 만들어갔다. 아직은 싱가포르에 머물고 있지만 적어도 이틀에 한 번꼴로 전화를 걸어와 안부를 물으며 투자에 대한 여러 가지 상담을 하고 있다.

감사의 글

그 모든 분들의 이야기를 일일이 책으로 엮으면 500쪽의 분량도 모자랄 것 같기에 우선 몇 가지만 정리해 보았다. 필자에게 편지로 온 사연과 운명에 관한 상담이 5만 여 통이나 된다. 모두 다 읽고 답장을 드려야 하지만 시간이 허락하지 않아 일일이 소식을 전해주지 못하는 것이 안타깝기만 하다. 이 자리를 빌어서 독자님들께 사과드리며 아울러 이 책을 읽어주신 모든 분들께 고마움을 전하고 싶다.

행운의 번호 만드는 법

　숫자 1,2,3,4,5,6,7,8,9,10과 목화토금수木火土金水의 용用의 숫자는 그 태생의 계절에 따라 많은 변화를 가져다준다. 즉, 봄에 출생한 사람[춘생春生;음력 1~3월생月生]은 오행상 목월木月인데 목木은 양陽위치이니 음陰의 숫자가 필요하다. 따라서 음陰의 숫자는 바로 금金이다.

　다음 여름에 태어난 사람 [하생夏生;음력 4~6월생月生]은 화火이므로 양이다. 화火의 행운번호는 음의 숫자이다.

　그 다음, 가을에 태어난 사람 [추생秋生: 음력 7~9월생月生]은 금金이고, 금金은 음이다. 금金의 용숫자는 양인 목木이다. 음이 약한 위치에는 반드시 양이 있어야 한다. 금극목金剋木이 아니고 금생목金生木이라는 뜻이다.

　그리고 겨울에 태어난 사람 [동생冬生: 음력 10~12월생月生]은 역시 음의 성질을 가지게 되어 있다. 동수冬水는 꽁꽁 얼어 한랭한 얼음 덩어리이며, 겨울에는 태양太陽도 별로 뜨겁지 않기 때문에 수水의 용用은 화火이다. 화火의 숫자를 표출하여 네 자리 숫자를 만드는 위치와 순서를 계시받은 것이다.

　가령, 봄에 태어났다고 하면 정월 초하루가 봄으로 시작되는 것이아니라 입춘立春을 지나야만 봄인 것이다. 즉, 입춘부터 청명清明까지의1~3월생을 봄 태생이라고 한다

수리오행의 분류

- 양의 수 : 1 3 5 7 9
- 음의 수 : 2 4 6 8 10

여기서 봄 태생에 대한 행운의 숫자를 만들어 보기로 하자.

그럼 1, 2, 3, 4, 5, 6, 7, 8, 9, 10 중 금金의 숫자를 만들면, 먼저 2+3=5, 3+5=8, 5+8=13, 그래서 2+3+5+8=18이다. 이 2, 3, 5, 8을 합치면 18의 숫자가 나오고, 앞의 1을 떼어 버리면 8이 남게 되는데, 8은 오행상 금金에 속한다. 그래서 봄 태생의 행운의 번호가 2, 3, 5, 8 금金으로 용用의 숫자를 쓰면 누구나 길복吉福이 찾아든다는 이치이다.

이런 방법으로 여름 태생도 역시 1, 2, 3, 4, 5, 6, 7, 8, 9, 10 중용의 숫자는 7+4=11이고, 4+9=13이며, 9+9=18이므로 총 7499=29라는 수치가 나온다. 29에서 앞의 2를 떼어버리면 9가 남는다. 그래서 29수水, 여름 태생 용의 숫자는 29, 수水가 용이란 이치이다.

가을 태생은 입추立秋 후부터 입동立冬 전까지 태어난 사람을 말한다. 가을 태생은 음陰이니 행운의 숫자가 1,2,3,4,5,6,7,8,9 중 2+3=5이고 3+5=8이며 5+1=6이다. 그래서 2,3,5,1=11 목木의 숫자가 용이 되는 것이다.

다음 겨울 태생의 용의 숫자는 겨울이라 동冬하니 화기火氣가 없어 화

水가 필요하다. 그래서 입동立冬 이후부터 소한小寒까지가 겨울 태생인 것이다. 겨울 태생의 행운의 숫자는 1,2,3,4,5,6,7,8,9 중 2+3=5이고, 3+5=8이며 5+3=8이 된다. 그래서 3, 2, 5, 3의 합은 13, 화火가 용의 숫자가 된다. 이러한 이치로 삼라만상의 모든 인간에게 주어지는 행운의 숫자가 구성되는 것이다.

나는 행운의 숫자에 대한 확신을 얻었고, 인류 모든 이에게 전파를 해야 할 사명감을 부여받았다고 생각한다. 그래서 어떻게 하면 더 많은 사람들에게 전파를 할 수 있을까 늘 연구 중이다. 각자의 사주에 맞는 행운의 번호를 원하는 모든 사람에게 암시해 주라는 계시가 있어서 앞으로는 그렇게 할 예정이다. 아울러 뒤편에는 1에서 81의 숫자를 풀이하여 길흉판단을 수록하였다. 이 81획의 운수법運數法으로 신중히 행운의 번호를 만들기 바란다.

내가 생각하는 이치와 학설을 부정적으로 생각하는 사람도 있을 것이다. 하지만 나는 자신있게 말할 수 있다. 그것은 바로 음양의 이치이기에 거짓이나 상술로 사용할 수는 없는 법이다. 오묘한 음양은 바로 하늘과 땅인 것이다. 그 점을 이해한다면 결코 부정적으로 볼 수는 없을 것이다.

137억만 년 전에 지구가 탄생했다고 미국 나사에서는 발표했다.

수분의 생태계로 인간의 존엄 하에 위대한 동물로서 137억만년이란 긴 세월 하에 위대한 인간이 탄생하여 우주를 향해 연구에 몰두하고 있다. 지금 현실적으로 따져 보았을 때 137억만 년이라는 숫자는 어디에서 나온 것일까? 오행, 계절, 방위 등 필자가 세계최초로 발견한 것이다. 지금까지 수백만 년이 지난 오늘날까지 전해져 온 학설을 어디에서도 찾아볼 수가 없다.

독자 여러분께서 책을 탐독하면서 양쪽 손을 펴고 오른쪽부터 열개의 손가락 1 2 3 4 5 6 7 8 9 10, 甲 乙 丙 丁 戊 己 庚 辛 壬 癸 10간, 子 寅 卯 辰 巳 午 未 申 酉 戌 亥 12지가 된다.

숫자에도 상생, 상극이 발생한다. 음과 양의 숫자가 있는데 이런 오묘한 숫자로 사주팔자를 분석하는 것이다. 사람에게 누구나 진용신을 표출하여 분석하고 진용신이 없는 사람은 숫자를 진용신으로 표출하는 것이다. 추가로 진용신으로 삼합인장을 만들어 사용한다. 삼합인장은 유럽에서 지금으로부터 4000년 전에 사용했다고 전해지는데, 실질적으로 유럽에서 부자들은 삼합인장을 소장하는데 만족했다는 설이 있다고 한다. 숫자는 계절에 맞추는 목춘木春, 화하火夏, 금추金秋, 수동水冬으로 각종 숫자나 이름, 삼합인장을 계절에 맞추어 사용해야 되는 것이다. 아무렇게나 사용하면 오히려 재앙이 오므로 심사숙고하기 바란다.

숫자를 보는 법

자동차번호가 운세에 맞지 않는 경우에는 인장과 행운의 비밀번호로 보완한다. 흉한 것은 X, 좋은 것은 O표이다. X가 많은 자동차는 항상 위험하다.

또한 주민등록번호가 운세와 맞지 않는 사람은 단명하고 파산, 부부 생리사별하며, 자손이 없고, 여자는 과부, 화류계, 남자는 홀아비가 된다.

보는법은 춘하추동에 따라 변동된다. 길한 것이 흉이 될 수 있고, 흉한 것이 길로 변할 수도 있다. 앞자리와 뒷자리, 또는 총 합한 것으로보는데, 좋으면 O, 보통이면 △, 나쁘면 X를 수리 풀이 앞에 표시했다. 필자의 성명학에서는 원칙적으로 이름의 수리에는 남녀구별을 두지 않으나 주민등록번호에는 특징과 구별이 있다.

한가지 당부의 말을 전하자면 만약 이 천수天數가 즉, 숫자를 만들어남에게 돈을 받고 판매행위 등으로 악용하는 자는 일생에 구제되지 못할 영령계의 가장 무서운 천생의 중살을 받게 됨을 알기 바란다. 확실히 알지도 못하는 자들이 자기 마음대로 만들어 상商행위를 하는 자는 본인이 죗값을 치르지 않는다 하더라도 후세에라도 반드시 이 죗값의 소용돌이 속에서 벗어날 수가 없음을 재차 경고하는 바이다. 단, 본인이 만들어 사용하는 것과 가족, 친지 등을 위하여 사용하는 것은 무관하다.

비밀번호, 휴대전화번호 등

1 ┐			1 ┐			2 ┐			2 ┐	
1 ┤	2(×)		2 ┤	3(×)		2 ┤	4(×)		3 ┤	5(○)	
1 ┤	2(×)		3 ┤	5(×)		2 ┤	4(×)		5 ┤	8(○)	
1 ┘	2(×)		4 ┘	7(×)		2 ┘	4(×)		8 ┘	13(○)	
	계 4(×)			계 10(×)			계 8(○)			계 18(○)	
2 ┐			1 ┐			9 ┐			4 ┐	
8 ┤	10(×)		9 ┤	10(×)		1 ┤	10(×)		4 ┤	8(○)	
1 ┤	9(×)		9 ┤	18(○)		9 ┤	10(×)		7 ┤	11(○)	
0 ┘	1(○)		7 ┘	16(○)		1 ┘	10(×)		8 ┘	15(○)	
	계 11(○)			계 26(×)			계 20(×)			계 23(○)	

대형사고 난 자동차

4 ⎤ 10(×) 6 ⎦ 4 ⎤ 10(×) 6 ⎦ 10(×)	1 ⎤ 10(×) 9 ⎦ 1 ⎤ 10(×) 9 ⎦ 10(×)	1 ⎤ 2(×) 1 ⎦ 9 ⎤ 10(×) 1 ⎦ 10(×)	7 ⎤ 10(×) 3 ⎦ 9 ⎤ 12(×) 1 ⎦ 10(×)
계 20(×)	계 20(×)	계 12(×)	계 20(×)

부자사주의 주민등록번호

앞자리 숫자	4 4 0 7 2 4	계 21(○)
뒷자리 숫자	2 0 0 6 7 1 2	계 18(○)
앞뒤 합수	21(○) 18(○)	계 39(○)

거지 사주의 주민등록번호

앞자리 숫자	4 6 0 9 1 0	계 20(×)
뒷자리 숫자	1 0 0 7 6 2 4	계 20(×)
앞뒤 합수	20(×) 20(×)	계 40(×)

거부 사주의 주민등록번호

앞자리 숫자	4 4 0 7 2 4	계 21(○)
뒷자리 숫자	1 0 0 6 7 2 1	계 17(○)
앞뒤 합수	21(○) 17(○)	계 38(○)

81획으로 보는 운수법

81회 운수법은 이름의 수리와 주민등록번호, 은행비밀번호, 자동차번호, 전화번호, 각종 입찰번호 등을 판단하는 데 있어서 가장 중요한 기초가 되므로 스스로가 판단할 수 있도록 자세하게 설명하였다. 그러므로 주운主運, 총운總運, 부운副運, 자력운自力運 (이름이 지어지기 전의 운세)의 판단에 많은 도움을 줄 것이다.

숫자 다음에 표시된 기호記號 중 ◎은 대길大吉을, ○는 보통의 길함을, △는 흉함 중에서도 조금 나음을, ×는 흉한 숫자의 표시임을 참고하기 바란다.

강한 의지력으로 영달과 개척을 뜻하는 수리

 의지가 박약해 항상 동요가 심하여 혼란과 혼돈 속에서 제자리를 찾지 못하는 수리

 활동적이며 천혜의 복을 누리는 길한 수리

 낭비와 방탕으로 불안에 떨며 요절하고 재난과 앙화가 꼬리를 물고 다니는 수리

 변화가 많으면서도 좋은 일에 기여, 성공하는 수리

 선조의 음덕을 받아 일생을 평안하게 지내는 좋은 수리

독립심과 의지력이 강해 리더쉽을 발휘하는 수리

 의지가 견고하고 진취적인 기상이 뛰어나 뜻하는 바 목적을 이루는 수리

 재화가 흩어지고 공로가 헛되이 되어 불행, 파산, 파멸을 초래하는 수리

 공허와 몰락, 그리고 암흑천지에서 헤매는 고독한 수리

 천지조화의 복록으로 부귀영화를 얻을 최고의 수리

 연속된 실패로 타고난 수명을 제대로 누릴 수 없는 비극적 수리

13 ◎ 학문과 예술적 재능이 풍부하고 지모와 책략이 뛰어난 수리

14 X 비오는 밤길을 걷는 형국으로 빈곤과 파괴를 당하는 수리

15 ◎ 뛰어난 수완으로 민첩하게 큰 공을 세우는 수리

16 ◎ 지위와 덕망이 높아 평안과 부귀·존경과 영예를 공유하는 수리

17 ◎ 강인·강직한 성격으로 어려운 일도 능히 돌파, 성사시키는 수리

18 ◎ 매사를 강력하게 추진하여 크게 발전하고 성공하는 수리

재능있고 활동력은 있으나 하는 일마다 공치는 허망한 수리

 쇠퇴하여 파멸하게 되고 결국 패망하는 지독히 나쁜 수리

 독립적이고 권위가 있어 많은 사람을 지도하는 수령의 수리

 병약하고 고독해지며 모든 일이 실패의 연속으로 치닫는 수리

 맹호가 날개를 다는 형상으로서 권세와 권위가 매우 왕성한 수리

 지혜와 지략, 지모가 뛰어나서 적수공권으로도 일가를 번창시키는 수리

매우 총명한 성품으로 높은 지위를 얻으며 부귀를 누릴 수 있는 수리

 파란이 중첩되고 변화무쌍하지만, 기이한 운명을 타고난 영웅적 기질을 타고난 수리

 풍파와 좌절을 연속적으로 겪게 되는 비탄의 수리

 토끼가 호랑이 굴에 들어간 형상으로 조난을 당해 불길에 휩싸이는 수리

 명성과 실리를 널리 취하여 성공을 거둠으로써 만사 대길할 최고의 수리

 역경과 비운에 시달리다가 결국 매사가 허사로 끝나는 허망한 수리

백절불굴의 의지와 용기로 모든 난관을 극복하여 대망을 쟁취하는 수령의 수리

 뛰어난 수완을 발휘하여 큰 희망을 찬연히 꽃 피울 수 있는 아름다운 수리

 아침 해가 힘차게 솟아오르듯 기세가 등등하여 전도가 쾌청한 수리

 병약하고 재난이 잦으며 파괴와 위기, 망신살이 끊이지 않는 수리

 온화하고 선량한 인품을 지녀 화합하고 순리로 이끄는 매우 좋은 운수를 지닌 수리

 시비와 고난, 파란이 끊이지 않는 형세로 역경을 겪은 후 조금 나아지는 수리

하늘이 내린 천운과 천복을 타고 났으니 위엄과 존경을 동시에 받게 되는 대단히 좋은 수리

 뛰어난 재주 총명한 두뇌로 예능계에서 특출함을 발휘하는 수리

 지혜와 장수, 권위와 권세를 겸비하여 부귀영화를 누리게 될 수리

 지략, 재능, 담력은 풍부하나 덕망이 결핍되어 파란만장한 곡절을 겪게 될 수리

 부귀와 복록이 무궁무진하게 집안으로 몰려드는 전도양양한 수리

 총명하고 박학다식하여 예술과 기예에 탁월한 수리

산재와 무존으로 외화내빈하는 좋지 않은 수리

 파괴와 병고가 한꺼번에 밀려오는 참담하고 암담한 수리

 순풍에 돛을 단듯 만사가 뜻대로 잘되며 순조로운 수리

 금은보화를 실었으나 풍랑을 만나 좌초하고 파선하는 흉한 수리

 천지에 꽃이 만발하여 아름다운 향기를 뿜으며 알찬 결실을 맺는 수리

 재능과 경륜이 탁월하여 덕망 또는 높으니 존경과 신뢰를 받을 수리

307

자기 관리 소홀로 크게 실패하게 되어 불운이 겹치는 수리

 시작과 끝이 달라서 낭패를 당하게 되고 결국 타락할 수리

 파란과 변동이 심하고 말년이 비참해지는 수리

 대기만성형으로 처음엔 다소 힘들더라도 나중엔 즐겁고 태평해질 수리

 표리부동 내우 허영으로 변파를 일으키는 수리

 열심히 노력해도 실패만 거듭되는 성공운이 없는 흉험한 수리

기회를 잘 포착하여 성실하게 일을 추진하면 크게 성공할 수 있는 수리

 부부궁이 불길하고 손재와 관재 구설 등 재앙으로 인해 불길한 수리

 재주와 지능을 바탕으로 열심히 하면 영광과 부귀의 천혜를 얻을 수리

 재복이 융성하고 재화가 많아 말련이 더욱 좋은 수리

 의지가 강한 것 같으면서도 인내력이 부족하고 소심하여 실패하는 수리

 먹구름이 항상 따라 다녀 하는 일마다 크게 패하는 수리

명예와 실리를 함께 얻을 수 있고 운기가 서려 있어 부귀할 수리

 복록이 없고 화합하지도 못해 불행의 늪에서 헤어나지 못하는 수리

 오랜 가뭄 끝에 단비를 만나듯 융성하고 발전하는 수리

 일이 뜻대로 되지 않아 인재나 재앙이 득실거리는 수리

 다복장수하고 부귀영화를 한껏 누리는 천혜의 수리

 과욕이 실패를 부르게 되고 신용이 추락하여 결국 패가 망신하는 수리

 뜻하는 바를 마음껏 이룰 수 있어 천혜를 누리는 대길의 수리

의지력이 강하고 계획이 견실해 성공을 이루는 수리

 복록이 없고 불안, 동요가 심해 궁박해지는 대단한 불길한 수리

 근심걱정이 떠날 날이 없어 일생동안 빛을 볼 수 없는 수리

 용기와 기백이 약해 전력을 쏟아도 크게 전진하지 못하는 수리

 먹구름이 밝은 달을 가리므로 항상 불안정한 수리

 자연의 혜택을 크게 받아 일평생 안정과 복록을 누릴 수리

 미로를 헤매다가 출구를 찾지 못해 어둠 속에서 보내는 수리

대복은 없지만 분수를 잘 지키면 일생을 평안하게 보내는 수리

 병약하여 단명하는 불운의 수리로 배우자와의 관계로 돈독하지 못한 수리

 흉중에도 길운이 있어 인생 전반에는 흉하나 후반기는 길운이 있는 수리

 길흉이 반반인 평범한 수리이자 말년이 불운한 수리

 역경에 처해 헤어나지 못하며 아무리 발버둥쳐도 활로를 찾지 못하는 수리

 냉음한 곳에서 공허와 고독, 실의에 빠지는 생활을 해야하는 수리

 뜻한 바 소원이 성취되며, 명예를 되찾고 부귀와 영화가 찾아드는 수리

명문^{名門}, 명장^{名匠}, 명품^{名品}의 삼합인장^{三合印章}

오천년 숨겨진 인장의 비밀을 단독 해독! 천명을 달관해서 집대성한 신정인당의 인장

천지인^{天地人} · 근화실^{根花實}의 원리를 배경으로 인감 · 은행 · 실무인의 삼합인장이 삼위일체^{三位一體}의 주체가 된다. 필자의 독창적이고 혼과 신을 다해 쓰는 정성이 깃들어 합해지면서 창안한 신필력의 힘이 발휘되어 정교한 미^美로 작품화된 최고의 예술 인장품으로 각광을 받고 있다. 초 우주적인 기^氣를 발산하는 삼합^{三合}이 형성되어 있으므로 만약 이를 도용하는 자나 악용하는 자는 일생에 구제되지 못할 영령계의 가장 무서운 천생^{天生}의 중살^{中殺}을 받게 됨을 경고하는 바이다. 무슨 일이든 선을 악용하는 자는 설사 본인이 죗값을 치르지 않는다 하더라도 핏줄 누군가는, 설사 아직 태어나지 않은 후손도 결코 이 죗값의 소용돌이 속에서 벗어날 수 없음을 재차 경고하는 바이다.

당장은 눈에 효력이 보이지 않는다 해도 삼합인장^{三合印章}을 소장한 사람뿐만 아니라 자자손손 대대로 천혜의 무한정한 행운의 효험을 틀림없이 받을 수 있다.

- 인감인^{印鑑印}은 발생과 동시에 몸 전체를 돌보고 재산을 지키는 도장이다.
- 은행인^{銀行印}은 재산의 성쇠 · 증감을 좌우하며 재산을 축적하는 도장이다.
- 실무인^{實務印}의 사용은 일상생활에서 좋은 운기를 작용시켜 재산을 보호한다.

신정인당의 삼합인장본^{三合印章本}

행운의 번호와 신정인당^{新正印堂}의 행운인^{幸運印}으로 개운^{開運}이 된다

인감인^{印鑑印}

부귀장수^{富貴長壽}

인감 가운데서도 가장 중요한 인감인은 토지와 가옥 등의등기와 매매 또는 주식이나 유가증권 등 재산의 운영·관리에 사용된다. 시, 동, 읍, 면사무소에 등록해 놓고 필요할때 인감증명을 발급받는다. 그런데 사회적으로나 법률적으로 반드시 의무와 책임이 있는 것이기 때문에 꼭 사주와맞는 인장을 사용해야만 운수가 좋아진다. 또 인감인은 인감증명 사용시에만 사용해야 한다.

인감인은 재산을 지키는 도장이다.

은행인^{銀行印}

재록상승^{財祿上昇}

예기치 않은 사고를 방지하기 위해서는 반드시 은행인만을 따로 쓰고 인감인 은행인으로 같이 쓰지 말아야 한다.더욱이 은행은 재물인의 성쇠. 증감과 매우 밀접한 관계를 가지기 때문에 중요한 의미를 가지므로 인감인과 구별해서 사용해야 한다. 아울러 필히 은행의 비밀번호를 행운의 번호로 써야만 하고 또 행운의 번호는 본인의 사주와 꼭맞아야만 행운이 찾아온다.

은행인의 재산을 증대시키는 도장이다.

실무인^{實務印}

수호신장^{守護身章}

막도장이라고도 한다. 사무용에서 가정용까지 일상생활에서 가장 빈번하게 사용하는 것이 실무인인 막도장이다.그런 만큼 사람의 눈에 띄는 기회도 많고 또 좋든 나쁘든 기^氣가 주어지기 때문에 이왕이면 좋은 기가 작용하도록수로 사용하면 더욱 좋다.

막도장이라 하더라도 아무렇게나 사용하고 취급을 소홀히하면 좋지 않은 영향을 받게 된다.

우주 대자연의 섭리와 음양오행의 원리로
창안, 신필력을 일으키도록 작품화된 최고의 인장품

법인인감 法人印鑑

명성권위 名聲權威

주식회사 대표이사의 법인인감은 사장의 운세에 맞추어 사용해야 사업이 발전하고 사방에서 고객이 구름처럼 모일 것이다. 순풍에 돛을 올린 형상으로서 만사가 뜻과 같이 잘 되며 일이 순조롭고 덕망이 크고 출장하여 큰 업적을 이룩하고 능숙하게 처리해 준다. 반드시 대표이사 인감은 대표이사 사주와 음양의 법칙에 맞게 움직이는 오행을 표출시켜 인장 내에 넣어 사용해야만 큰 업적을 성취할 수 있다. 법인인감은 회사를 대표하는 도장이다.

법인은행인감 法人銀行印鑑

재록상승 財祿上昇

주식회사 대표이사의 은행인감은 금융관련 문제만을 처리하는 데 쓰는 인감으로 재무상 금전의 원활한 융통과 축재의 의미를 지니고 있다. 반드시 은행비밀번호는 행운번호와 함께 사용하여야 하며, 신용으로 재물財을 생산하고 재능과 수완으로 인력을 지배하며 사업상 발생하는 모든 일이호기好機가 발생하여 생산적인 투자활동의 능력을 왕성하게 발휘하므로 재다財多하고 기회가 득다得多하여 돈을 무더기로 벌어들이는 황금알을 낳는 자금형성의 대표적인 인장이다.

법인은행인감은 재정을 튼튼하게 쌓게 되는 중요한 인장이다.

법인사용인감 法人使用印鑑

성공발전 成功發展

주식회사 대표이사의 사용인감은 반드시 사장의 운세에 진용眞用을 표출하여 인장 내에 넣어 사용해야 할 것이며, 특히 비밀번호(행운의 번호)를 운세에 맞추어 사용해야만 막혔던 길이 열리고 일이 잘 풀리며 기대했던 기회가 주어진다. 축적된 능력을 발휘하여 소원을 성취하고 만사가 형통한다. 법인사용인감은 회사의 발전을 도모하는 인장이다.

외국인들도 감동한 세계 속의 신정인당^{新正印堂}

- 삼합인장의 인감인은 생명체와 분신체를 상징하기에 집안에 잘 보관한다.
- 은행인은 재물과 돈을 상징하기에 금고 안에 잘 보관한다.
- 실무인은 몸을 지켜주는 호신용으로 지니고 다닌다.

신이 사람에게 준 수명

봄 태생은 118살, 여름 태생은 129살, 가을 태생은 121살, 겨울 태생은 124살을 살도록 조물주가 인간에게 수명을 주었으나 제대로 그 생을 살지 못하고 대부분 인생을 마감한다. 첨단 과학시대에 살고 있는 현실이라 하더라도 아직 밝혀내지 못한 많은 물질과 요소들이 인간의 신상을 위협하는 존재로 다가온다. 지금까지 6만여 이상을 임상한 결과 핵가족 형태로 구성되는 가족구성원의 이상적인 인원은 5인 가정이다. 오행을 형성해 사는 5인 가정은 별 무리없이 잘 사는 가장 이상적인 가족형태라고 하겠다. 이러한 5인 가정이 삼합인장을 지니면 어떠한 어려움이 닥쳐도 잘 극복하여 서로에게 도움이 되는 구조로 격상되어 만복^{萬福}이 깃드는 가정으로 잘 살게 된다.

명물^{名物}로 구전되어 퍼져나간 신정인당의 삼합인장

본 신정인당의 삼합인장을 가지고 있으면 만사^{萬事}에 몸을 보호하는 수호역할을 하는 것이다. 동양의 인고한 역사와 전통이 담겨있는 한자세계^{漢字世界}의 인장방위구성진법의 오묘한 조화와 인장원형 안에 혼과 신을 다해 각인되어 들어서 있는 구성서체와 필력에서 나오는 기^氣는 흡사 82령부의 영사부적에서 나오는 강력한 삼위일체의 힘(파장)으로 합치되어 파워가 발산된다. 그것이 저자만이 가지고 있는 오대산의 정기이자 독창적인 신통력인 것이다. 이러한 파워가 삼합인장을 가지고 있는 사람의 영기영역활동으로 작용해 여러 가지 위험요소와 각종 위기에서 불운을 물리쳐나갈 수 있게 해주기에 바로 내 몸을 지키는 수호신 역할을 한다.

신정인당 인장을 세계인이 많이 찾는다

도장을 찍는데 쓰는 경우도 있지만, 호신용으로 가지고 다니면 생명의 위협으로부터 안전을 지켜준다는 소문이 퍼지면서 외국인들도 삼합인장을 주문한다. 원형에 새겨진 자신의 개명된 한자이름을 보면서 신기해하며 인장을 가지고 싶어한다. 또한 자신을 지키는 행운의 마스코트라고 여기는 경우가 많아 해마다 삼합인장이 관광상품으로 각광을 받고 있다.

행운을 가져다 준다고 믿어 늘 몸에 간직하거나 가까이 두어야 행운을 받는다고 여기는 경우가 많다. 또한 삼합인장을 가지고 있으면 위기에서 불운이 비켜나가는 경우를 종종 볼 수 있다. 실제 LA에 사는 교포 K씨가 실무인 인장을 와이셔츠 왼쪽 주머니에 넣고 다니다가 강도의 총에 맞아 기절했는데 깨어나 보니 자신은 다치지 않고 인장만 산산조각으로 깨어져 있어 인장 덕분에 목숨을 구했다고 다시 실무인도장을 만들어 달라고 한 적이 있다. 이제 신정인당新正印堂의 인장은 수호인장守護印章이라는 소문이 퍼지면서 일본은 물론 중국·대만·싱가포르·미국·영국·호주·러시아 등 해외동포뿐만 아니라 외국인까지 한국에 들어오면 꼭 해서 지니고 싶어하는 희망사항이 되었다.

서울시 종로구 종로6가에 소재한 대한민국 보물 1호로 조선시대의 성문인 동대문(원래의 이름은 흥인지문興仁之門)과 함께 신정인당(흥인지문 바로 옆에 소재)이 동대문의 명소로, 그리고 삼합인장은 명물名物로 입과 입을 통해 세계인의 귀로 퍼지고 있어 그 인기가 엄청나게 상승기류를 타고 있다.

숫자는 세계 어느 나라에서나 쓰고 있다

근간에 매스컴에서 화제가 되었던 휴대전화번호가 기사화된 적이 있는데 베이징(북경)에선 13333333333번호가 2억 5천만 원에, 13911118888은 38만 위안(약 7,053만원), 13911119999는 28만 위안(약 5,200만원)으로 중국에서 휴대전화번호가 경매된 적이 있다. 또한 태국의 수리야 중룽르엉킷 교통장관이 특별 경매를 통해 구입한 자동차번호판이 1억 2천만원이라고 했다. 그러나 숫자란 부르기 쉽고 외우기 쉽다고 해서 중요한 것은 결코 아니다. 물론 각 나라마다 수數에 대해 제각기 뜻과 의미가 주어져 있으나 그 수는 사용자의 사주팔자四柱八字 맞아야 행운의 번호가 되는 것이지, 사주와 맞지 않는 번호라면 그건 그냥 부르기 쉬운 수일 뿐 결코 행운幸運을 부르는 숫자라고 말할 수 없다.

상호商號와 성명姓名, 신정인당新正印堂의 삼합인장三合印章

인감인印鑑印	은행인銀行印	실무인實務印

인장은 바로 자신의 얼굴이다. 정교한 아름다움으로 작품화된 최고의 예술품으로 각광을 받고 있다. 음양陰陽의 오체五體를 동시에 사용하여 움직이는 기氣의 인印을 가지는 순간부터 운이 상승한다.

- 인생人生은 일대一代요, 성명姓名과 사주四柱는 만대萬代다.
- 사주팔자와 맞는 인장을 갖는 것은 좋은 집을 갖는 것과 같다.
- 인장은 자기의 분신이요, 제2의 생명체이다.
- 도장 계界 역시 연然의 이理를 따라 온고溫故와 지신知新을 거듭한다.
- 순리의 조화와 방촌의 세계를 누비며 그 속에 무궁무진한 대우주大宇宙가 스며 있음을 깨우치고 이를 정확히 구사한 신정인당新正印堂의 삼합용신인장三合用神印章을 사용하면 살아서 생동감이 넘치는 신필력神筆力의 신통한 비秘의 힘을 체험할 수 있다.

신정인당의 삼합인장은 사주팔자와 맞는 성명 감정을 통하여 음양의 근화실론根花實論의 용신삼합인장用神三合印章을 인지하지 못한 새로움을 창출하는 온고지신溫故知新의 신기神氣로, 입혼入魂함에 곧게 작성한 신필력神筆力으로 신정삼합인新正三合印을 사용하면 사업발전과 건강, 가정이 평안하고 만사형통萬事亨通한다.

깨진 인장을 지니는 것은 불행을 자초하는 일이다

행운을 불러들이는 신정인당의 수호인장守護印章

- 인생人生은 일대一代요, 성명姓名과 사주四柱는 만대萬代다.
- 인印은 자기의 분신체요, 제2의 생명이다.
- 사주에 맞는 인장을 갖는 것은 좋은 집을 갖는 것과 같다.

新正守護印신정수호신

밝은 미래를 위해서 최소한 이것만은 준비합시다!

인생人生의 중대사重大事 최후의 마무리는 '인'입니다.
크기는 작지만 행복을 가져오기도 하고, 불행을 막아주기도 하는 귀중품입니다.
인은 당신의 분신身分이며 제이第二의 생명生命입니다.
좋은 '인'(신정수호인)을 소유하면 좋은 운세를 얻을 수 있습니다.

자기 사주와 맞지 않는 이름은 신정인으로 보완한다.